Investigação de lavagem de dinheiro e enfrentamento à corrupção no Brasil: LEADING CASES – Volume II

Emerson Wendt
Cristiano de Castro Reschke
(organizadores)

Investigação de lavagem de dinheiro e enfrentamento à corrupção no Brasil: LEADING CASES – Volume II

BRASPORT
Rio de Janeiro
2024

Editor: Sergio Martins de Oliveira
Gerente de Produção Editorial: Marina dos Anjos Martins de Oliveira
Editoração Eletrônica: Abreu's System
Capa: Use Design

Dados Internacionais de Catalogação na Publicação (CIP)
(Câmara Brasileira do Livro, SP, Brasil)

Investigação de lavagem de dinheiro e enfrentamento à corrupção no Brasil : leading cases : volume II / organização Emerson Wendt, Cristiano de Castro Reschke. – 1. ed. – Rio de Janeiro : Brasport Livros e Multimídia, 2024.

Vários autores.
Bibliografia.
ISBN 978-65-6096-000-8

1. Corrupção – Brasil – Prevenção 2. Corrupção – Investigação 3. Corrupção – Legislação 4. Direito penal – Brasil 5. Investigação criminal – Estudo de casos 6. Lavagem de dinheiro – Leis e legislação – Brasil I. Wendt, Emerson. II. Reschke, Cristiano de Castro.

23-180102 CDU-343.52(81)

Índices para catálogo sistemático:

1. Brasil : Lavagem de dinheiro : Direito penal 343.52(81)

Aline Graziele Benitez – Bibliotecária – CRB-1/3129

BRASPORT Livros e Multimídia Ltda.
Rua Washington Luís, 9, sobreloja – Centro
20230-900 Rio de Janeiro-RJ
Tel./Fax: (21)2568.1415
e-mails: marketing@brasport.com.br
vendas@brasport.com.br
editorial@brasport.com.br
www.brasport.com.br

[DES]PREFÁCIO

Prezados leitores e leitoras,

A ausência de um prefácio não é desrespeito a tantos quantos competentes autores teríamos para convidar. Na verdade, é uma crítica pela ausência de uma política efetiva, contínua e objetiva no Brasil de enfrentamento à corrupção e ao crime organizado!

Não há caminho iluminado, especialmente no que tange às Polícias Judiciárias, sem recursos para o enfrentamento qualificado das organizações criminosas.

Os organizadores!

LEADING CASES: ANÁLISE E EVOLUÇÃO NAS INVESTIGAÇÕES CRIMINAIS

Apresentação por Emerson Wendt

As investigações criminais qualificadas têm se tornado um desafio cada vez mais constante no âmbito da Polícia Judiciária, seja pelo uso, pelos investigados, das tecnologias digitais e meios de segurança e impedimento de identificação virtualizados, seja pela dificuldade estrutural, normativa e organizacional, das Polícias Civis.

Essas principais dificuldades elencadas não são barreira àqueles investigadores hábeis e capazes de compreender não só o contexto normativo, aplicável às investigações em relação à criminalidade organizada, ao enfrentamento à corrupção e à lavagem de dinheiro, mas também como essas novas tecnologias também podem ser usadas nos procedimentos policiais e, ao final e ao cabo, concluir uma investigação, individualizar condutas e práticas delitivas e, acima de tudo, descapitalizar os envolvidos nos termos e rigores da norma vigente.

Acima de tudo, para compreender e buscar a evidência, a prova adequada, há necessidade de planejar e ampliar o olhar sobre a estrutura criminosa em observação. O planejamento dessa investigação é a fase mais importante, tanto quanto a coleta e busca das evidências/provas e a execução da parte operacional, com o cumprimento dos mandados judiciais, sejam cautelares de prisão, seja de arresto/sequestro, seja de apreensão de bens e valores.

Quando pensamos o segundo volume do livro sobre os *leading cases* de investigações sobre lavagem de dinheiro e enfrentamento à corrupção tivemos esse cuidado: observar, por meio de autores-investigadores, os pequenos detalhes que tornam investigações relevantes ou irrelevantes, que tornam um procedimento policial apto a ser julgado dentro da sistemática brasileira de persecução da criminalidade.

É um convite à leitura!

Emerson Wendt, Doutor em Direito pela Universidade La Salle – Canoas. Delegado de Polícia Civil do Rio Grande do Sul.

Pilares de ação estratégica e operacional no enfrentamento à lavagem de capitais

Apresentação por Cristiano de Castro Reschke

É evidente que todos compreendemos bem a importância da investigação criminal de lavagem de dinheiro e como essa prática criminosa impacta a sociedade, a economia e a integridade do sistema financeiro.

Diretamente proporcional à gravidade das implicações da lavagem de dinheiro apresenta-se a necessidade de uma abordagem estratégica e operacional holista para combatê-la de maneira eficaz.

O livro, apesar de ser abrangente, procura abordar vários aspectos cruciais da investigação de lavagem de dinheiro, desde a necessidade de cooperação internacional até a importância do treinamento contínuo dos profissionais envolvidos. Além disso, a consideração das questões atuais, como fraudes digitais, demonstra a relevância e a adaptação das estratégias de investigação às mudanças no cenário criminoso, sem se descuidar das tradicionais técnicas.

Sempre presente está a ênfase na cooperação, na recuperação de ativos e no compartilhamento de melhores práticas entre agências de aplicação da lei, pois essencial para se enfrentar efetivamente a lavagem de dinheiro, dada a sua natureza interestadual e até mesmo transnacional.

Nessa senda, a obra traz *cases* onde são compartilhados acertos e erros de um caminho complexo para que se possa compreender a seriedade da lavagem de dinheiro e a importância de uma abordagem completa para combatê-la.

Compartilhar experiências é o caminho para encontrar o melhor trajeto. Certamente, apresenta-se um livro que aborda esses temas de maneira coerente e perspicaz e com potencial de contribuir significativamente para o entendimento e a capacitação no campo da investigação de lavagem de dinheiro.

Cristiano de Castro Reschke, Especialista em Direito Processual pela Universidade do Sul de Santa Catarina – UNISUL. Delegado de Polícia Civil do Rio Grande do Sul.

Sumário

Os correntistas como mecanismo imprescindível para a lavagem de dinheiro nas organizações criminosas

Janio Konno Júnior[1]
Pablo Rodrigo França[2]

1. Introdução

Os crimes e fatos cada vez mais bárbaros ou ataques eletrônicos em massa, especialmente pelas organizações criminosas, têm crescido de forma significativa em todo o país, conforme constantemente exibido pela mídia e formalmente pelo Atlas da Violência, documento produzido pelo Instituto de Pesquisa Econômica e Aplicada (IPEA)[3] e pelo Fórum Nacional de Segurança Pública[4].

Inequívoco que as anomalias da segurança pública não transitam em um modelo exato, de facilidade na intelecção e muito menos no enfrentamento. Diversamente, compreende-se um ambiente ou panorama de complexidade suprema causada pelo dinamismo social e aprimoramento dos artifícios sem qualquer controle ou

---

[1] Mestre em Ciência Jurídica pela Universidade Estadual do Norte do Paraná (UENP). Especialista em Direito Penal e Processo Penal. Graduado em Direito pelo Centro Universitário Antônio Eufrásio de Toledo de Presidente Prudente. Investigador de Polícia de São Paulo. Professor Concursado da Academia de Polícia "Dr. Coriolano Nogueira Cobra" – ACADEPOL. Instrutor de Inteligência Cibernética pelo SEGEN-Ministério da Justiça. Professor Conteudista/Tutor da Pós-Graduação em *Cyber Forensics*, *Cyber Security* e *Mobile Forensics* pela BluEAD UniNORTE. Coautor de obras e artigos jurídicos e de tecnologia. Palestrante.

[2] Mestre em Direito (Teoria do Direito e do Estado) pelo Centro Universitário Eurípides de Marília (UNIVEM). Especialista em Direito Constitucional e Administrativo (EPD). Pós-graduando em Polícia Judiciária e Sistema de Justiça Criminal pela Academia de Polícia do Estado de São Paulo. Demais cursos de extensão ou pós-graduação voltados ao Direito Público. Graduado em Direito pelo Centro Universitário Antônio Eufrásio de Toledo de Presidente Prudente. Delegado da Polícia Civil de São Paulo. Professor Concursado da Academia de Polícia "Dr. Coriolano Nogueira Cobra" – ACADEPOL – na matéria "Investigação Policial". Coautor de obras e artigos jurídicos de direito criminal. Palestrante.

[3] <https://www.ipea.gov.br/atlasviolencia/>.

[4] <https://memoria.ebc.com.br/forum-brasileiro-de-seguranca-publica>.

ética manejados pelos sujeitos ativos delinquentes, cada vez mais estruturados e de técnicas qualificadas.

Nesta medida, com a aplicação da gestão de conhecimento e o constante aperfeiçoamento do profissional da segurança, aliados à atividade de inteligência policial financeira, tornam-se roteiros de excessivo significado ao propiciar ferramentas (no que se referem à análise e à atuação em processos, pessoas e tecnologias) adequadas ao embate da criminalidade moderna que subsiste principalmente pela proteção de sua força monetária.

Imersas em cenários de incertezas, as corporações policiais e do sistema acusatório conseguem obter resultados por meio de eficaz atividade de investigação e inteligência financeira, além de identificação de prova técnica, visando medidas legais que possam desidratar por completo o poderio econômico dos grupos criminosos, com possível recuperação de ativos (públicos e privados).

E tudo se torna possível, sobretudo, com a dedicação profissional dos servidores da polícia repressiva ao identificar todos os integrantes desses bandos profissionais, mesmo que exista uma relação hierárquica piramidal, deixando evidente que os seus integrantes, de alta ou baixa cúpula, são mecanismos de um mesmo motor marginal, ou seja, frações essenciais de existência e funcionamento do todo criminoso.

Logo, lideranças e sujeitos de funções-meio, além da base do grupo, hodiernamente verificados na figura dos correntistas (que são participantes essenciais na captação dos valores e posterior legitimação do conteúdo desonesto), devem ser tratados com idênticas responsabilizações legais e possíveis medidas cautelares alternativas ou não às prisões, excepcionando, por óbvio, a individualização de suas sanções, no limite das condutas e dosimetria, seguindo os parâmetros do preceito secundário da norma.

Finalmente a esse prelúdio, idealiza-se na manutenção e no crescimento de estudos de segurança e conduta de polícia investigativa que seja possível cada vez mais compreender e frear essa crescente atuação das organizações delinquentes, com a recuperação dos valores desviados e o empobrecimento dos autores delitivos beneficiados de forma espúria, conduzindo a uma punição mais adequada e a uma justiça completa dos malfeitores coletivos, com o Estado utilizando provas técnicas e incontestáveis que levem à sensação de segurança pública.

Finalmente, nos tópicos seguintes, divididos para melhor adequação do texto e das ideias lançadas, mesmo que sinoticamente e sem nenhuma pretensão de esgotamento dos assuntos, buscou-se conduzir o leitor à compreensão da temática, enaltecendo conceitos e ideias genéricas sobre a relação dos correntistas no crime de lavagem de dinheiro, essencialmente cometido enquanto participantes de uma organização criminosa. Depois dissecaremos algumas ferramentas policiais utilizadas, inclusive as dificuldades verificadas, para encerrarmos com os apontamentos sobre o enfrentamento, as operações e as estatísticas dos sujeitos ativos das infrações penais graves.

2. A relação dos correntistas na lavagem de dinheiro

Inicialmente, recordamos que toda investigação policial objetiva, na prática, a produção de provas (da autoria e materialidade) em desfavor de todos os envolvidos em uma relação causal com o delito, seguindo padrões e modelos de atos prefixados em norma processual específica. Além disso, tenta-se desidratar financeiramente o eventual núcleo dessas ações e recuperar os ativos desviados, públicos ou privados. E essa atividade-fim é da Polícia Judiciária, relativamente dissimulada, que se volta normalmente ao passado e de maneira reativa, buscando provas e trabalhando intuitivamente sobre os efeitos da ação.

Muitas são as ferramentas e técnicas de investigações, seja em fontes abertas ou fechadas, que sobrevêm aos registros dos crimes, narrativas, delações e, essencialmente, relatórios técnicos. Estes últimos, consumados em atividade específica de inteligência, sobretudo para a devida repressão de ações delinquentes consideradas graves em razão da natureza do ato, do preceito secundário da norma e/ou da inevitável repercussão negativa consequente e comoção social provocadas pelas ações de organizações criminosas.

Hoje, importante preconizar que o meio eficaz de apuração repressiva, com o objetivo de aniquilamento real das estruturas do crime organizado, é a aplicação de metodologia que possa conduzir ao esfacelamento monetário, com identificação, bloqueio e sequestro dos valores e bens auferidos com as práticas transgressoras, para posterior recuperação desses ativos – e neste cenário ficam enaltecidas as ações e atividades de inteligência financeira.

A simples segregação de todos esses soldados do mal, há tempos, já demonstrou não ser tática absolutamente adequada a esse enfrentamento. Aliada a essas fundamentais prisões que corroboramos pela sua essencialidade, é necessário qualificar servidores da atividade de policiamento repressivo (policiais civis estaduais e federais) para que busquem os valores angariados, que, se não sequestrados e bloqueados rapidamente, certamente formarão novas lideranças que perpetuarão ataques contra o Estado e promoverão o sentimento de glória criminosa e a percepção de injustiça da sociedade.

Na convenção de Palermo surgiram dois dispositivos que disseminaram os estudos do crime de lavagem de dinheiro: o artigo 6, que trata da criminalização da lavagem do produto do crime, e o artigo 7, que institui medidas para combater a lavagem de dinheiro[5].

A lavagem de dinheiro na referência brasileira[6], ou o "branqueamento de capitais" na expressão portuguesa, possui equivalente na doutrina internacional, como, por exemplo, na britânica e na norte-americana, intitulada *money laundering*. Significa, basicamente, a prática delinquente de dar ou tentar dar aparência legítima a valores e bens adquiridos de forma ilícita pela consumação precedente de infração penal, seja delito ou contravenção. Logo, o valor do crime antecedente deve ser lavado para aparentar origem lídima.

Em parâmetros gerais, utilizando a norma brasileira ainda vigente de combate a esses crimes (Lei nº 9.613/1998), considera-se lavagem de dinheiro o ato de colocar na atividade econômica ou financeira (mercado em geral e sistema financeiro), utilizar, guardar, transferir, movimentar, receber, ter em depósito e/ou ocultar ou dissimular, e/ou integrar ao patrimônio como se lícito fosse, o proveito da criminalidade, havendo indícios de crime precedente e incompatibilidade patrimonial.

> *É toda a atividade empregada para dar aparência lícita ao produto econômico de crimes, viabilizando seu ingresso na economia formal e, desse modo, a sua eletiva e despreocupada utilização pelo criminoso, evitando-se o seu confisco, mesmo porque a economia, nos dias de hoje, e em virtude da informática – e o sistema bancário brasileiro é altamente informatizado e ágil – encontra-se cada vez mais fiscalizada (DELMANTO, 2013, p. 683).*

O enfrentamento a essa modalidade criminosa tornou-se desassossego global e conduz, inevitavelmente, ao confronto direto com as organizações criminosas, à

---

5 Ratificada pelo Decreto nº 5.015 (BRASIL, 2004).

6 O país optou pela expressão "lavagem de dinheiro" em vez de "branqueamento de capitais". Primeiro, pelo fato de a locução estar amplamente presente no glossário das atividades financeiras e na linguagem popular inspirada no emprego internacional da expressão "money laundering". Segundo, para evitar qualquer conotação racial (vide item 9 da Exposição de Motivos da Lei Brasileira nº 9.613/98 (BRASIL, 1998). BRASIL. Exposição de Motivos nº 692, de 18 de dezembro de 1996. Brasília (SAADI, 2007, p. 46).

macrocriminalidade, até mesmo ao terrorismo e ao cuidado geral com as ações delinquentes patrimoniais.

> *Parcela expressiva de ações criminosas se norteia pelo anseio de se auferir patrimônio a qualquer custo. Nesse sentido, e com vistas ao enfrentamento ao crime em análise, faz-se necessário desestimular as condutas reprováveis por intermédio do cerceamento do manejo, uso, gozo e fruição dos ativos, isto é, direitos, bens e valores, ilicitamente auferidos em contrariedade a norma penal, trazendo à baila a repressão à lavagem de dinheiro, a improbidade administrativa e o enriquecimento ilícito e sem causa (SEGANTIN JUNIOR; MORAES; FONSECA; FERNANDES, 2016, p. 355).*

No Brasil, são várias as tentativas de embate a esses grupos que usam a lavagem do dinheiro como um nocivo mecanismo de perpetuação criminosa. São verdadeiras corporações delinquentes, de especialização e sistematização de condutas, normalmente piramidais, com a liderança no cume e os correntistas bancários na base.

No passado, os criminosos guardavam os valores auferidos com os delitos em cofres, ocultados em paredes ou enterrados, conforme amplamente presenciado e divulgado em operações e apreensões realizadas pelos órgãos de segurança.

Contudo, pelo volume angariado e visando, inusitadamente, a manutenção da segurança desses benefícios, passam a utilizar "laranjas"[7] para registros de bens. Cientes da movimentação, em troca de comissões permanentes ou não, correntistas são aliciados e contratados como sustentáculos essenciais de toda a estrutura.

Não mais simplesmente emprestam nomes ou fotografias. Atualmente participam ativamente das ações para essa lavagem. Vão aos estabelecimentos bancários ou entram em contato com os bancos eletrônicos, fornecem dados, fotografias, assinaturas e depois entregam senhas de acesso para controle dos integrantes de hierarquia superior, sendo comum também a participação na retirada pessoal dos valores nos mesmos estabelecimentos.

---

[7] "Os laranjas são, basicamente, pessoas que fornecem seus dados pessoais (nome, CPF e conta bancária, por exemplo) para terceiros efetuarem compras e registrarem bens no nome daquela pessoa que forneceu os dados. Também existem empresas de fachada, que são abertas apenas para encobrirem o enriquecimento ilícito de criminosos ou para serem fontes de corrupção por meio da falsa prestação de serviços para entidades públicas e privadas" (PORFÍRIO, s.d.).

E a conduta citada não pode ser menosprezada como se fosse um insignificante penal. São essas más posturas antiéticas e criminosas, visando benefícios sujos, que possibilitam todo o sucesso dos golpistas violentos e organizados (ou jamais teriam chance de atuar).

Justamente por esses fundamentos são punidos ferozmente pela Lei nº 9.613/1998, com pena de reclusão de três a dez anos, e multa, com vários verbos do tipo, inclusive para aquele que "adquire, recebe, troca, negocia, dá ou recebe em garantia, guarda, tem em depósito, movimenta ou transfere [...]" (artigo 1º §1º).

E esses correntistas normalmente mantêm vínculo de confiança com os demais autores (aliciadores ou lideranças), em uma complexa rede corrupta que se entrelaça. Eles estão cientes de que se trata de dinheiro de origem criminosa, mas aceitam porque se beneficiam monetariamente de cada depósito[8].

Essas condutas dos correntistas – ao constituir, integrar, promover e ceder a movimentação das contas – já são consubstanciadas, induvidosamente, na norma da organização criminosa, com todos os elementos demonstrados. Comprovada a participação de mais de quatro pessoas e a infração penal antecedente seja de pena máxima superior a quatro anos ou de caráter transnacional, fica cristalino que há na conduta estrutura ordenada e divisão de tarefas, ainda que informal, com o objetivo coletivo de vantagem direta ou indireta, de qualquer natureza (em geral financeira), bastando a leitura e hermenêutica básica dos artigos 1º e 2º da Lei nº 12.850/2013.

Em conclusão a este item, defende-se que todas as ações são essenciais ao processo criminoso final. Lavagem de capitais para uma organização criminosa que pratica crimes violentos socialmente ou em massa (eletrônicos), além de ataques ao Estado, jamais pode ser considerada um crime reduzido e, por tudo, deve ser impiedosamente enfrentada.

3. As ferramentas policiais para a confirmação da prova

Conforme já explanado, o crime de lavagem de dinheiro exige técnicas especiais de investigação criminal, posto estar revestido de peculiaridades que se somam às tec-

---

[8] Atualmente, e de maneira infeliz, já se verifica a existência de correntistas delinquentes profissionais, ou seja, pessoas que cedem seus dados e contas para a movimentação de qualquer ilícito, de qualquer grupo, despudoradamente, mesmo cientes de estarem participando de um projeto criminoso, visando comissões de acordo com o valor depositado.

nologias atuais de transferência de valores. Anteriormente, resumia-se praticamente a entrega de valores em espécie, aquisição de obras de arte ou joias.

Vale lembrar a decisão do então Ministro do Supremo Tribunal Federal Celso de Mello quanto aos direitos e garantias fundamentais face à ordem pública (destaques nossos):

> ***Não há, no sistema constitucional brasileiro, direitos ou garantias que se revistam de caráter absoluto****, mesmo porque razões de relevante interesse público ou exigências derivadas do princípio de convivência das liberdades legitimam, ainda que excepcionalmente, a adoção, por parte dos órgãos estatais, de medidas restritivas das prerrogativas individuais ou coletivas, desde que respeitados os termos estabelecidos pela própria Constituição. O estatuto constitucional das liberdades públicas, ao delinear o regime jurídico a que estas estão sujeitas – e considerado o substrato ético que as informa – permite que sobre elas incidam limitações de ordem jurídica, destinadas, de um lado, a proteger a integridade do interesse social e, de outro, a assegurar a coexistência harmoniosa das liberdades,* ***pois nenhum direito ou garantia pode ser exercido em detrimento da ordem pública ou com desrespeito aos direitos e garantias de terceiros*** *(voto do Min. Celso de Mello no MS 23452/ RJ, – Pleno do STF, 16.09.99 – DJU 12.05.00 – Unânime).*

Como dito, a modernização das formas de transferência de valores ampliou o leque de caminhos que o dinheiro ilícito pode percorrer: transferências em máquinas de autoatendimento (caixas eletrônicos), via aplicativo de celular ou sites, contas globais (Wise, Nomad e outras), transferências internacionais (Western Union, MoneyGram, PayPal e outras) e mais recentemente o Pix[9], sem olvidar das criptomoedas.

Tendo em vista as possibilidades de transferências de valores, algumas delas de forma instantânea com aplicativos de celular, a velocidade na movimentação do dinheiro dificulta sobremaneira a investigação policial. Portanto, técnicas especiais de investigação ou meios extraordinários de obtenção de prova devem ser invocados para que a investigação policial possa atingir seus objetivos. E essas técnicas, em parte, estão previstas no art. 3º da Lei de Organizações Criminosas (12.850/2013), com posteriores artigos explicativos:

---

[9] Pix é o pagamento instantâneo brasileiro. No meio de pagamento criado pelo Banco Central (BC), os recursos são transferidos entre contas em poucos segundos, a qualquer hora ou dia. É prático, rápido e seguro. O Pix pode ser realizado a partir de uma conta corrente, conta poupança ou conta de pagamento pré-paga (BANCO CENTRAL DO BRASIL, s.d.).

> *Art. 3º Em qualquer fase da persecução penal, serão permitidos, sem prejuízo de outros já previstos em lei, os seguintes meios de obtenção da prova:*
>
> *I – colaboração premiada;*
>
> *II – captação ambiental de sinais eletromagnéticos, ópticos ou acústicos;*
>
> *III – ação controlada;*
>
> *IV – acesso a registros de ligações telefônicas e telemáticas, a dados cadastrais constantes de bancos de dados públicos ou privados e a informações eleitorais ou comerciais;*
>
> *V – interceptação de comunicações telefônicas e telemáticas, nos termos da legislação específica;*
>
> *VI – afastamento dos sigilos financeiro, bancário e fiscal, nos termos da legislação específica;*
>
> *VII – infiltração, por policiais, em atividade de investigação, na forma do art. 11;*
>
> *VIII – cooperação entre instituições e órgãos federais, distritais, estaduais e municipais na busca de provas e informações de interesse da investigação ou da instrução criminal.*

A primeira técnica especial de investigação aplicável aos crimes de lavagem de dinheiro é o acesso a dados cadastrais, que, conforme dispõe o Decreto nº 8.771/2016, são informações como nome, prenome, estado civil e profissão do usuário, além de filiação e endereço. O acesso a tais informações depende apenas de ofício do Delegado de Polícia, amparado na já mencionada Lei de Organizações Criminosas (12.850/2013), no Estatuto do Delegado de Polícia (12.830/2013), na Lei de Lavagem de Dinheiro (9.613/1998), no Marco Civil da Internet (12.965/2014) e no próprio Código de Processo Penal.

Essas informações são imprescindíveis para rastrear e aplicar a técnica de *follow the money* (siga o dinheiro). Um exemplo comum é a utilização de chaves aleatórias para transações via Pix, onde a identificação do beneficiário se resume ao nome e a uma sequência alfanumérica que, sem obtenção dos dados cadastrais, seria praticamente impossível a determinação da autoria.

O afastamento ou quebra de sigilo bancário é outra técnica especial de investigação de grande valia. Fulcrado na Lei Complementar nº 150/2001, em especial o art. 1º, §4º, que reza:

> *Art. 1º As instituições financeiras conservarão sigilo em suas operações ativas e passivas e serviços prestados [...]*
>
> *§ 4º A quebra de sigilo poderá ser decretada, quando necessária para apuração de ocorrência de qualquer ilícito, em qualquer fase do inquérito ou do processo judicial, e especialmente nos seguintes crimes:*

Via de regra, o Delegado de Polícia representa também pelo afastamento de sigilo fiscal permitido pela legislação nacional, nos moldes dos artigos 198, §1º, inciso I, e 199 da Lei nº 5.172/66 – Código Tributário Nacional:

> *Art. 198. Sem prejuízo do disposto na legislação criminal, é vedada a divulgação, por parte da Fazenda Pública ou de seus servidores, de informação obtida em razão do ofício sobre a situação econômica ou financeira do sujeito passivo ou de terceiros e sobre a natureza e o estado de seus negócios ou atividades.*
>
> *§ 1º Excetuam-se do disposto neste artigo, além dos casos previstos no art. 199, os seguintes:*
>
> *I – requisição de autoridade judiciária no interesse da justiça;*
>
> *Art. 199. A Fazenda Pública da União e as dos Estados, do Distrito Federal e dos Municípios prestar-se-ão mutuamente assistência para a fiscalização dos tributos respectivos e permuta de informações, na forma estabelecida, em caráter geral ou específico, por lei ou convênio.*

Assim, é possível cruzar os dados obtidos, visando apontar movimentações atípicas e/ou não declaradas ao fisco, que acendem o alerta para possíveis práticas de lavagem de dinheiro. Obviamente que a estranheza ou atipicidade das movimentações bancárias e a ausência de declaração fiscal não importam na materialidade do crime de lavagem de dinheiro, restando à investigação invocar outras técnicas complementares.

Esses dados também auxiliam na identificação de correntistas integrantes de grupos criminosos organizados, comprovando ou não a autenticidade do uso das contas pelo próprio titular, através de fotos, assinaturas, endereços ou documentos entregues no ato da abertura da conta, comparando o contrato a outros documentos oficiais. Esse cuidado afastará eventual injustiça e inibirá tal alegação em possível defesa dissimulada.

Essas representações e ofícios policiais já autorizados pela justiça pública devem ser reiterados com frequência pela conhecida letargia de resposta dos estabelecimentos bancários, inclusive utilizando requerimentos policiais complementares para que multas diárias possam ser fixadas, no caso de desídia não justificada das empresas.

A terceira técnica típica indicada é o afastamento de sigilo telemático ou interceptação telemática. Seja efetivamente uma interceptação telemática regida pela Lei de Interceptação Telefônica (9.296/1996), um afastamento de sigilo telemático ou, ainda, uma busca e apreensão em servidores das empresas de *cloud storage*, fulcrado no art. 240 do Código de Processo Penal. Tratamos aqui do acesso aos dados armazenados em nuvem pelo alvo, de forma mais concreta em serviços como Google, Apple e Microsoft[10].

Considerando que a quantidade de aparelhos celulares no Brasil ultrapassa em quase 5% a população total (KEMP, 2022), ou seja, existem 224,9 milhões de celulares no país, os dados coletados e armazenados em nuvem traduzem-se em campo fértil para a investigação policial.

Mediante a representação do Delegado de Polícia e autorização judicial, as empresas de armazenamento em nuvem fornecem dados de histórico de localização, de pesquisa, mensagens, e-mails, agenda telefônica, galeria de fotos e outros. Cumpre dizer que essa função pode ser desabilitada pelo usuário do dispositivo, porém em alguns aparelhos ela é habilitada por padrão.

Outra técnica significativa é a coleta de informações em fontes abertas. Derivada da seara militar com o nome de OSINT (*open source intelligence* – inteligência em fontes abertas), essa técnica tem sido amplamente utilizada nas investigações policiais, mas também no ambiente corporativo. São assim definidas por Barreto, Wendt e Caselli (2017, p. 31):

> *São as informações disponíveis ao público e que não exigem nenhuma espécie de restrição ao seu acesso. São também conhecidas como open source intelligence (Inteligência de Fontes Abertas), ou seja, uma forma de coletar, selecionar e adquirir informações que possam ser úteis à produção do conhecimento. Podem ser obtidas através de leitura de jornais, periódicos, pesquisas de cunho acadêmico, livros, revistas e principalmente através da internet.*

Quando se pensa em crimes de lavagem de dinheiro, a coleta de investigação em fontes abertas encontra campo fértil, mormente em redes sociais. Publicações, fotos,

---

10 Sugerimos a leitura de capítulo de Konno Júnior (2020), p. 253-268.

check-ins, localizações, curtidas e interesses podem levar a investigação a traçar um perfil do alvo, como padrão de vida, locais que frequenta, viagens, bens etc. Chama-se de sinais evidentes do crime.

Importa salientar que fontes abertas não se resumem a redes sociais, mas, como mencionado, podem ser reportagens, livros, periódicos e pesquisas na internet. Sites governamentais são ferramentas essenciais para essa pesquisa – nos portais da transparência se demonstram os gastos do poder público, a remuneração de servidores, gastos com cartão corporativo, viagens, diárias e outras informações. Portais de conselhos de classe podem ser utilizados para localizar profissionais, a exemplo de advogados, médicos, contadores etc.

Sem a pretensão de esgotar os meios de investigação dos crimes de lavagem de dinheiro, procurou-se apenas apontar alguns dos mais utilizados para o desvendamento das ações e de seus integrantes, incluindo os correntistas.

4. As operações e estatísticas dos sujeitos ativos financeiros

O conhecimento empírico obtido na atividade policial e em operações de grande vulto em combate ao crime de lavagem de dinheiro e outros correlatos, em especial organização criminosa, corroborou sobremaneira os argumentos supramencionados.

Nada obstante, em primeiro, focando primordialmente o conteúdo sobre a participação dos correntistas e sua responsabilização nesses grupos delinquentes, importante anunciar que há o conhecimento de uma tendência global pela adoção de um direito penal mais humanista, transformador, liberatório e mais preocupado com as relações dos seres – o que, nem de longe, pode causar uma equivocada compreensão de abandono completo do propalado e, por vezes, necessário direito simbólico e da atuação enérgica contra os maus profissionais e violentos malfeitores da sociedade, hoje organizados em empresas desonestas, com objetivo único de manutenção de poder criminoso paralelo e ganhos ímprobos.

Aliás, diferenciar condutas e posturas de agentes e servidores do Estado na aplicação e exegese da lei de acordo com o tipo de ação, e considerando toda a dinâmica constante da sociedade, é sim fincar a base principiológica constitucional fundamental. Interpretar igual e estaticamente institutos nos parece desumanizar a justiça. Nesse sentido:

> *[...] a preocupação com a igualdade da justiça, nas interpretações das ferramentas legais, assim como na atuação dos órgãos de segurança, deve levar em considera-*

> *ção a dinâmica das sociedades e a evolução das quadrilhas organizadas. Considerar as normas e os institutos, aplicando o entendimento desigual na exata medida da desigualdade, é garantia de direitos e fundamento da igualdade; ou seja, não se deve tornar estática a exegese de qualquer norma ou instituto e aplicá-los para todo e qualquer crime ou criminoso, pois há um distanciamento colossal entre sujeitos ativos de roubos solitários de celulares para o consumo de drogas e os grupos especializados em estrutura empresarial [...] (FRANÇA, 2017, p. 260).*

Ainda e de maneira fundamental na defesa de aplicação de idêntico tratamento normativo a todos os integrantes de mesma organização criminosa, o que não afasta nem torna inculpável os correntistas, exalta-se o estudo sobre o fundamento de validade da norma jurídica.

Mesmo enxergando já elementos cristalinos de absoluta subsunção às normas vigentes, entre a conduta dos correntistas e a lavagem de dinheiro, ou mesmo a participação como integrante ativo desses grupos deslealmente qualificados, sustentamos que o aplicador ou cumpridor da lei não deve se limitar tão somente à relação piramidal, verticalizada e hierarquizada conforme concebido por Norberto Bobbio (1999, p. 27 *et seq.*) e Hans Kelsen (1998, p. 52). Pelo fato da norma jurídica ser decorrente da atividade humana, sugere-se também que seja visualizada pela ótica da linguagem e da comunicação, porquanto essenciais às relações humanas, conforme já proposto por Tércio Sampaio Ferraz Junior (2006, p. 5).

Desse modo, na estrutura comunicacional da norma jurídica, deve-se estabelecer uma relação que se opera juntamente entre o emissor, de onde emana o comando, e o receptor desse comando. Assim, com o dinamismo social, conduz-se o intérprete com os instrumentos de calibração que se constituem, sumamente, pela legalidade (norma positivada), pela efetividade (que permita a concretização) e pela legitimidade (que justifica a existência, ainda que não prevista na legislação posta, mas derivada dos anseios e valores culturais e morais de uma sociedade) (FERRAZ JUNIOR, 2006, p. 149).

Finalmente, essa calibração é conferida, tal qual um termostato, por fatores externos ao ordenamento jurídico, por vezes decorrentes da moral, da política e demais fatores do gênero (fatos jurídicos explicadores ou justificadores por meio da efetividade).

Feitas as considerações doutrinárias, de forma especial ao argumento deste texto, retomamos a análise prática de cinco operações de Polícia Judiciária realizadas pelo SECCOLD (Setor Especializado de Combate aos Crimes de Corrupção, Crime Organizado e Lavagem de Dinheiro) da Polícia Civil de Presidente Prudente/SP: a) "Voo de Ícaro" – ano de 2019, com 21 alvos no total e 5 correntistas identificados; b) "Welfare" – em 2019, com 45 alvos no total e 28 correntistas identificados; c) "Fenrir" – em 2019, com 13 alvos no total e 9 correntistas identificados; d) "Anteros" – em 2020, com 210 alvos no total e 167 correntistas identificados; e e) "2Face" – em 2022, com 42 alvos no total e 19 correntistas identificados[11].

Delitos de origens distintas foram investigados nessas ações da Polícia Civil, entretanto, tendo em comum os crimes de lavagem de dinheiro e organização criminosa.

O ponto conciliante foi a rápida movimentação financeira, peculiarmente as transferências eletrônicas. Ainda, por diversas vezes, o dinheiro foi sacado pessoalmente pelos correntistas nos terminais de autoatendimento ou direto no caixa[12]. Observe-se que nesse tipo de transação há participação mais efetiva e pessoal do correntista na organização criminosa e no crime de lavagem de capital.

Dentre as principais técnicas de lavagem de dinheiro usadas nessas investigações, encontrou-se a estruturação ou *smurfing*, quando o valor é diluído em pequenas frações para dificultar o desvendamento e não atrair atenção. Segundo MEDRONI (2018):

> *Por esse método, o agente que dispõe, por exemplo, de R$ 1.000.000,00, ganhos por meio da prática de atividade criminosa, divide-os em tantas quantias quantas forem as que não gerem suspeita e as dilui em inúmeras contas e datas de depósitos variados, para depois encaminhá-las em determinado fluxo convergente, reunindo-as. Com esse procedimento, o agente distancia a origem criminosa do valor integral em etapas por meio de transações bancárias.*

E o mesmo autor conclui:

> *Trata-se de técnica bastante utilizada, mas muito mais comum a agentes criminosos que não detêm grandes necessidades e quantias para serem recicladas, pois, além de muito trabalhosa, exige a participação de diversos agentes com disponibilidade de tempo (para se deslocarem) que, por evidente, terão conhecimento*

---

[11] Em todos os procedimentos houve indiciamento policial e denúncia formalizada, com a maior parte já finalizada e condenações em primeiro grau, inclusive, de correntistas como integrantes de organizações criminosas e/ou coautores da lavagem de dinheiro.

[12] A organização cria um roteiro ou protocolo já prevendo e instruindo sobre os limites de saque impostos pelas instituições bancárias. Por exemplo: o correntista saca o limite máximo permitido pelos terminais de autoatendimento e, logo após, se dirige a outra agência bancária para realizar uma nova retirada em espécie.

> *ou ao menos suspeita das ações, e ao "agente lavador" do dinheiro não interessa que muitas pessoas saibam de suas operações financeiras e depósitos bancários. Com o aumento dos valores e a evolução dos mecanismos, o agente deixa essa técnica e passa a utilizar outras que permitem, de forma mais rápida e eficiente, movimentar quantias maiores em menor tempo.*

Constata-se, nesse momento, um dos motivos para que a rede de correntistas seja próxima ao "agente lavador", ou seja, para que melhor coordene tais ações e possa exigir uma prestação de contas e agilidade na movimentação financeira, com vista a evitar eventuais bloqueios administrativos pela segurança da instituição financeira ou mesmo de ações judiciais. Quando há a aproximação ou vínculo com o agente lavador ou aliciador das contas, o controle fica facilitado e torna menos comum a possibilidade de perder o valor desonesto.

A divisão de tarefas é claramente observada quando correntistas recebem ordens dentro de uma estrutura, reportando a alguém que lhes informa o valor a ser recebido de origem espúria e o destino do capital.

Vale novamente frisar que os correntistas, via de regra, são remunerados mensalmente para atuarem dessa forma, estando à disposição da organização em tempo integral, ou auferem uma porcentagem sobre os valores depositados em suas contas bancárias. Seja qual for a retribuição, o que se reluziu das investigações dispostas foi o exato conhecimento da origem criminosa dos valores. Como esses sujeitos ativos não possuíam contato com as vítimas, foi consagrado um discurso irreal, ratificado formalmente em documentos de defesa ou em seus depoimentos, de que o que fazem seria uma conduta irrelevante ao direito criminal, o que, conforme defendemos desde o princípio, não é.

Por fim, outro dado importante observado é que recentes decisões de política criminal dos tribunais superiores, indiretamente e de maneira infortunada, têm pautado as atividades dos grupos criminosos, fazendo-os alterar protocolos e procedimentos para se beneficiarem.

Uma delas e de extrema relevância para as investigações em comento fora observada em ligação telefônica legitimamente interceptada com a tese de razão humanitária para concessão de regime domiciliar para presa com filhos menores de 12 anos[13]. Na ocasião, os alvos interceptados comentavam claramente a necessidade de recrutar

[13] Habeas corpus coletivo nº 143.641 do Supremo Tribunal Federal.

mulheres para atuarem como correntistas, pois estariam beneficiadas pela decisão do STF.

O reflexo disso foi observado nas operações de Polícia Judiciária citadas e realizadas pelo SECCOLD (Setor Especializado de Combate aos Crimes de Corrupção, Crime Organizado e Lavagem de Dinheiro) da Polícia Civil de Presidente Prudente/SP: 75% dos correntistas eram do sexo feminino e com filhos menores de 12 anos, ou seja, se adequavam ao Habeas Corpus coletivo do Supremo Tribunal Federal.

5. Considerações finais

> *Quando os crimes não são castigados logo, o coração do homem se enche de planos para fazer o mal. (Eclesiastes 8:11)*[14]

Amparado pela Constituição de 1988, o Brasil mantém-se em um período estável, porém de desagrado interno, pois as políticas públicas (inclusive a de segurança) não estão resultando nos propósitos clamados, assim como o consumidor ou destinatário (a população) de tais políticas não se sente acolhido de maneira integral.

O bem-estar social da população, com a harmonia de convivência e dignidade, deve ser o objetivo final da segurança (e de todos os demais princípios fundamentais), protegendo vidas e bens pessoais ou públicos.

No contexto de repugnância somado ao dinamismo social, para as boas práticas e também aquelas delinquentes, fortalecidas pela profissionalização espúria e estruturação organizacional criminosa, fortificam esses grupos cada vez mais cruéis, que hodiernamente demonstram imenso poderio financeiro, com ganhos exorbitantes que, em curto espaço, são lavados e transformados em bens legítimos. A sequente exibição soberba desse padrão de vida robustece uma descrença sobre os órgãos repressores do Estado, além de pilotar uma sensação de insegurança.

Assim, nesse contemporâneo cenário de crescimento dos delitos organizados ou graves, enaltecemos no texto a essencialidade de enfrentamento pautado na evolução de conceitos e condutas, na qualificação dos servidores da polícia, na mais adequada interpretação dos instrumentos de investigação e inteligência policial, utilizando de ferramentas legais dispostas para a concreta identificação de todos os integrantes desses grupos criminosos, tratando-os identicamente na medida de sua igualdade ou

---

[14] Disponível em: <https://www.bibliaon.com/versiculo/eclesiastes_8_11/>. Acesso em: 29 ago. 2023.

importância associativa, sem qualquer seletividade pautada pelo valor ou benefício obtido, mas tão somente pelo grau de sua essencialidade para a continuidade da operação do grupo.

Nesse entendimento, exaltou-se a relevância da compreensão da movimentação financeira, da técnica, das fases e da metodologia da lavagem de capitais, exatamente para a sua contenção e desidratação, com possível recuperação desses ativos, ilegitimamente retirados da sociedade, através de condutas delituosas em desfavor do Estado ou da sociedade.

Além do mais, com a identificação e aplicação de todas as medidas processuais, com a punição de todos os participantes das organizações criminosas, incluindo os correntistas bancários – que, cientes das ações e recebendo benefícios, assumem profissionalmente os delitos cedendo os seus dados, nomes, documentos e créditos para fomentar e tornar possível o fluxo de todo esse mecanismo marginal que tem devassado a paz coletiva, perpetuando a existência desses bandos.

Dessarte, expectamos que este singelo texto contribua, ao menos, para o debate sobre tão importante tema, sem a ousadia do esgotamento ou refratário aos diversos juízos. Temos a consciência cristalina de que a discussão sobre segurança pública e as suas gestões das ferramentas e/ou condutas institucionais deve ser cada vez mais dilatada, até mesmo com a participação de entidades privadas especializadas, com o fomento de profissionais do Estado talhados e comprometidos com a missão fundamental de proteção da sociedade, com o objetivo de colaborar para o nivelamento ético e eficaz desse enfrentamento.

Referências

BANCO CENTRAL DO BRASIL. **O que é Pix?** Disponível em: <https://www.bcb.gov.br/estabilidadefinanceira/pix>. Acesso em: 28 ago. 2023.

BARRETO, A. G.; WENDT, E.; CASELLI, G. **Investigação Digital em Fontes Abertas.** Rio de Janeiro: Brasport, 2017.

BOBBIO, N. **Teoria do ordenamento jurídico.** Trad. Maria Celeste Cordeiro Leite dos Santos. 10.ed. Brasília: Universidade de Brasília, 1999.

BRASIL. **Decreto nº 5.015, de 12 de março de 2004.** Promulga a Convenção das Nações Unidas contra o Crime Organizado Transnacional. Disponível em: <http://www.planalto.gov.br/ccivil_03/_ato2004-2006/2004/decreto/d5015.htm>. Acesso em: 25 ago. 2023.

BRASIL. **Decreto nº 8.771, de 11 de maio de 2016**. Regulamenta a Lei nº 12.965, de 23 de abril de 2014, para tratar das hipóteses admitidas de discriminação de pacotes de dados na internet e de degradação de tráfego, indicar procedimentos para guarda e proteção de dados por provedores de conexão e de aplicações, apontar medidas de transparência na requisição de dados cadastrais pela administração pública e estabelecer parâmetros para fiscalização e apuração de infrações.

BRASIL. **Lei nº 5.172, de 25 de outubro de 1966.** Dispõe sobre o Sistema Tributário Nacional e institui normas gerais de direito tributário aplicáveis à União, Estados e Municípios. Disponível em: <https://www.planalto.gov.br/ccivil_03/leis/l5172compilado.htm>. Acesso em: 02 set. 2023.

BRASIL. **Lei nº 12.830 de 20 de junho de 2013**. Dispõe sobre a investigação criminal conduzida pelo delegado de polícia.

BRASIL. **Lei nº 12.850, de 2 de agosto de 2013**. Define organização criminosa e dispõe sobre a investigação criminal, os meios de obtenção da prova, infrações penais correlatas e o procedimento criminal.

BRASIL. **Lei nº 12.965 de 23 de abril de 2014.** Estabelece princípios, garantias, direitos e deveres para o uso da Internet no Brasil.

BRASIL. **Lei nº 9.613, de 03 de março de 1998.** Dispõe sobre os crimes de "lavagem" ou ocultação de bens, direitos e valores; a prevenção da utilização do sistema financeiro para os ilícitos previstos nesta Lei; cria o Conselho de Controle de Atividades Financeiras – COAF, e dá outras providências. Disponível em: <http://www.planalto.gov.br/ccivil_03/leis/l9613.htm>. Acesso em: 25 ago. 2023.

DELMANTO, R. **Leis penais especiais comentadas.** 2.ed. São Paulo: Saraiva, 2013.

EBC. **Fórum Brasileiro de Segurança Pública.** Disponível em: <https://memoria.ebc.com.br/forum-brasileiro-de-seguranca-publica>. Acesso em: 25 ago. 2023.

FERRAZ JUNIOR, T. S. **Teoria da norma jurídica:** ensaio de pragmática da comunicação normativa. 4.ed. Rio de Janeiro: Forense, 2006.

FRANÇA, P. R. **Operação Ethos e a "Sintonia dos Gravatas".** *In*: SANTOS, J. E. L. dos (coord.). Novos Direitos, Novos Riscos e Controle Social. Birigui: Boreal Editora, 2017.

IPEA. **Atlas da Violência.** 2022. Disponível em: <https://www.ipea.gov.br/atlasviolencia/>. Acesso em: 25 ago. 2023.

JORGE, H. V. N. (org.) **Enfrentamento da Corrupção e Investigação Criminal Tecnológica:** procedimentos, fontes abertas, estudos de caso e direito anticorrupção. 2.ed. Salvador: JusPodivm, 2021.

KELSEN, H. **Teoria geral das normas.** Trad. José Florentino Duarte. São Paulo: Safe, 1986.

KELSEN, H. **Teoria pura do direito.** Trad. João Baptista Machado. 6. ed. São Paulo: Martins Fontes, 1998.

KEMP, S. Digital 2022: Brazil. **Data Reportal**, Feb. 9, 2022. Disponível em: <https://datareportal.com/reports/digital-2022-brazil>. Acesso em: 28 ao. 2023.

KONNO JÚNIOR, J. Interceptação Telemática Ou Busca E Apreensão De Dados Em Nuvem E A Preservação Da Cadeia De Custódia. *In*: JORGE, H. V. N. (org.). **Tratado de Investigação Criminal Tecnológica.** Salvador: JusPodivm, 2020.

MEDRONI, M. B. **Crime de Lavagem de Dinheiro.** 4.ed. São Paulo: Atlas, 2018.

PORFÍRIO, F. Como "laranjas" são usados na corrupção? **Brasil Escola**, s.d. Disponível em: <https://brasilescola.uol.com.br/curiosidades/como-laranjas-sao-usados-na-corrupcao.htm>. Acesso em: 29 ago. 2023.

SAADI, R. A. 2007. 210f. **O combate à lavagem de dinheiro.** Dissertação (Mestrado em Direito) – Universidade Presbiteriana Mackenzie, São Paulo, 2007.

SEGANTIN JUNIOR, L. F.; MORAES, R. F. M. de; FONSECA; J. V. de A. P. B.; FERNANDES, R. *In*: CUNHA FILHO, A. J. C. da *et al.* (Coords.) **A atividade de Polícia Judiciária e o combate à corrupção:** 48 visões sobre a corrupção. São Paulo: Quartier Latin, 2016, p. 337-366.

Investigação criminal e medidas assecuratórias na Operação Per Saltum: em busca da efetividade da persecução criminal patrimonial digital para o enfrentamento da lavagem de dinheiro no arranjo Pix

Éverson Aparecido Contelli[1]

1. Introdução

O Governo Digital é uma realidade que integra a transformação digital do governo brasileiro, com soluções de impacto massivo em fornecimento de serviços públicos eficientes, simplificados, transparentes e acessíveis, para alcançar novos ecossistemas, a exemplo do arranjo Pix, garantindo o fornecimento de dinheiro confiável, como parte de uma política pública, cujas externalidades alcançam intensamente o processo e a persecução penal, decorrência de um óbvio impacto social, econômico e criminal.

Identificado pelo Banco Mundial como o sétimo país em transformação digital, dentre 198 economias avaliadas no *GovTech Maturity Index* 2020, o país possui a plataforma GOV.BR, que tem hoje mais de 115 milhões de usuários (DENER *et al.*, 2021).

Sem desconsiderar a importância da transformação digital disruptiva de governo, o estudo analisa o arranjo Pix e seus impactos no sistema de justiça criminal, como na Operação *Per Saltum*, de tal modo a verificar se a solução atrelada ao Governo Digital tem gerado impacto na segurança pública do país e quais medidas técnico-jurídicas, preferencialmente sem alteração legislativa, podem ser aventadas com o propósito

---

[1] Mestre e doutorando em Direito pela UENP – Universidade Estadual do Norte do Paraná. Especialista em Direito Processual pelo IBDP; Especialista em Sistemas de Justiça Criminal (ACADEPOL – Academia de Polícia de São Paulo); Professor da ACADEPOL das disciplinas Inquérito Policial e Investigação Policial. Professor da Graduação (FAPE e REGES); Professor de Cursos de Pós-Graduação no Estado de São Paulo: Centro Universitário São Camilo (psicologia jurídica), MeuCurso (Direito Digital e *Compliance* e Prática Jurídica do Delegado de Polícia); Professor da Pós-graduação em Direitos Humanos e Pós-graduação em Medicina Forense, ambos da Academia de Polícia. Delegado de Polícia no Estado de São Paulo e Coordenador da Unidade de Inteligência Policial – UIP8 – Presidente Prudente. Integrante do Conselho Editorial da Revista Justiça & Polícia. Autor de livros e capítulos de livros.

de superação de uma anunciada tragédia Pix, ao menos quando o quadrante está no incremento da criminalidade organizada e de massa.

O que se espera não é que o Pix retroceda, mas que a investigação criminal de igual modo seja disruptiva e, portanto, consentânea com a plasticidade da realidade apresentada.

No desenvolvimento do trabalho, o raciocínio dedutivo será essencial para testar e analisar questões relacionadas ao Governo Digital, ao arranjo Pix, à criminalidade e, principalmente, à modulação e compreensão das medidas assecuratórias existentes no bojo de uma investigação criminal patrimonial digital, em busca de soluções consentâneas com a rapidez e flexibilidade da transformação digital, sem romper ou arranhar a autonomia processual penal, mais um dos objetivos do Direito Digital, que, antes de criar, compreende e adequa fundamentos, princípios e normas postas aos novos modelos de trabalho, empresa, raciocínio e pensamento.

A partir do método hipotético-dedutivo e indutivo, os estudos avançam para um estudo de caso em que o problema de análise está em buscar soluções para a repressão proporcional e adequada a grupo criminoso que, com uso de crimes cibernéticos e engenharia social, movimentou mais de R$ 3.500.000,00 em uma noite, dos cofres públicos de um pequeno município do interior paulista. Este *case* decorre da Operação *Per Saltum*, ainda em andamento. A Polícia Civil do Estado de São Paulo investiga conduta humana indesejada que afronta não apenas a segurança pública, mas direitos fundamentais, porquanto o dinheiro retirado tem vínculos, por exemplo, com saúde, moradia e educação, ressalte-se, em período de pandemia.

O estudo, portanto, pretende apresentar uma resposta técnico-jurídica, com medida de investigação criminal patrimonial capaz de solucionar a situação-problema apresentada por meio de técnica processual adequada, proporcional, eficiente, em que se preserve a higidez probatória[2].

---

[2] A proposta inicial do autor não exige alteração legislativa. Quando muito, a conscientização de delegados de polícia, de membros do Ministério Público, do Poder Judiciário e do Sistema Financeiro Nacional (SFN) da possibilidade jurídica do pedido ao manejar medidas assecuratórias patrimoniais já previstas no Código de Processo Penal e na Lei nº 9.613/1998. Não se trata de criar nova cautelar, mas implementar medidas já existentes a partir da leitura sistemática da legislação que dá supedâneo ao próprio sistema de justiça criminal brasileiro.

2. Governo Digital

Governo Digital é uma estratégia disruptiva de uso incremental da tecnologia para a prestação de serviços públicos com dignidade e eficiência.

A partir do regime jurídico de direito público, a Administração Pública pretende realizar uma variedade de serviços de maneira simplificada, dialógica, expandindo o relacionamento com o cidadão, com confiança, transparência e eficiência, em plataformas digitais em que os serviços públicos são prestados, ou mesmo fornecidas informações para participação da população.

O Governo Digital tem princípios, regras e instrumentos para o aumento da eficiência da administração pública, essencialmente por meio da desburocratização, da inovação e da transformação digital.

Os objetivos a serem alcançados, por meio da Estratégia de Governo Digital, nos termos do Anexo I, eixo II, item 2, do Decreto nº 9.319, de 21 de março de 2018, incluem:

> *- oferecer serviços públicos digitais simples e intuitivos, consolidados em plataforma única e com avaliação de satisfação disponível; – conceder acesso amplo à informação e aos dados abertos governamentais, para possibilitar o exercício da cidadania e a inovação em tecnologias digitais; – promover a integração e a interoperabilidade das bases de dados governamentais; – promover políticas públicas baseadas em dados e evidências e em serviços preditivos e personalizados, com utilização de tecnologias emergentes; – implementar a Lei Geral de Proteção de Dados, no âmbito do Governo Federal, e garantir a segurança das plataformas de governo digital; – disponibilizar a identificação digital ao cidadão; – adotar tecnologia de processos e serviços governamentais em nuvem como parte da estrutura tecnológica dos serviços e setores da administração pública federal; – otimizar as infraestruturas de tecnologia da informação e comunicação; e – formar equipes de governo com competências digitais." (BRASIL, 2018)*

Com efeito, nesse incremental de novas tecnologias como instrumento de prestação de serviços públicos simples e intuitivos e de cidadania, de densificação de direitos fundamentais, direitos sociais e, por conseguinte, de cumprimento da promessa constitucional do direito fundamental à segurança pública, tem-se a transformação digital da economia, cujos objetivos incluem o estabelecimento de ecossistemas, o uso de tratamento de grande quantidade de dados e a criação de novos modelos de negócios, obviamente dentro de um regime que permita a segurança jurídica e possibilite investimentos e proteção de dados.

Nesse sentido o item 1, "a", do eixo II do Anexo I do Decreto nº 9.319, de 21 de março de 2018, dispõe:

> *1. Transformação digital da economia (a) Economia baseada em dados. A moderna economia digital é uma economia baseada em dados. O aproveitamento das oportunidades advindas da crescente disponibilidade do grande volume de dados é, assim, elemento estratégico para o crescimento do País.*
>
> *Os objetivos a serem alcançados incluem: – promover a criação de forte ecossistema para desenvolvimento da economia de dados, com incentivos ao desenvolvimento de infraestrutura de telecomunicações e à atração de data centers ao País; – aprimorar capacidades técnicas e humanas relativas ao uso e tratamento de grandes volumes de dados; e – promover um ambiente jurídico-regulatório que estimule investimentos e inovação, a fim de conferir segurança aos dados tratados e adequada proteção aos dados pessoais (BRASIL, 2018).*

A Estratégia de Governo Digital para o período de 2020 a 2022, nos termos do Decreto nº 10.332, de 28 de abril de 2020, abrange os órgãos e as entidades da administração pública federal direta, autárquica e fundacional.

Promovendo ações que vão ao encontro dos objetivos e das medidas necessárias ao alcance da Estratégia de Governo Digital, o Banco Central do Brasil (BCB), com natureza jurídica de autarquia federal vinculada ao Ministério da Fazenda, compreende o seu papel na sociedade, na economia e nos destinos das moedas digitais e se lança a novos ambientes que elevarão o país a um patamar de gestão financeira de *central banks* compatível com as principais economias do mundo.

O Governo Digital abre um caminho sem retrocesso, sem possibilidade de recuar, em que se ganha na promoção da cidadania e da eficiência dos serviços públicos, o que é seguido pelo BCB, seja no seu modo de interagir com o sistema de justiça em suas reconhecidas plataformas[3], até mesmo na criação de um ecossistema em que serviços públicos são fornecidos, explorados e facilitados pela política pública fomentada por essas ferramentas. Além de estimular a transparência, a cidadania e a democracia digital, tais ferramentas simplificam o relacionamento do cidadão com o dinheiro, em absoluta segurança jurídica.

---

[3] Acordo de Cooperação Técnica nº 041/2019 celebrado em 19 de dezembro de 2019 entre o Conselho Nacional de Justiça, a Procuradoria-Geral da Fazenda Nacional e o Banco Central do Brasil aperfeiçoa e viabiliza o novo sistema para substituir o BACEN JUD 2.0 pelo SISBAJUD – Sistema de Busca de Ativos do Poder Judiciário.

3. Pix, investigação criminal patrimonial digital e medidas assecuratórias *per saltum*

Mas qual a relação entre Governo Digital, o Pix e a investigação criminal? Em primeiro lugar, é preciso compreender que, como qualquer inovação objeto de análise pelo Direito Digital, o Pix tem suas externalidades que podem alcançar a segurança pública e, por conseguinte, repercutir negativamente na economia, nos cofres públicos e até mesmo na credibilidade do sistema financeiro quando utilizado de maneira indevida.

Desde que instituído o arranjo Pix e aprovado seu regulamento pela Diretoria Colegiada do Banco Central do Brasil, em 12 de agosto de 2020, na Resolução BCB nº 1/2020, o sistema financeiro brasileiro ingressou em um movimento de impensável retrocesso, em que aproxima o atual e o virtual, em evidente avanço disruptivo das formas de pagamentos, integrando as instituições financeiras e reinventando o Sistema de Pagamentos Brasileiro (SPB).

Ocorre que, sem diálogo entre sistema financeiro, econômico e jurídico, medidas cautelares criminais para bloqueio de valores decorrentes de atividade criminosa não serão efetivas pelo modelo tradicional, pelo que se propõe o sequestro[4] (ou arresto e apreensão) *per saltum*. São reflexões que partem das experiências vivenciadas pelo autor, diante do uso de técnicas tradicionais e suas consequências diante do contexto da persecução criminal patrimonial digital da Operação *Per Saltum*, com seus acertos e erros, ambos necessários para compreender e analisar qualquer estudo de caso.

O movimento Pix deverá observar regulações mínimas[5] sobre estrutura de gerenciamento de riscos operacional e de liquidez, política de segurança cibernética, plano

---

[4] As medidas assecuratórias estão previstas tanto no Capítulo VI do Título VI do Código de Processo Penal como na Lei nº 9.613/1998.

[5] a) estrutura de gerenciamento de riscos operacional e de liquidez, conforme disposto na Circular nº 3.681, de 4 de novembro de 2013; b) política de segurança cibernética, plano de ação e de resposta a incidentes, contratação de serviços de processamento e armazenamento de dados e de computação em nuvem, conforme disposto na Circular nº 3.909, de 16 de agosto de 2018; c) política, procedimentos e controles internos visando à prevenção da utilização do sistema financeiro para a prática dos crimes de lavagem ou ocultação de bens, direitos e valores, de que trata a Lei nº 9.613, de 03 de março de 1998, e de financiamento do terrorismo, previsto na Lei nº 13.260, de 16 de março de 2016, conforme disposto na Circular nº 3.461, de 24 de julho de 2009, e, a partir de sua revogação, na Circular nº 3.978, de 23 de janeiro de 2020; d) procedimentos para a execução das medidas determinadas pela Lei nº 13.810, de 08 de março de 2019, que dispõe sobre o cumprimento de sanções impostas por resoluções do Conselho de Segurança das Nações Unidas, incluindo a indisponibilidade de ativos de pessoas naturais e jurídicas e de entidades, e a designação nacional de pessoas investigadas ou acusadas de terrorismo, de seu financiamento ou de atos a ele correlacionados, conforme disposto na Circular nº 3.942, de 21 de maio de 2019; e e) outras matérias que o Banco Central do Brasil vier a indicar; e II – supervisão proporcional baseada no risco.

de ação e de resposta a incidentes, contratação de serviços de processamento e armazenamento de dados e de computação em nuvem e o cumprimento de sanções impostas por resoluções do Conselho de Segurança das Nações Unidas.

Para promover diálogo foi criado o Fórum Pix, previsto no art. 6º da Resolução BCB nº 1/2020, coordenado pelo Banco Central do Brasil para atender a todos os interesses de efetivação da novel medida, prenúncio de uma moeda digital.

Essa capacidade dialógica exprime o que há de mais arrojado em termos de inclusão social e política.

Porém, em termos de segurança digital e de controle da criminalidade de massa e de investigação criminal, pouco se comunicou com o sistema de justiça, um empobrecimento da democracia digital, já que as consequências da tragédia Pix alcançam, na seara criminal, número indeterminado de pessoas e evidente violação a processos e estruturas de governança do Pix, os quais devem garantir a representatividade e a pluralidade de instituições e de segmentos participantes, o acesso não discriminatório e a mitigação de conflitos de interesse.

Em resumo, representantes do sistema de justiça criminal não participaram ou opinaram sobre a criação do eficiente Pix. Contudo, toda a carga de cobrança recai, atualmente, na Polícia Judiciária, cujos custos da investigação constituem um não assunto para o sistema financeiro.

Com efeito, há interesse do sistema de justiça criminal em minimizar consequências da engenharia financeira, prática rotineiramente utilizada para imprimir aparência de licitude em quantias provenientes da criminalidade de massa e organizada.

O processo penal, que com o Pix é acionado centenas de vezes (ao dia), foi deixado de lado e não ingressa na arena de debates, reafirmando aspectos do processo neoliberal de desregulamentação público-estatal da economia (paradoxo da regulamentação Pix) pelo sórdido amor ao lucro, em que nem todos melhoram de vida com a troca, conforme advertiu Aristóteles em "Ética a Nicômaco" (ARISTÓTELES, 1991).

E qual a relação do Pix com o processo penal, o direito penal, a economia, a lavagem de dinheiro, a corrupção e a realidade brasileira? Bem, o Direito Penal Econômico evidencia que, cada vez mais, fatores de criminalidade e consequente análise de prevenção têm relação direta com a decisão racional do criminoso, recorte das teorias etiológicas da criminologia.

O Direito Penal no que tange aos crimes patrimoniais é essencialmente econômico. A economia constitui o substrato da maioria dos comportamentos cibernéticos indesejados, e a persecução criminal, como primeira faceta do processo penal, passa a exigir uma investigação econômica, financeira e digital com atuação persecutória patrimonial e consentânea com a nova realidade desvelada por um novo momento, em que o Governo Digital tem que se comunicar com o sistema de justiça.

Mas se esse novo arranjo Pix, decorrência do Governo Digital, é tão eficiente assim, o que significam as fraudes relacionadas ao Pix cada vez mais comuns nos noticiários diários no Brasil? É preciso cautela, pois não existe golpe do Pix. O problema não está na segurança da movimentação – até porque a transação é absolutamente segura.

O que existe é um crescimento exponencial da criminalidade cibernética, decorrência de múltiplos fatores, como também pela crescente utilização de ativos digitais, necessidade de representação em crimes de estelionato (pacote anticrime e modificação da ação penal do principal tipo penal de subsunção dos crimes cibernéticos – estelionato) e a confluência desse momento de evolução tecnológica, do atual, do real e do virtual (FULLER, 2020, p. 215-232), com a pandemia. Nessa multiplicidade de fatores que geraria prejuízos com ou sem ativos digitais, surge uma nova forma de pagamento, que, por coincidência, passa a ser utilizada como um espectro do *modus operandi* dos crimes cibernéticos – o Pix.

Com efeito, existiria explosão dessa criminalidade com ou sem Pix; o que ocorre é a necessidade de ajustes para reduzir essas externalidades, por lei ou pelo consenso, como ensina Coase (1960, p. 1-44).

O Pix não é um retrocesso[6], pelo contrário: o sucesso da iniciativa deve ser acompanhado por uma devida investigação patrimonial e digital.

---

[6] Inusitado Projeto de Lei (nº 583/2021) apresentado pelo deputado paulista Campos Machado (Avante), não aprovado, abriu espaço para interessante discussão. O projeto, arquivado em 10 de dezembro de 2021, pretendia suspender a aplicação da Resolução BCB nº 1, de 12 de agosto de 2020, que institui o arranjo de pagamentos Pix e aprova o seu regulamento. Embora sem fundamentação jurídica para norma estadual suspender disposições de Resolução do BCB, as disposições pretendidas pelo parlamentar vão ao encontro das reflexões propostas neste capítulo, pelo menos no que tange às reflexões e identificações de externalidades, senão vejamos: Artigo 1º – Fica suspensa, no âmbito do Estado, para todas as instituições financeiras e para as instituições de pagamentos autorizados pelo Banco Central do Brasil, a aplicação da Resolução BCB nº 1, de 12 de agosto de 2020, que instituiu o "arranjo de pagamento Pix", e aprovou seu regulamento. Artigo 2º – As medidas de suspensão vigorarão até que o Banco Central, através do "arranjo de pagamento Pix", desenvolva mecanismo de segurança que assegure a incolumidade física dos correntistas das instituições constantes do artigo 1º. Artigo 3º – Implementados dispositivos que impeçam a abordagem de terceiros

Existe sim um déficit de responsabilização social das instituições financeiras, que, para se alinhar à proposta de um Governo Digital, podem contribuir com atitudes colaborativas e dialógicas com o sistema de justiça criminal, porquanto a exploração dessa facilidade, por certo, enseja custos para o incremento de um outro serviço do Estado – o serviço de investigação criminal e prestação do direito fundamental de segurança pública eficiente. Por mais óbvio que se pareça, é paradoxal que na criação do arranjo Pix nada se pensou sobre o incremento de investimento nesse outro necessário serviço público – a investigação criminal.

Enquanto o Pix pode ser compreendido como a conexão entre o atual e o virtual, a inércia de algumas instituições financeiras na comunicação com o Estado e a procrastinação de meses na entrega do caminho do dinheiro, ainda que com intervenção administrativa e proteção por ordem judicial, se torna algo inimaginável quando a conduta está no virtual, contradição da regulamentação estatal do arranjo Pix e das mínimas premissas das políticas de um governo que se pretende digital.

Com a prática do crime cibernético, plurilocal ou à distância e consequente realização do Pix pela vítima, o responsável pela investigação policial pode comunicar a transação suspeita e invocar as consequências da lavagem de capitais, ou manejar uma medida judicial, normalmente traduzida pelas Medidas Assecuratórias restritivas de patrimônio, a exemplo do sequestro de bens.

Ocorre que as Medidas Assecuratórias previstas no Código de Processo Penal e na Legislação Penal Especial se mostram não efetivas quando a lógica tradicional pretende alcançar a digital.

Investigações da Polícia Civil paulista têm revelado células criminosas destinadas exclusivamente à pulverização do dinheiro do crime em centenas de contas, algumas até vinculadas a pessoas presas, ou convertidas em moeda digital. Na hipótese, demonstrada a não efetividade da medida jurisdicional, caberá ao delegado de polícia ou

---

com objetivo de transferência de pagamento criminosa, e sem o consentimento do correntista, a Assembleia Legislativa, no prazo de 30 (trinta) dias contados da data do recebimento de laudo técnico de segurança, elaborado e enviado pelo banco Central do Brasil, deliberará acerca da revogação desta lei. Interessante observar a justificativa do projeto: "[...] No entanto, o que não se previa é que a enorme facilidade e comodidade aos usuários traria também destreza à criminalidade, que descobriu, ao abordar as vítimas, o conforto e a rapidez do uso do Pix a seu favor, utilizando-se de sequestro-relâmpago, violência, ameaça e até morte, para o seu intento, elevando drasticamente os índices de crimes desse tipo, notadamente em São Paulo, razão pela qual, em nome da segurança e da integridade física dos cidadãos, é que propomos o presente projeto de lei, suspendendo o mecanismo do Pix, que é a "tentação do bandido", no momento".

representante do Ministério Público formular nova representação, para o bloqueio da segunda conta destinatária do crédito e assim sucessivamente, com a ressalva de que pode acontecer dos provimentos jurisdicionais não serem executados pelos bancos, pela simples constatação de que em nenhuma das contas há recurso a suportar a constrição, decorrência das inúmeras e sequenciais transferências bancárias[7].

Existe uma solução ou o artigo se circunscreve a apresentar uma problemática teórica? Diante da complexidade empírica dos conflitos da modernidade, e sem desconsiderar a fenomenologia do processo penal, tem-se que o sistema de justiça criminal e suas garantias constitucionais albergam fundamentos úteis para instrumentalizar medidas assecuratórias *per saltum*, bastando observar a desnecessidade momentânea de qualificação do indiciado ou do investigado, seja para instaurar inquérito policial, seja para oferecimento e consequente recebimento da denúncia.

As soluções e propostas, ainda que sem alteração de *lege ferenda*, são decorrência de reflexões, angústias e percalços enfrentados no âmbito da Operação *Per Saltum*.

Ressalte-se, todavia, que a medida cautelar *per saltum* que o autor traz a debate não decorre de provimento jurisdicional concedido no âmbito da operação de mesmo nome, mas, sim, que o *leading case* da operação é que moldou no intelecto a solução para um problema que se produz diariamente no Brasil e que exige reflexão até mesmo nos novos encontros do Conselho Nacional dos Chefes de Polícia Civil (CONCPC); do Banco Central; do Ministério da Justiça e da Segurança Pública; das estratégias ENCCLA e da comunidade jurídica, cujas notas de crítica serão absolutamente importantes para os ajustes e o incremento de uma solução possível e constitucional.

4. Operação *Per Saltum* e a ausência de soluções das medidas assecuratórias tradicionais da investigação criminal

O autor do artigo, Coordenador da Unidade de Inteligência Policial (UIP8) da Polícia Civil de São Paulo, é acionado para atender a um caso inusitado em pequeno município do interior paulista. Não se sabia ao certo, mas grupo criminoso que atuava de forma estruturada, com permanência e estabilidade, estava a transferir algo entre 5 milhões

---

[7] A cada transferência, e somente depois de informado pela instituição financeira, o delegado de polícia deverá judicializar nova representação, de maneira que o caminho do dinheiro pode levar semanas, meses e até anos para ser percorrido, o que inviabiliza qualquer tipo de pretensão de recuperação de ativos no formato atual de lavagem de dinheiro dos crimes cibernéticos.

e 19 milhões de reais dos cofres do município, não se sabendo, naquele momento, a origem do ataque, ou se as centenas de contas correntes eram objeto do mesmo *modus operandi*. Naquele instante havia sérias dúvidas sobre o total depositado nas contas a serem atingidas pelos criminosos.

A *notitia criminis* aportou no início da noite do dia 21 de julho de 2021. Como toda cena de crime, aquela revelava o pulsar da realidade ao chegar no prédio da Prefeitura, em noite escura que contrastava com o silêncio da cidade. Embora nenhum disparo tivesse sido efetuado pelos criminosos, o sentimento era de que um grande duto rompido, sem se saber como estancar a quantidade imensa de dinheiro público que jorrava.

Para além das medidas iniciais de manutenção da cadeia de custódia e identificação eletrônica da origem do ataque, a medida necessária era estancar a retirada do patrimônio público, já que as transferências não cessavam. Não mais eram necessários acessos aos equipamentos da Prefeitura – as transações se repetiam a centenas de quilômetros, de forma remota, o que exigiu a intervenção administrativa com auxílio das instituições financeiras.

A medida de suspensão de movimentação das contas tem fundamento na requisição do delegado de polícia e possui efeitos imediatos. Ainda que as instituições eventualmente recalcitrem em atender, acabam observando o mandamento, ao refletir sobre a fundamentação básica, ou seja, a pretensão de interrupção de conduta criminosa. Conforme a lei de lavagem dinheiro e da política internacional de combate à corrupção e a lavagem de capitais, é dever das instituições financeiras não contribuir com o crime, o que convence de imediato quem não quer ser incluído como sujeito ativo do comportamento. Em algum aspecto, é apenas por isso que as instituições financeiras, de lógica econômica (não jurídica), cumprem o determinado.

Interrompida a movimentação financeira, nos dias seguintes soube-se da eficácia da medida, porquanto mais de R$ 2 milhões de reais foram recuperados. Porém, persistia o prejuízo de R$ 1,5 milhão de reais.

Mas por que a investigação criminal conseguiu reter R$ 2 milhões e R$ 1,5 milhão de reais não se alcançou naquele momento?

A resposta é simples. Porque R$ 2 milhões estavam na conta do primeiro destinatário do Pix. Em outros termos, logo que o dinheiro saiu da conta corrente da Prefeitura vítima, ingressou na conta do primeiro correntista – e como a instituição financeira não pode fomentar o crime, obviamente que essa quantia permaneceu retida administrativamente, em uma espécie de bloqueio/congelamento, a partir da determinação do delegado de polícia, que na sequência será alcançada por medida assecuratória adequada.

No que tange ao valor de R$ 1,5 milhão de reais ocorreu algo diferente: a quantia foi transferida, via novo Pix, para outro destinatário, e a instituição financeira se viu impedida de "congelar" a quantia nas contas subsequentes. O que se identificou no inquérito policial é que essas quantias foram pulverizadas em dezenas de contas, em uma espécie de lógica reversa do efeito *smurfing* na lavagem de capitais.

Após uma série de transferências por meio de Pix que alcançaram valores individuais superiores a R$ 200 mil, durante a tarde e a noite do dia 21 de julho de 2021[8], parcela dessa quantia foi direcionada para contas vinculadas a máquinas de cartão de crédito e ativos digitais de um grupo de bancos digitais (não cabe neste artigo justificar a motivação dos criminosos para essa opção).

Sem avançar em outros aspectos da investigação do *case*, desnecessários para o debate neste artigo (tais como investigação criminal cibernética; rastreamento financeiro; suspensão de operação de moedas digitais; medidas cautelares de restrição do domicílio; liberdade; e recuperação de ativos), tem-se como autocrítica que, na noite do dia 21 de julho de 2021, a utilização da medida que agora se apresenta para a comunidade jurídica – medidas assecuratórias *per saltum* – seria suficiente, legal, constitucional, proporcional e adequada para a recuperação de R$ 1,5 milhão de reais, dinheiro que faz falta para o cidadão, que perdeu, por exemplo, em saúde e educação.

Essa vulnerabilidade pode ser corrigida por medida necessária e urgente que ultrapasse essa grave distorção no país, a criação de mecanismo de modernização financeira – Pix – sem nenhum diálogo[9] com o sistema de justiça criminal.

---

[8] Atente-se que a limitação de PIX no período noturno, compreendido entre 20h e 6h do dia seguinte, entra em vigor somente em 1º de outubro de 2021, por meio da Instrução Normativa BCB nº 160, revogada pela Instrução BCB nº 196, de 9 de dezembro de 2021, portanto, posterior a data do fato 21 de julho de 2021.

[9] Mesmo a Instrução Normativa BCB nº 160, de 1º de outubro de 2021 (que limitou o horário do Pix), é desprovida de diálogo. Basta verificar o que ocorreu nos dias seguintes no Estado de São Paulo. Diminuíram-se os golpes noturnos e aumentaram as infrações criminais com retenção da vítima, cuja liberdade era alcançada após as 6h. Dialogar é preciso. Pix é um problema financeiro, econômico e de **segurança pública**.

5. Medidas assecuratórias *per saltum*

O sistema de justiça criminal e suas garantias constitucionais já albergam fundamentos úteis para sustentar a existência das medidas assecuratórias doravante denominadas de *per saltum*, bastando observar a desnecessidade momentânea de qualificação do indiciado ou do investigado, seja para instaurar inquérito policial, seja para oferecimento e consequente recebimento da denúncia, a teor do art. 41 do Código de Processo Penal, que estabelece que a denúncia ou queixa conterá a exposição do fato criminoso, com todas as suas circunstâncias, a qualificação do acusado ou **esclarecimentos pelos quais se possa identificá-lo** (grifo nosso), a classificação do crime e, quando necessário, o rol das testemunhas.

Aliás, outras medidas até mais invasivas nem sempre exigem a qualificação do alvo, especialmente quando isso é impossível, a exemplo de linhas telefônicas que seguramente são utilizadas por presos e cuja interceptação servirá exatamente para identificação de autoria, sem que de forma precedente à ordem judicial tenha-se acesso à qualificação dos interlocutores. Em outros termos, fosse exigida a qualificação do criminoso, a medida se tornaria não efetiva, a exemplo de um sequestro em que é necessária a medida invasiva sem conhecer, momentaneamente, o interceptado.

O art. 5º do Código de Processo Penal disciplina que, nos crimes de ação pública[10], o inquérito policial será iniciado de ofício ou mediante requisição da autoridade judiciária ou do Ministério Público, ou a requerimento do ofendido ou de quem tiver qualidade para representá-lo. Ele conterá, sempre que possível, a narração do fato, com todas as circunstâncias, a individualização do indiciado ou seus sinais característicos e as razões de convicção ou de presunção de ser ele o autor da infração, ou os motivos de impossibilidade de o fazer.

Com efeito, não poderia parte dos serviços do Estado ou facilitados pelo Estado ser regida por uma política de Governo Digital para fins econômicos e relegar as medidas assecuratórias à década de 40 do século passado quando o assunto é persecução, ainda mais se o Direito Penal e o Processo Penal da atualidade são econômicos. Uma evidente contradição.

Desse modo, se defende por absoluta coerência o sequestro *per saltum*, que consiste no bloqueio do caminho do dinheiro, com diferimento da identificação, do momento da representação do delegado de polícia ou do representante do Ministério

---

[10] A maioria das infrações criminais cibernéticas é composta por crimes contra o patrimônio, de ação penal pública, ainda que condicionada, como na hipótese do estelionato.

Público e deferimento da medida, para o momento do cumprimento, com imediata comunicação a juízo. O sistema financeiro e seus núcleos de segurança dispõem de tecnologia suficiente para realizar a mera identificação de nome e CPF de cada uma das contas utilizadas.

Na hipótese, ao conjugar o art. 5º com o art. 125 e seguintes do próprio Código de Processo Penal e o art.4º, §4º, da Lei nº 9.613/1998, tem-se que caberá o sequestro dos bens imóveis, adquiridos pelo indiciado com os proventos da infração, ainda que já tenham sido transferidos a terceiro. Para a decretação da indisponibilidade, bastará a existência de indícios veementes da proveniência ilícita dos bens, assim como caberá o sequestro dos bens móveis nos termos do art. 132 quando não cabível a busca e apreensão.

Compreendendo a necessidade de sequestro[11], o magistrado poderá emitir decisão em medida assecuratória *per saltum*, ou seja, determinando que a instituição financeira de primeira destinação dos valores, em contato direto com o delegado de polícia, realize o imediato bloqueio da quantia correspondente. Caso não sejam encontrados fundos suficientes para suportar a investigação patrimonial, que imediatamente promova o bloqueio do equivalente da(s) conta(s) subsequente(s) destinatária(s), ainda que de outra instituição financeira, cuja titularidade e cujo CPF deverão ser fornecidos, de imediato, pela instituição anterior. E assim, *per saltum*[12], até identificar o valor, o que simplesmente representará concretização da prometida política de segurança cibernética e plano de ação e de resposta a incidentes, conforme alínea "b" do inciso I do §5º do art. 3º da Resolução BCB nº 1/2020, neutralizando o alto custo da investigação e deixando de socializar custos – embora isso se constitua um não assunto no país.

Nesse aspecto, colaciona-se o que o autor denomina de investigação criminal dialógica, ou seja, um necessário e imediato diálogo entre delegado de polícia e instituição financeira para delinear os limites consequentes do *per saltum*.

Valendo-se do *leading case*, vejamos: um Pix de R$ 200.000,00 para a conta de Tício, que não tem lastro financeiro e imediatamente realiza outros dois Pix para Mévio e Caio, cada um de R$ 100.000,00; estes, por sua vez, transferem R$ 50.000,00 via Pix para outras quatro contas correntes. O tempo médio para se promover uma

---

[11] Considerando mais adequado, o magistrado poderá optar pelo arresto de bens, utilizando de qualquer forma a lógica *per saltum* defendida de forma inédita neste trabalho, porquanto nem sempre os criminosos terão recursos suficientes em outro momento.

[12] A partir de única representação e decisão judicial.

quebra de sigilo bancário e a sequência de medidas assecuratórias pode ultrapassar 15 dias. Em um caso no âmbito da Operação *Per Saltum*, uma conhecida instituição financeira nacional levou três meses para entregar os primeiros dados, o que somente se deu sob pena.

O paradoxo é que, enquanto a persecução criminal levará 15 dias, todas as transferências Pix retratadas ocorrerão em 15 minutos. Com efeito, a tese de medidas assecuratórias *per saltum* em nada modifica o sistema de justiça criminal, mas tão somente moderniza e realiza uma leitura atual, ou seja, torna simétrica a interpretação do Código de Processo Penal da década de 40 com a realidade vivenciada pela sociedade do século XXI.

O raciocínio reafirma a autonomia esperada do processo penal em busca de respostas consentâneas pelo Direito Digital, em estrita observância do ordenamento jurídico.

6. Considerações finais

O Governo Digital, quando interfere na economia e na sociedade, merece a obtemperação pelo Direito Digital em busca da solução justa, legal, constitucional, proporcional e adequada para o avanço da sociedade.

Não existe golpe do Pix, mas ausência de diálogo entre os sistemas jurídico, econômico e financeiro.

Diante de muitas tragédias – com milhares de vítimas do setor privado e transferências milionárias, inclusive, de contas da Fazenda Pública –, no momento em que há pretensão de, quem sabe, implantação de uma moeda digital, precisamos simplesmente cumprir as disposições do Processo Penal autônomo, compreender a realidade e a dinâmica do Governo Digital, as novas formas de negócio e a criminalidade econômica, e buscar modos objetivos (atual) e sem elucubrações para apresentar respostas técnico-jurídicas, disruptivas (digital), instrumentais e efetivas à persecução patrimonial para contenção da anunciada tragédia Pix.

O sequestro, arresto ou mesmo uma apreensão *per saltum* podem constituir o caminho anunciado ao se atentar para o conceito e a finalidade do Direito Digital no atendimento da realidade posta.

Direito Digital como resposta ao questionamento sobre a efetividade das medidas de constrição patrimonial na persecução criminal diante da nova dinâmica Pix é discussão que merece a devida e real atenção nas academias de polícia e nos próximos congressos jurídicos e fóruns para incremento da ferramenta Pix, além de espaço nas ações ENCCLA e abertura de debate sério pelo Banco Central, Polícia Judiciária e instituições financeiras.

Assim como a teoria circular dos planos é necessária para aproximar direito material e processual, para o bem da economia, do sistema financeiro, da sociedade e da segurança pública do país, é preciso ocorrer um diálogo entre a investigação criminal e o direito digital, acalentando o coração e a esperança de milhares de vítimas anuais identificadas em investigações da Polícia Civil.

Referências

ARISTÓTELES. **Ética a Nicômaco.** Trad. Leonel Vallandro e Gerd Bornheim. (Os pensadores; vol. 2) São Paulo: Nova Cultural, 1991.

BANCO CENTRAL DO BRASIL. **Instrução Normativa BCB nº 160, de 9 de dezembro de 2021.** Dispõe sobre os limites de valor para as transações no âmbito do Pix. Disponível em: <https://www.bcb.gov.br/estabilidadefinanceira/exibenormativo?tipo=Instru%C3%A7%C3%A3o%20Normativa%20BCB&numero=160>. Acesso em: 29 ago. 2023.

BANCO CENTRAL DO BRASIL. **Instrução Normativa BCB nº 196, de 1º de outubro de 2021.** Dispõe sobre os limites de valor para as transações no âmbito do Pix. Disponível em: <https://www.bcb.gov.br/estabilidadefinanceira/exibenormativo?tipo=Instru%C3%A7%C3%A3o%20Normativa%20BCB&numero=196>. Acesso em: 29 ago. 2023.

BAUMAN, Z. **Globalização:** as consequências humanas, Rio de janeiro: Zahar, 1999.

BECK, U. **Sociedade de risco:** rumo a outra modernidade. São Paulo: 34, 2010.

BITENCOURT, C. R. **Tratado de Direito Penal.** Vol. 4. São Paulo: Saraiva, 2008.

BRASIL. **Acordo de Cooperação Técnica nº 041/2019.** Acordo de cooperação técnica que entre si celebram o Conselho Nacional de Justiça, a Procuradoria-Geral da Fazenda Nacional e o Banco Central do Brasil, para fins de construir, participar do aperfeiçoamento e viabilizar a operacionalização de novo sistema para substituir o Bacen Jud 2.0. (Processo Administrativo nº 14421/2019). Disponível em: <https://www.cnj.jus.br/wp-content/uploads/2020/07/TCOT-041_2019_PT.pdf>. Acesso em: 29 ago. 2023.

BRASIL. **Decreto nº 10.332, de 28 de abril de 2020.** Institui a Estratégia de Governo Digital para o período de 2020 a 2022, no âmbito dos órgãos e das entidades da administração pública federal direta, autárquica e fundacional e dá outras providências. Disponível em: <https://www.in.gov.br/web/dou/-/decreto-n-10.332-de-28-de-abril-de-2020-254430358>. Acesso em: 29 ago. 2023.

BRASIL. **Decreto nº 9.319, de 21 de março de 2018.** Institui o Sistema Nacional para a Transformação Digital e estabelece a estrutura de governança para a implantação da Estratégia Brasileira para a Transformação Digital. Disponível em: <http://www.planalto.gov.br/ccivil_03/_ato2015-2018/2018/decreto/D9319.htm>. Acesso em: 29 ago. 2023.

BRASIL. **Lei nº 12.850, de 02 de agosto de 2013.** Define organização criminosa e dispõe sobre a investigação criminal, os meios de obtenção da prova, infrações penais correlatas e o procedimento criminal; altera o Decreto-Lei nº 2.848, de 7 de dezembro de 1940 (Código Penal); revoga a Lei nº 9.034, de 3 de maio de 1995; e dá outras providências. Disponível em: <http://www.planalto.gov.br/ccivil_03/_ato2011-2014/2013/lei/l12850.htm>. Acesso em: 29 ago. 2023.

BRASIL. **Lei nº 9.613, de 03 de março de 1998.** Dispõe sobre os crimes de "lavagem" ou ocultação de bens, direitos e valores; a prevenção da utilização do sistema financeiro para os ilícitos previstos nesta Lei; cria o Conselho de Controle de Atividades Financeiras – COAF, e dá outras providências. Disponível em: <http://www.planalto.gov.br/ccivil_03/leis/l9613.htm>. Acesso em: 29 ago. 2023.

BRASIL. **Resolução BCB nº 1, de 12 de agosto de 2020.** Institui o arranjo de pagamentos Pix e aprova o seu Regulamento. Disponível em: <https://www.in.gov.br/en/web/dou/-/resolucao-bcb-n-1-de-12-de-agosto-de-2020-271965371>. Acesso em: 29 ago. 2023.

COASE, R. The Problem of Social Cost. **Journal of Law & Economics**, vol. 3, 1960, p. 1-44. Disponível em: <http://www.law.uchicago.edu/sites/default/files/file/coase-problem.pdf>. Acesso em: 29 ago. 2023.

CONTELLI, E. A. **Acesso à Justiça Criminal:** NECRIMs – Núcleos Especiais Criminais como alternativa Consensual, Restaurativa e Dialógica na Persecução Criminal. 2.ed. Rio de Janeiro: Lumen Juris, 2019.

CONTELLI, E. A. Governo Digital, PIX, e Medidas Assecuratórias *per saltum*: em busca da efetividade da persecução criminal patrimonial digital. **Boletim Informativo do Deinter**, vol. 8, ano VIII, n. 89, 2022.

CONTELLI, E. A. Lei Geral de Proteção de Dados Pessoais: lei nº 13.709, de 14 de agosto de 2018. *In*: JORGE, H. V. N.; LEITÃO JÚNIOR, J.; GARCEZ, W. (org.). **Legislação Criminal Especial Comentada.** Salvador: Juspodivm, 2021, cap. 73, p. 1349-1354. (Carreiras Policiais).

CONTELLI, E. A.; COSTA, I. Garcia. Teoria da Ação de Direito Material no Processo Penal e a Proteção Eficiente da Vítima. *In*: COSTA, I. G. da C. (org.). **Direito e Justiça:** aspectos atuais e problemáticos. Vol. 1. Curitiba: Juruá, 2015, p.301-320.

SOUZA, C. A. M. de (coord.). **Responsabilidade social das empresas.** São Paulo: Editora Juarez de Oliveira, 2007.

COSTA, I. G.; GONÇALVES, A. M.. Da Sociedade Antiga à Sociedade Política e a Funcionalidade do Direito. **NOMOS (FORTALEZA)**, vol. 36, 2016, p. 205-224.

DENER, C. *et al.* **GovTech Maturity Index:** The State of Public Sector Digital Transformation. International Development in Focus; Washington, DC: World Bank, 2021 License: CC BY 3.0 IGO. Disponível em: <https://openknowledge.worldbank.org/handle/10986/36233>. Acesso em: 29 ago. 2023.

FREIRE JR., A. B. **O controle judicial de políticas públicas.** São Paulo: Revista dos Tribunais, 2005.

FULLER, G. P. Os delitos e as novas tecnologias em face da relação dialógica com os direitos humanos. *In*: SARLET, I. W.; WALDMAN, R. L. **Direitos Humanos e fundamentais na era da informação.** Porto Alegre: Fundação Fênix, 2020, cap. 8., p. 215-232.

LÉVY, P. **Cibercultura.** Trad. Carlos Irineu da Costa. São Paulo: 34, 1999, p.49.

LIMA, R. M. R. **Administração Pública Dialógica.** Curitiba: Juruá, 2013.

LUHMANN, N. **A nova teoria dos sistemas.** Porto Alegre: Editora UFRGS, 1997.

LUHMANN, N. **Sociologia do Direito I.** Vol. 75. Rio de Janeiro: Biblioteca Tempo Universitário, 1983.

SANCHES, J.-M. S. **Eficiência e Direito Penal.** (Coleção Estudos de Direito Penal). Vol. 11. São Paulo: Manole, 2004.

ZANETI JR., H. **Teoria Circular dos planos (Direito Material e Direito Processual):** polêmica sobre a ação – a tutela jurisdicional nas perspectiva das relações entre direito material e processo. Porto Alegre: Livraria do Advogado, 2006.

Operação Precatório: uma análise das investigações de um *case* de enfrentamento à lavagem de dinheiro e da organização criminosa oriunda do golpe do precatório

Matheus Lima Zanatta[1]

1. Introdução

É sabido que o crime de estelionato tem evoluído, por demais, em termos de complexidade e perspicácia, sendo praticado cada vez mais por redes criminosas cujos eixos avançam e se estendem geograficamente por localidades longínquas, envolvendo membros de diversas especialidades com distintas responsabilidades.

Tais organizações criminosas possuem ramificações em todo o território nacional, com uma clara distribuição de tarefas em diferentes níveis hierárquicos. Essa ação criminosa evoluiu de forma rápida e dinâmica, especialmente com o auxílio do avanço das tecnologias e dos meios de comunicação telemática. Tais recursos permitiram que o crime de estelionato se tornasse mais exitoso nas variadas modalidades de golpes que surgiram ou que se tornaram mais frequentes com as oportunidades e conveniências propiciadas pela pandemia da COVID-19. Com os lucros vantajosamente obtidos, é praticado um conjunto de operações comerciais ou financeiras que têm como objetivo a incorporação na economia de bens, direitos ou valores originados da infração penal, dando a aparência de licitude, o que finda por caracterizar também o crime de lavagem de dinheiro.

---

[1] Possui pós-graduação em Direito Público pela Universidade Anhanguera-Uniderp. Possui graduação em Direito pela Faculdade de Ciências Sociais Aplicadas de Cascavel. Atualmente é o Superintendente de Operações Integradas da Secretaria de Segurança Pública do Estado do Piauí. Atuou como Delegado Adjunto da Delegacia de Homicídios, como Delegado Adjunto da Delegacia de Entorpecente, como Gerente de Polícia Especializada, concluiu o 14º Curso de Operações de Inteligência de Segurança Pública, Formado no I Cote (Curso de Operações Táticas Especiais) da Polícia Civil do Piauí e concluiu o Terceiro Estágio de Operações Aéreas do Batalhão de Operações Aéreas da Polícia Militar do Estado do Piauí. É delegado de polícia do Estado do Piauí.

Vale considerar que, com a complexidade e variedade de ações ilícitas que constituem o crime de estelionato no Brasil, são grandes as dificuldades enfrentadas para combater ações criminosas dessa natureza, mais especificamente no estado do Piauí. As dificuldades encontradas pela Polícia Judiciária, no âmbito do trabalho investigativo, estão relacionadas principalmente com a falta de integração de bancos de dados para consultas; com as complicações burocráticas na colheita de elementos de informação; com a tardança no envio de dados referentes às quebras de sigilo bancário; entre outras tantas limitações que atrasam a efetivação da ação investigativa.

Teresina, capital do Piauí, cidade situada no centro-norte do Estado, destaca-se pela qualidade da prestação de serviços nos setores da saúde e da educação. É a única capital não litorânea da Região Nordeste, distante 343 km do Oceano Atlântico, com uma população estimada em 871 mil habitantes. O estado do Piauí, por sua vez, possui uma área de 251.529 km^2 (11º maior em território) e faz limite com cinco estados, a saber: Ceará e Pernambuco, a leste; Bahia, a sul e sudeste; Tocantins, a sudoeste; e Maranhão, a oeste (IBGE, s.d.).

Na cidade de Teresina, existe um grande número de estelionato praticado por organizações criminosas oriundas do estado do Ceará, principalmente de cidades da região metropolitana de Fortaleza. Um dos golpes mais conhecidos e que resultou em relevante número de vítimas é "golpe dos precatórios". O mencionado golpe foi o que motivou a deflagração de uma intervenção policial chamada de **Operação Precatório**, que teve por objetivo reprimir a prática dos estelionatos realizados na modalidade do golpe dos precatórios e também a lavagem de capitais realizada por organizações criminosas com o produto do crime.

Este trabalho tem como objetivo apresentar um quadro representativo da Operação Precatório realizada contra o "golpe dos precatórios", a partir da análise do contexto de um estudo de caso, considerando as metodologias investigativas empregadas, as dificuldades práticas e tecnológicas encontradas e os resultados alcançados com a conclusão do inquérito policial.

2. Considerações iniciais sobre precatório e estelionato

Precatório é uma espécie de requisição de pagamento de determinada quantia a que a Fazenda Pública (federal, estadual ou municipal e suas respectivas autarquias) foi condenada em processo judicial com sentença condenatória transitada em julgado, para valores totais acima de 60 salários-mínimos por beneficiário (que pode ser pessoa física ou jurídica). Quando os valores são inferiores a 60 salários-mínimos, a espécie é de Requisição de Pequeno Valor (RPV), que conta com um procedimento mais célere de pagamento ao credor.

Seguindo uma ordem cronológica, bem como atendendo a determinados critérios de acordo com a natureza do crédito, o Tribunal responsável pela decisão que gerou o precatório abre uma conta judicial para depósito das verbas pagas pela Fazenda, seguindo-se a expedição do respectivo alvará de levantamento, documento este que permite o saque do valor pelo(s) beneficiário(s). Após a transferência da verba, os autos do precatório são arquivados no Tribunal.

O estelionato, na modalidade do golpe do precatório, começou a ser mais recorrente durante o isolamento social imposto pela COVID-19. Os tempos de crise e de incerteza econômica que o Brasil e o mundo vivem até agora acabaram sendo utilizados para lesar credores da Fazenda Pública, que há muito aguardavam chegar o tempo de pagamento dos seus precatórios.

O golpe tem como alvo, em geral, pessoas idosas, que são também o maior público credor de precatórios, devido à comum e irrazoável delonga no processo de execução contra a Fazenda. Tais circunstâncias tornaram-se campo fértil para os golpistas explorarem. A fraude é cometida da seguinte maneira: a vítima recebe um telefonema de uma pessoa que se identifica como desembargador, servidor do Tribunal de Justiça ou tabelião do cartório, passando, posteriormente, a conversar por aplicativos de mensagem. O golpista, que já possui as informações sobre o valor que a vítima está aguardando receber, através de portais do Tribunal de Justiça (era uma prática que ocorria para divulgar os credores de precatórios), apresenta o valor correspondente e afirma que, para fazer a liberação do pagamento, necessita de um adiantamento de um certo valor em dinheiro e apresenta a identificação de uma conta bancária. A vítima, convicta de que realmente está sendo agraciada pela oportunidade de receber seu bem devido, faz o depósito ou transferência por meio de chave Pix para uma determinada conta bancária indicada pelo golpista. Nos casos investigados, são contas de "laranjas" que vivem em cidades cearenses. Só posteriormente, ao perceber que não recebeu o pagamento devido do precatório, é que a vítima percebe que caiu em um golpe.

O estelionatário é uma pessoa com certa habilidade e desenvoltura no artifício da persuasão. Primeiro, ele faz um levantamento prévio dos dados pessoais do alvo, encontrados normalmente em fontes abertas, tais como bancos de dados públicos, redes sociais, ferramentas de pesquisa na internet etc. A pessoa vitimada pelo estelionatário acredita que se trata de algo realmente verdadeiro. Então, o trapaceiro utiliza-se da boa-fé da vítima e, aliado ao seu alto poder de persuasão e confiança, consegue aplicar o golpe.

Os golpistas têm informações sobre o valor que a vítima está aguardando, pois os Tribunais de Justiça liberam em seus portais eletrônicos, por lei, os números dos processos relacionados a precatórios, com a ordem de preferência para pagamento e o valor devido, tudo isso livre para consulta pública. Assim, os autores desses crimes aplicam uma engenharia social[2], induzindo a vítima a fazer alguma espécie de pagamento prévio como condição para receber seus valores por direito.

O dinheiro do golpe é pulverizado para contas bancárias de "laranjas" e repassado para os autores do alto escalão da organização criminosa. Em seguida, eles investem os valores recebidos em pessoas jurídicas, na compra e reforma de imóveis etc.

Durante as investigações, foi verificado também que os investimentos eram realizados na compra de veículos de luxo, blindados e, principalmente, para serem alugados a pessoas que fazem corridas por meio de aplicativos, como forma de dar aparência lícita ao produto do crime. Em alguns casos, foi constatado que os autores fizeram grandes reformas nas suas residências, inclusive com a colocação de mobílias de luxo, decorações sofisticadas e equipamentos voluptuários.

Vários cumprimentos isolados de mandados de busca e apreensão domiciliar e mandados de prisões foram realizados pela Polícia Civil dos Estados para combater esse tipo de golpe, sendo que na Operação Precatório houve uma integração entre as Polícias Civis dos Estados, o Ministério Público e o Poder Judiciário, para reprimir essa modalidade de estelionato, dado que foram identificadas vítimas em vários estados da Federação, com a prisão e o desmantelamento de todos os integrantes de uma organização criminosa que tinha uma clara divisão de tarefas.

3. A Operação Precatório

A Operação Precatório teve início no dia 16 de janeiro de 2020, por meio de ofício assinado pelo juiz auxiliar João Manoel de Moura Ayres, da Coordenadoria de Precatórios do Tribunal de Justiça do Estado do Piauí, informando que estavam recebendo diversas denúncias sobre a ocorrência do golpe do precatório. Tal operação contou com várias fases, abarcando o cumprimento total de 39 mandados de prisão e 48 mandados de busca e apreensão domiciliar (BRUNO, 2020).

---

[2] Engenharia social é uma técnica empregada por criminosos virtuais para induzir usuários desavisados a enviar dados confidenciais, infectar seus computadores com *malware* ou abrir *links* de sites infectados.

Durante as investigações, foram identificadas vítimas nos estados do Piauí, Paraíba, Alagoas, Sergipe, Espírito Santos, Mato Grosso do Sul, Rio de Janeiro, Paraná, São Paulo, Minas Gerais, Santa Catarina e Rio Grande do Sul. Foi constatado que uma das vítimas, já idosa, teve um prejuízo de quase R$ 120.000,00.

Para melhor entendimento sobre a dinâmica e os recursos empregados na investigação, formata-se a análise da operação investigatória do golpe dos precatórios de acordo com suas fases, pois cada uma delas teve um objetivo correspondente a ser alcançado, como forma de atingir os mais diversos graus de hierarquia e de escalonamento da organização criminosa.

3.1. Fase um

A primeira fase da Operação Precatório foi deflagrada no dia 04 de março de 2020, nas cidades de Maracanaú/CE, Pacatuba/CE, Guaiuba/CE, Fortaleza/CE e Itapoã/DF. Foram cumpridos 16 mandados de prisão e 17 de busca e apreensão domiciliar (BRUNO, 2020).

O objetivo dessa fase foi reprimir o núcleo que recebia os valores transferidos pelas vítimas do golpe. Uma vez consumado o golpe, os valores eram repassados para uma ou várias contas bancárias. Depositados os valores, estes eram sacados ou transferidos para outras contas bancárias e imediatamente realizado o seu saque. O procedimento era realizado dessa forma com o intuito de dificultar a identificação do caminho percorrido pelo dinheiro, inibindo, assim, possibilidades de rápido bloqueio dos recursos. Os infratores realizavam variação constante nos correntistas que recebiam os valores provenientes do golpe em questão; uma forma de, também, dificultar a identificação dos golpistas.

3.2. Fase dois

A segunda fase da Operação Precatório foi deflagrada no dia 17 de junho de 2020, na cidade de Maracanaú/CE. Na oportunidade, foram cumpridos 11 mandados de prisão e oito de busca e apreensão domiciliar.

O objetivo dessa fase foi prender e colher provas contra o núcleo que cooptava contas bancárias para receber os valores das vítimas e os criminosos que "cantavam" o golpe, ou seja, que ligavam para as vítimas aplicando o golpe do precatório.

Nessa fase, a equipe policial estava trabalhando para descobrir o local onde funcionava o "*call center* do crime", ou seja, uma espécie de escritório com computadores e celulares que eram utilizados para aplicar o golpe do precatório. A equipe de investigação conseguiu localizar um possível endereço cerca de 13 horas antes da operação ser deflagrada – oportunidade para ação policial de busca e apreensão domiciliar. Assim, foi expedido o mandado, que foi cumprido na operação, e o *call center* foi confirmado e descoberto naquele local.

Nesse contexto, diversos áudios interceptados foram de extrema relevância para a deflagração da Operação Precatório, pois, além de identificar alguns dos autores, ainda foi possível captar o *modus operandi* da Orcrim (organização criminosa). Como exemplo, a seguir, apresenta-se a transcrição de um áudio relativo a uma das tentativas de realizar o golpe:

Chamada do Guardião
8914522.WAV
Data da Chamada: 18/08/2020
Hora da Chamada: 12:18
Duração (s): 274
Mídia do Alvo:
Interlocutor:
Comentário: ROBERTO(se passando por DR. APOLINARIO GUERRA) x ALAÍDE CÂNDIDO DE OLIVEIRA(esposa de JOSÉ FOGAÇA) - GOLPISTA diz qeu é sobre a liberação do RPV,que é o valor que ALAÍDE tem pra receber; ALAÍDE diz que ontem conversou com a ANA PAULA e ela repassou o valor de R$ 112.614.; GOLPISTA diz que valor vai ser liberado e que ANA PAULA mencionou a despesa; ALAÍDE diz que essa despesa é de R$ 1.400,00; ALAÍDE diz que não tem que pagar isso pra receber; ALAÍDE diz que tem um parente advogado do INSS; GOLPISTA diz que vai deixar a documentação como está

Figura 1. Áudio transcrito dos autos do inquérito policial da Operação Precatório. Fonte: inquérito policial (dados de identificação omitidos).

Em outro momento, é possível identificar em áudio transcrito de um dos golpistas se passando por funcionário público, no caso um auditor fiscal, para dar credibilidade a sua fala e conseguir efetivar o golpe:

Foram identificadas inúmeras chamadas em que KAÍQUE aparece realizando ligações aplicando golpes. Provavelmente KAÍQUE aplica golpes juntamente com dois homens, um conhecido pelo nome de PAULIN e outro pelo nome de ISAQUE. ROBERTO, que é pai de KAÍQUE, também efetua golpes com o filho. KAÍQUE é o responsável por fazer o primeiro contato com a vítima. Seguem comentários.

Chamada do Guardião
8905967.WAV
Data da Chamada: 14/08/2020
Hora da Chamada: 09:03
Duração (s): 692
Mídia do Alvo:
Interlocutor:
Comentário: CAÍQUE X ZULEMA CARRARO - Caique diz que é Alexandre Baroni, Auditor Fiscal da Procuradoria Pública Federal em Brasília e procura por ZULEMA CARRARO. Zulema confirma que é ela. Alexandre diz que o motivo do contato é para informar sobre a liberação dos seus benefícios e direitos que foram bloqueados pelos planos econômicos da época do Governo Collor em 1992. Pergunta se é Zulema que resolve essas questões, Zulema diz que não, diz que é o filho que resolve essas coisas, mas que ele está trabalhando. Alexandre diz que o governo exige que o pagamento seja feito na data proposta para cada beneficiário. Confirma o endereço na . Pede que Zulema pegue papel e caneta para anotar os procedimentos que irá tomar. Pede que ela anote CNP, Alexandre Barone, telefone falar com Valquíria Julieta Cabral, anotar o PLB 7483509/1992

Figura 2. Áudio transcrito retirado dos autos do inquérito policial da Operação Precatório. Fonte: inquérito policial (dados de identificação omitidos).

Em outra oportunidade dessa fase da Operação Precatório, é possível observar que os autores entram em contato uns com os outros, identificando-se pelos seus verdadeiros nomes e comentando acerca da prática dos golpes:

Chamada do Guardião
8892963.WAV
Data da Chamada: 06/08/2020
Hora da Chamada: 12:09
Duração (s): 87
Mídia do Alvo:
Interlocutor:
Comentário: ROCHELE? X CAÍQUE - CAÍQUE diz que vai almoçar aqui mesmo, que não é bom está saindo, que só vai sair na hora de ir embora. CAÍQUE diz que Dona MARINA (mãe de PAULIN?) fez um chá para ele. CAÍQUE diz que o ISAAC estava trabalhando aqui de manhã, que levou dois retornos dele, mas nenhum pagou. CAÍQUE diz que vai dá certo.

Figura 3. Áudio transcrito retirado dos autos do inquérito policial da Operação Precatório. Fonte: inquérito policial (dados de identificação omitidos).

Chamada do Guardião
8892982.WAV
Data da Chamada: 06/08/2020
Hora da Chamada: 12:14
Duração (s): 103
Mídia do Alvo:
Interlocutor:
Comentário: ROBERTO X ISAAC - ROBERTO chama ISAAC pelo nome. ROBERTO diz que vai mandar para o 0800 um recado. ROBERTO pede que ISAAC anote um telefone para que assim que CAÍQUE chegar mandar para ROBERTO. ROBERTO diz que é para dizer que ele está externo. ROBERTO diz que é o . ROBERTO diz que é para dizer que é do seguro, do Conselho Nacional de Previdência. ROBERTO diz que quando perguntarem pelo Dr. APOLINÁRIO GUERRA é para dizer que ele está no telefone que ROBERTO acabou de passar.

Figura 4. Áudio transcrito retirado dos autos do inquérito policial da Operação Precatório. Fonte: inquérito policial (dados de identificação omitidos).

Pela nota que se segue, foi possível identificar também que os autores possuíam conhecimento acerca dos precatórios e de como recebê-los pelos meios judiciais, e, assim, conseguiam aplicar os golpes:

Data da Chamada: 19/08/2020
Hora da Chamada: 09:00
Duração (s): 884
Mídia do Alvo:
Interlocutor:
Comentário: NARCÉLIO ao fundo conversa com uma MNI e diz "não estou entendendo o que a senhora está me passando,...deixa eu explicar para você,...quando foi entrado em contato com a residência de SAMUEL GONÇALVES DA SILVA não explicaram para que era, o motivo do contato?,...então foi passado informação que se tratam dos direitos dele, um direito adquirido por lei, aonde você está tendo contato com a Vara Pública da Comarca de Brasília, Distrito Federal,...certo senhorita Marli?,...então aconteceu a audiência pública homologando a documentação que está no nome de SAMUEL GONÇALVES DA SILVA, seu pai,...hoje através da Justiça ele está sendo comunicado para que ele venha resgatar todo o atrasado conforme determinação judicial,..." NARCÉLIO X HNI - NARCÉLIO pergunta se HNI gostou (dele aplicando o golpe). HNI diz que é bonito demais. HNI pergunta se é filha. NARCÉLIO diz que é. NARCÉLIO diz que é a primeira ligação, e que o retorno foi bacana. NARCÉLIO cita o nome SAMUEL GONÇALVES DA SILVA. NARCÉLIO diz que ela foi chamar o SAMUEL e pegar a documentação. NARCÉLIO fala ao fundo "MARLI está constando aqui ,...esse é o CPF que está na documentação que está no me de SAMUEL GONÇALVES da SILVA, NASCIDO NO DIA 11/09/1938, tem 82 anos,..." NARCÉLIO continua interagindo com a vítima, conferindo endereço e demais dados. NARCÉLIO pergunta se SAMUEL se encontra e MARLI diz que está. SAMUEL atende a ligação. NARCÉLIO cita restituição de atrasados, referente a perdas sofridas por SAMUEL no período do governo Collor de Mello. NARCÉLIO diz que SAMUEL tem direito a receber R$58.614,80. MARLI volta a atender a ligação. MARLI cita que o banco de preferência para receber o benefício é o Banco Bradesco. (CHAMADA ENCERRADA)

Figura 5. Áudio transcrito retirado dos autos do inquérito policial da Operação Precatório. Fonte: inquérito policial (dados de identificação omitidos).

3.3. Fase três

A terceira fase da Operação Precatório foi deflagrada no dia 30 de setembro de 2020, nas cidades de Maracanaú/CE, Pacatuba/CE, Aquiraz/CE e Fortaleza/CE. Na ocasião, foram cumpridos 12 mandados de prisão e 16 de busca e apreensão domiciliar.

O objetivo dessa fase era atacar o núcleo que estava na base da organização criminosa, ou seja, o(s) sujeito(s) que se apoderava(m) da maior parte dos valores angariados e que exercia(m) um grau maior de hierarquia sobre os investigados presos na segunda fase.

Nesta fase, verificou-se ainda que a grande maioria dos alvos já respondia a outros procedimentos pelo crime de estelionato, sendo pessoas com maior grau de instrução e grande volume de bens patrimoniais.

4. Da lavagem de dinheiro e recuperação de ativos

Desde o início, o objetivo da equipe de investigação era angariar elementos informativos que levassem à prisão de todos os envolvidos, nas suas mais variadas escalas de hierarquia na organização criminosa, mas, principalmente, asfixiar o seu braço financeiro com o ataque ao seu patrimônio conquistado de forma ilícita.

O crime de lavagem de capitais possui alto grau de complexidade. Trata-se de uma investigação mais demorada e minuciosa que depende de um razoável grau de especialidade dos policiais responsáveis por conta da análise técnica dos dados coletados, além de maior disponibilidade de recursos para que a investigação seja exitosa. Essa investigação foi realizada através de levantamentos de campo, de análise de relatórios de quebra de sigilo bancário gerados pelo sistema SIMBA (Sistema de Investigação de Movimentações Bancárias)[3] e do exame de declarações de renda junto à Receita Federal.

A equipe de investigação constatou que os investigados faziam a lavagem do dinheiro comprando veículos de luxo para si próprios e veículos populares para alugar a motoristas de aplicativos; constituindo empresas de fachada; realizando reformas e compra de imóveis; tudo sendo colocado em nome de terceiros (laranjas), mas tendo como beneficiários os próprios criminosos e seus familiares.

[3] "O Sistema de Investigação de Movimentações Bancárias – SIMBA, desenvolvido pela Procuradoria Geral da República – PGR, é um conjunto de processos, módulos e normas para tráfego de dados bancários entre instituições financeiras e órgãos governamentais, tendo por finalidade dar maior celeridade à análise dos procedimentos investigativos que envolvam a transferência do sigilo bancário para o sigilo fiscal dos investigados" (SECRETARIA DE ESTADO DA ECONOMIA DO GOVERNO DE GOIÁS, 2018).

A lavagem de dinheiro era também realizada pelo método conhecido como *smurfing*, que é quando o criminoso efetua vários depósitos fracionados de uma quantia expressiva de dinheiro em uma mesma ou em diversas contas bancárias, de modo a não levantar suspeitas contra si (depositante).

A recuperação de ativos[4] foi feita com o ataque ao patrimônio da organização criminosa, a partir de busca e apreensão do produto do crime; de representação de medidas assecuratórias do proveito do crime; e de pedido de bloqueio de valores identificados nas contas bancárias dos investigados. Esses procedimentos foram necessários para garantir o futuro ressarcimento dos prejuízos suportados pelas vítimas do golpe.

5. Da ação controlada

Para enfrentar, com sucesso, o crescimento e o aperfeiçoamento das organizações criminosas, a investigação criminal valeu-se também de novas técnicas para realizar diligências, com o intuito de produzir provas da materialidade e de autoria dos crimes praticados. Um desses novos meios de investigação empregados foi a ação controlada, cuja regulamentação legal foi estabelecida no art. 8º da Lei nº 12.850/2012 (Lei de Organização Criminosa):

> *Consiste a ação controlada em retardar a intervenção policial ou administrativa relativa à ação praticada por organização criminosa ou a ela vinculada, desde que mantida sob observação e acompanhamento para que a medida legal se concretize no momento mais eficaz à formação de provas e obtenção de informações (680 do STJ, apud CUNHA, 2020).*

No início das investigações, foram realizadas por várias medidas cautelares, angariando-se valiosos elementos informativos de alguns investigados que participavam do golpe. Daí, foi protocolado um pedido de ação controlada para postergar a intervenção policial e não frustrar o resultado das diligências.

A comunicação da ação controlada foi imprescindível para obter êxito nas três fases da Operação Precatório e prender todos os integrantes da organização criminosa nos seus mais diversos graus de escalonamento.

---

4 Recuperação de ativos é um **processo de negociação** que busca resolver inadimplências. Assim, a recuperação é uma das formas que as empresas têm para **recuperar ativos** e **aumentar a liquidez** empresarial (CANDIOTTO VALLE ADVOGADOS, 2020).

6. Do sequestro ou apreensão de bens e sua posterior utilização provisória pela Polícia Civil

Não é surpresa que a Polícia Judiciária dos Estados possua bem menos recursos investidos do que o desejado tanto pelas forças de segurança pública como pela sociedade em si, que clama por melhores resultados nas atividades policiais. Por isso, um instituto previsto do Código de Processo Penal, como o de sequestro de bens, está se tornando, cada vez mais, uma importante medida para a Polícia Judiciária, por garantir mais recursos utilizados por ela e pelo Estado.

No entanto, uma grande dificuldade observada no decorrer das investigações da Operação Precatório foi a falta de entendimento, por parte dos próprios funcionários públicos, como os magistrados, por exemplo, sobre a distinção entre os institutos do sequestro de bens e da busca e apreensão de bens.

O sequestro, que está previsto nos artigos 125 a 133 do Código de Processo Penal, é um instituto que apenas pode ser utilizado com bens que foram obtidos por meio de valores ilícitos, por meio da prática delitiva do indivíduo, sob pena de ilicitude do ato cometido. Além disso, deve-se demonstrar um risco concreto de perecimento do bem em questão – ou seja, a demonstração de um *periculum in mora* –, como, por exemplo, um carro apreendido que ficaria sem manutenção. Além disso, o sequestro pode ser decretado em qualquer momento do processo penal e poderá ocorrer de ofício, seja por parte do juiz, a requerimento do Ministério Público ou do ofendido, ou por meio de representação da autoridade policial, assim como descrito no art. 127 do Código de Processo Penal.

Já na busca e apreensão, instituto previsto nos artigos 240 a 250 do Código de Processo Penal, diferentemente do sequestro, a autoridade policial não irá atrás do bem obtido por meio da vantagem ilícita ou da prática ilícita, mas sim dos meios utilizados na infração penal, que servirão de prova da materialidade na ação penal. Desse modo, diferentemente do sequestro, o uso de bens apreendidos não ocorrerá por meio da busca e apreensão, uma vez que a Polícia Judiciária apreenderá apenas os produtos ou valores ilícitos, e não o que foi obtido com esses produtos e/ou valores.

No *case* em questão, foram apreendidos e pedidos os veículos obtidos com os valores recebidos por meio da prática delitiva do estelionato. Dos veículos apreendidos, foram acautelados na forma que se segue: três veículos automotores Chevrolet Cobalt; um veículo automotor blindado Toyota Corolla; e um veículo automotor Land Rover.

Assim, o uso de bens apreendidos e o exímio entendimento de seu pedido por parte dos magistrados, na forma da lei, se mostraram de suma importância e significação para o aprimoramento dos recursos da Polícia Judiciária.

7. A relevância nacional da Operação Precatório e o Projeto de Lei nº 2.068/2020

Não somente pelos dados obtidos com a operação, mas também pelas estatísticas de segurança pública no Brasil, é possível afirmar que o número de estelionatos praticados de forma eletrônica, além de ser enorme, tende a aumentar de forma contínua e dinâmica, se se levar em consideração estelionatos tentados e consumados, o que supera ainda mais os dados previstos. Esse cenário decorre, principalmente, do advento e da grande aceitação das redes sociais por parte da sociedade como um todo. Hoje, uma imensa parte do meio social possui Facebook e/ou Instagram, mas, infelizmente, toda esta busca por se encaixar na sociedade digital não é acompanhada de uma proteção contra possíveis golpes.

Nesse sentido, foi apresentado em 22 de abril do ano de 2020 o Projeto de Lei nº 2.068/2020, cujo objetivo foi acrescentar ao Código Penal novas hipóteses de aumento de pena para o crime de estelionato:

> *Art. 2º O art. 171 do Decreto-Lei nº 2.848, de 07 de dezembro de 1940, passa a vigorar com a seguinte redação:*
>
> *Art.171, 3º A pena aumenta-se de um terço:*
>
> *I – se o crime é cometido em nome do ente da administração direta e indireta federal, estadual, municipal ou do Distrito Federal, instituto de economia popular, assistência social ou beneficência;*
>
> *II – se o crime é cometido por quem cumpre pena em estabelecimento prisional, utilizando-se de aparelho de comunicação móvel, de rádio ou similar;*
>
> *III – se o agente se prevalece, mesmo que falsamente, da condição de servidor público para cometer o crime;*
>
> *IV – se a fraude é cometida em meio eletrônico.*

Com a dimensão e posterior repercussão da Operação Precatório, o deputado federal Marcos Aurélio Sampaio, que apresentou o PL nº 2.068/2020, fez questão de citá-la durante o tópico de justificativas para o Projeto de Lei mencionado. O autor do projeto menciona como os estelionatários se aproveitaram do uso de nomes de funcionários públicos do Tribunal de Justiça e do uso das tecnologias durante o tempo de pandemia – o que se intensificou drasticamente, visto que o contato via internet e telefone se tornaram constantes na administração pública.

Nesse contexto, baseando-se no *modus operandi* da organização criminosa investigada, o deputado também explica que, por serem crimes cibernéticos, a Polícia Judiciária precisa atuar com mais expertise e com um número muito maior de técnicas investigativas avançadas para se chegar com êxito em uma autoria delitiva. Portanto, utiliza essas motivações para justificar por que o estelionato, quando realizado por meio eletrônico, deve ser considerado uma causa indicativa de aumento de pena.

Assim, a Operação Precatório foi importante não somente para desarticular a organização criminosa em questão, como, também, para auxiliar na introdução de uma nova causa de aumento de pena para o delito de estelionato, contribuindo para o aprimoramento do ordenamento jurídico.

8. Dificuldades na investigação

Durante a instrução do inquérito policial sempre existem dificuldades na produção de conhecimentos e provas, relacionadas às medidas cautelares com cunho mais técnico, principalmente em investigações complexas. Destacam-se as quebras de sigilo bancário, a interceptação e o afastamento do sigilo de dados telemáticos e de sigilo telefônico, através da interceptação telefônica e da bilhetagem reversa[5]. Nesses encaminhamentos, há carências de profissionais capacitados (policiais ou outros) para produzir relatórios de inteligência tão indispensáveis ao assessoramento de inquérito policial e ao processo decisório da autoridade policial.

Em relação às quebras de sigilos bancários, o grande impasse a ser enfrentado é a excessiva morosidade no envio das informações solicitadas – as chamadas "cargas" –, podendo levar até sete meses para atenderem ao requerido. A demora das "cargas" prejudica bastante as investigações complexas, pois existe uma alternância intensa de investigados e de contas bancárias. É muito importante que esses dados possam ser enviados de forma mais célere, porque trata-se de um instrumento poderoso para atacar o braço financeiro do crime e fazer cessar a atividade criminosa em menor tempo, acelerando a prisão dos seus integrantes.

[5] Consiste na emissão de um relatório ou listagem contendo todas as ligações feitas pelo usuário num determinado período de tempo, contendo: os números dos terminais para os quais foram feitas e dos quais foram recebidas ligações, a data, o horário e a duração da chamada.

Outra grande limitação ao êxito nas investigações policiais é a falta de integração entre os bancos de dados dos órgãos de segurança pública dos Estados, União e municípios; o sistema de comunicação é precário para realizar o cruzamento dessas informações. Assim, quaisquer consultas e diligências são realizadas com a benevolência de policiais de outros Estados, que, para além de ter que realizar suas próprias atribuições, contribuem na colheita de provas em inquéritos instaurados fora dos seus Estados.

Outra dificuldade sintomática é a busca de informações de investigados que usam redes de hotelaria, de transporte aéreo e transporte rodoviário. Não existe um banco de dados unificado para consulta, e as disfunções burocráticas existentes prejudicam muito as vigilâncias e os autos de prisão em flagrante dos criminosos e a produção de prova pela dificuldade de angariar esses dados.

Há muitos outros entraves nas investigações pela falta de unificação dos sistemas, como, por exemplo, a pesquisa de veículos, de imóveis, de dados cadastrais de ligações de energia, de água e de internet, de imagens de sistema de monitoramento de rodovias estaduais e municipais etc., que retardam a conclusão do inquérito policial.

Por fim, apontamos como grande necessidade na promoção da qualidade do inquérito criminal uma política de qualificação de policiais na investigação do crime de lavagem de dinheiro, principalmente de analistas de inteligência aptos a analisar uma gama de informações bancárias e fiscais recebidas e produzir conhecimento. Essa dificuldade também é ratificada na escolha de policial com esse perfil e que esteja disposto a desenvolver uma investigação altamente complexa e que demanda empenho e muitas horas de trabalho.

9. Considerações finais

O presente artigo buscou fazer um apanhado geral sobre a dinâmica das investigações na Operação Precatório, mostrando as três fases deflagradas e o objetivo de cada uma delas no inquérito policial que apurou os crimes de estelionato e de lavagem de dinheiro praticados por uma organização criminosa instalada no Estado do Ceará.

Durante a exposição, foram empregadas todas as técnicas investigativas disponíveis e medidas cautelares pleiteadas, bem como foram narradas as dificuldades enfrentadas para o deslinde das investigações.

Assim realizado, admite-se terem sido concretizados os objetivos pretendidos, ou seja, a partir da análise metódica do contexto de um estudo de caso, apresentou-se um quadro representativo da Operação Precatório.

O combate ao crime de lavagem de dinheiro contribuiu positivamente para que o patrimônio da organização criminosa fosse atacado e asfixiado. O sequestro de bens móveis e imóveis e o bloqueio de ativos financeiros realizados servirão para ressarcir futuramente o prejuízo das vítimas do crime de estelionato.

A complexidade dos fatos, o volume de dados de diligências e as informações recebidas das interceptações e quebras demandaram a qualificação e a união de esforços de vários personagens envolvidos nos inquéritos criminais e geraram maior e melhor integração entre Poder Judiciário, Ministério Público e policiais civis do Estado do Ceará e do Piauí.

Referências

BRASIL. **Código de processo penal.** Brasília: Senado Federal, Coordenação de Edições Técnicas, 2017. 187p.

BRUNO, V. TJ-PI alerta credores de precatórios sobre golpe. **Tribunal de Justiça do Piauí**, 16 jan. 2020. Disponível em: <https://www.tjpi.jus.br/portaltjpi/tjpi/noticias-tjpi/tj-pi-alerta-credores-de-precatorios-sobre-golpe/>. Acesso em: 29 ago. 2023.

CANDIOTTO VALLE ADVOGADOS. **Recuperação de ativos:** o que é e quais são as fases de negociação. 26 nov. 2020. Disponível em: <https://candiottovalle.com/2020/11/26/recuperacao-de-ativos-o-que-e-e-quais-sao-as-fases-da-negociacao/>. Acesso em: 29 ago. 2023.

CUNHA, R. S. 680: Não se exige autorização judicial para a ação controlada. **Meu Site Jurídico**, 01 nov. 2020. Disponível em: <https://meusitejuridico.editorajuspodivm.com.br/2020/11/01/680-nao-se-exige-autorizacao-judicial-para-acao-controlada>. Acesso em: 29 ago. 2023.

FORNAZARI JÚNIOR, M. Ação controlada. **Enciclopédia Jurídica da PUC-SP**, Tomo Processo Penal, ed. 1, ago. 2020. Disponível em: <https://enciclopediajuridica.pucsp.br/verbete/415/edicao-1/acao-controlada>. Acesso em: 29 ago. 2023.

IBGE. **Teresina:** panorama. Disponível em: <https://cidades.ibge.gov.br/brasil/pi/teresina/panorama>. Acesso em: 29 ago. 2023.

MENDES, L. Golpe dos precatórios: criminosos enganam vítimas no RS com promessa de liberar pagamentos. **GZH Segurança**, 14 jun. 2019. Disponível em: <https://gauchazh.clicrbs.com.br/seguranca/noticia/2019/06/golpe-dos-precatorios-criminosos-enganam-vitimas-no-rs-com-promessa-de-liberar-pagamentos-cjwwmceh100ct01lzdh1wpq6r.html>. Acesso em: 29 ago. 2023.

PEREIRA, F. Lavagem de dinheiro e o tratamento penal do "pitufeo" ou "smurfing". **CERS**, 01 jul. 2016. Disponível em: <https://noticias.cers.com.br/noticia/lavagem-de-dinheiro-e-o-tratamento-penal-do-pitufeo-ou-smurfing/>. Acesso em: 29 ago. 2023.

PULICE, C. O que são precatórios? Quem recebe? Por que o governo quer adiar pagamento? **UOL**, 03 ago. 2021. Disponível em: <https://economia.uol.com.br/noticias/redacao/2021/08/03/precatorios-o-que-sao-governo-quer-mudar.htm?>. Acesso em: 29 ago. 2023.

SECRETARIA DE ESTADO DA ECONOMIA DO GOVERNO DE GOIÁS. **SIMBA – Sistema de Investigação de Movimentações Bancárias.** 16 fev. 2018. Última atualização em 17 nov. 2021. Disponível em: <https://www.economia.go.gov.br/acesso-a-informacao/235-receita-estadual/4219-sistema-de-investigacao-de-movimentacoes-bancarias-simba.html>. Acesso em: 29 ago. 2023.

Operação Irmandade: a expertise do narcotráfico gaúcho na lavagem de capitais

Adriano Nonnenmacher de Souza[1]

1. Introdução

Nos últimos dez anos, percebemos, através de nosso trabalho na região metropolitana de Porto Alegre/RS, um avanço não somente das técnicas investigativas das polícias judiciárias, mas também da organização constante das quadrilhas na distribuição de entorpecentes em nível estadual, bem como nos procedimentos de mascaramento de valores para pagamentos aos fornecedores e divisão dos lucros.

Nesse sentido, a investigação da Polícia Civil gaúcha, no âmbito da Operação Irmandade, deflagrada pela Delegacia de Repressão a Lavagem de Dinheiro do Denarc (DRLD), demonstrou o alto grau de especialização que a principal facção gaúcha atualmente conta para o enriquecimento ilícito oriundo da mercancia de drogas, utilizando técnicas muito apuradas, como ocultação de bens móveis e imóveis em nome de terceiros sem vínculos parentais, uso de contas bancárias de pessoas físicas e jurídicas para a pulverização de ativos, contratos simulados, dentre outras condutas abarcando falsidades diversas.

2. A investigação: fase 1

A investigação criminal iniciou em março de 2019, a partir de informações e documentos colhidos na cidade de São Leopoldo/RS que davam conta de que uma quadrilha (já

---

[1] Delegado de Polícia Civil no Estado do Rio Grande do Sul. Graduado em Direito pela Universidade Federal do Rio Grande do Sul (UFRGS). Especialista em Direito Público pela Fundação Escola Superior do Ministério Público do Rio Grande do Sul (FMP). Professor na Academia de Polícia Civil nas disciplinas de Investigação Criminal e Direito Penal. Atualmente titular na Delegacia de Repressão a Lavagem de Dinheiro e Divisão de Inteligência do Denarc. <http://lattes.cnpq.br/8176895046882264>.

investigada pela 1ª Delegacia de Polícia da cidade pelos crimes de tráfico de drogas e associação para o tráfico) estaria com suspeitas de atuação intermunicipal de grande vulto, o que chamou a atenção de investigadores locais. A DRLD Denarc foi contatada para o compartilhamento do expediente policial já encerrado pelo referido distrito, mas com potencial de instauração de nova investigação para a busca de elementos dos delitos de lavagem de bens, direitos e valores, bem como o aprofundamento acerca do crime organizado contra os indiciados e novos possíveis atores presentes em outras cidades do Estado.

Com o recebimento do inquérito policial supramencionado, comprobatório da infração antecedente, realizamos nova análise das provas já produzidas, realizando cruzamentos de informações, novas pesquisas e interpretações de fatos já existentes, por meio de um primeiro relatório de investigação, para demonstrar ao Juízo da 17ª Vara Criminal de Porto Alegre[2] a presença *ab initio* de possível crime de lavagem de dinheiro, para bem fundamentar o pedido de quebras de sigilo bancário, fiscal, financeiro e telemático que se fazia necessário para o aprofundamento dos indícios que já se faziam salientes nos depoimentos e apreensões da Operação Mandela[3].

Aliás, a título de estudo, entendemos que a medida citada é *conditio sine qua non* para a instauração de um segundo inquérito de forma célere e eficaz, em conexão ao da infração antecedente, visto que tal peça resume as circunstâncias da investigação originária, como um "relatório saneador", onde concisamente apontam-se indícios e muitas vezes provas diretas das tipologias de lavagem não percebidas, mas ainda necessárias à concessão de novas medidas judiciais rumo a tal norte. Essa demonstração resumida de toda a investigação anterior ajuda o Magistrado e o Ministério Público a terem uma percepção mais clara a ponto de facilitar a análise dos novos pedidos.

Após o recebimento do expediente compartilhado da Operação Mandela, como telefones apreendidos e documentos, com a decisão oriunda da 1ª Vara Criminal de São Leopoldo autorizando também a extração de dados, em uma análise cuidadosa

---

2 Na época, Vara Especializada, sediada em Porto Alegre, com jurisdição afeta a processos referentes ao crime organizado e à lavagem de dinheiro.

3 Operação deflagrada em 23 de dezembro de 2017 pela 1ª DP de São Leopoldo e pelo Núcleo da 3ª Delegacia Regional de Polícia Metropolitana (Inquérito Policial nº 1073/100911/2017), que originariamente investigou alguns alvos ligados às células criminosas da Operação Irmandade pelo crime de tráfico de drogas, associação para o tráfico e venda de armas, abrangendo as cidades de Canoas/RS, São Leopoldo/RS e Novo Hamburgo/RS.

desses elementos, realmente já percebemos a grandiosidade dos vínculos não somente entre os investigados iniciais, mas com pessoas de várias cidades gaúchas e transações bancárias interestaduais.

Paralelamente a esses elementos vindos da região mencionada, o Gabinete de Inteligência e Assuntos Estratégicos da Polícia Civil (GIE), no ano de 2018, produziu relatório técnico sobre a extração de dados de um telefone apreendido junto à Penitenciária de Alta Segurança de Charqueadas (PASC), próximo à galeria 3C, na data de 14 de novembro de 2017 (consentâneo com as investigações na Operação Mandela).

Nesse relatório[4], muitos dos indiciados junto à investigação antecedente da referida operação foram identificados, através de fotos de depósitos bancários realizados em suas contas, alguns recebendo créditos e outros enviando valores para pessoas residentes em outros Estados. Iniciava-se aí uma investigação complexa, em termos de ferramentas utilizadas, tempo de análise e abrangência.

2.1. Providências iniciais junto ao novo inquérito e conceitos aplicados

Em qualquer investigação criminal sobre crime organizado, uma das medidas mais importantes é o planejamento das diretrizes sobre quais ferramentas legais e formais (que irão permitir e embasar as práticas policiais) serão utilizadas para um melhor êxito na busca de provas diretas. Esse planejamento pressupõe qual o momento adequado para lançar mão das ferramentas citadas, do sigilo, do tempo que teremos para uma análise mais cuidadosa de dados, dos recursos humanos, tecnológicos e financeiros disponíveis, da necessidade de vigilâncias mais distantes (viagens) ou com mais frequência em determinado local, dentre outras estratégias.

Após o supramencionado Relatório de Investigação nº 01, onde literalmente se resume o expediente policial da infração antecedente, demonstrando ali condutas indicativas de lavagem de dinheiro, o segundo passo foi (re)analisar os telefones já apreendidos, com a devida extração de seus dados, agora sob a ótica das tipologias de lavagem de capitais ali presentes (ou pelo menos seus indícios). Nesse momento, foi essencial a produção de relatórios de investigação pormenorizados, interpretando-se conversas e fotos de cunho ilícito em cotejo com depoimentos, interrogatórios e documentos já angariados no inquérito antecedente de forma a clarear a visão do *parquet* e juízo especializado quanto a novos crimes ali presentes.

---

[4] RT nº 0129/18 GIE – BO nº 108/2017/050310.

As análises, guiadas pelo Delegado de Polícia e em divisão de tarefas com igualdade de condições com a equipe encarregada, são salutares para investigações complexas e de vulto, pois facilitam o intercâmbio de informações, a definição do que é tratado como indício e prova e o direcionamento estratégico para a comprovação de autoria e materialidade em relação a algum suspeito ou até mesmo se um objeto material atrelado a esse ator (bem, direito ou valor) é realmente um produto ou proveito de crimes, agora em colocação, dissimulação/ocultação ou integração.

Para isso, deveras importante arrazoar em relatórios de investigações e representações policiais iniciais a presença da tipicidade formal[5] constante já no expediente policial antecedente, bem como nas análises telemáticas iniciais do novo inquérito instaurado, para apuração de fatos abarcados pela Lei nº 9.613/98. Assim, vale lembrar o conceito de lavagem de dinheiro apurado na doutrina, de forma concisa e simples (traduzindo-o de forma prática nos documentos citados, através de análise dos indícios e provas iniciais), como a ação de ocultar ou disfarçar a origem de ativos financeiros obtidos ilegalmente, de maneira que parecessem originar-se de fontes legítimas (MORENO, 2021).

Nessa linha, alguns conceitos doutrinários vêm se formando desde 1998, onde também se classificam fases para identificar as variadas formas e características do afastamento de capitais obtidos mediante infrações penais da sua verdadeira origem. Podemos perceber que o *nomen iuris* varia, mas a essência sempre é a mesma: criar mecanismos e processos de afastamento dos lucros da sua origem criminosa, a fim de sanar suspeitas e fiscalizações por parte do Estado.

Muitos doutrinadores preferem inserir a denominação **ocultação** como conceito de uma primeira fase, junto a **colocação** (*placement*), sendo o momento em que os criminosos procuram se livrar materialmente das importantes somas em dinheiro que geraram suas atividades ilícitas mediante várias formas, como colocação através de entidades financeiras, fracionamento, cumplicidade bancária, emprego abusivo das exceções da obrigação de identificar ou de comunicar, colocação mediante instituições financeiras não tradicionais, mistura de fundos lícitos e ilícitos, contrabando de dinheiro, aquisição de bens, dentre outras (CALLEGARI, 2008).

Outros usam o termo **ocultação** já em uma segunda fase, junto a denominações como **dissimulação**, **controle**, **transformação** ou **estratificação** (*empilage* ou *layering*), sendo a etapa em que são utilizadas operações sucessivas de forma a cada vez mais

---

[5] Tipicidade formal: mera adequação da conduta ao tipo penal. Essa adequação deve ser perfeita, sob pena de o fato ser considerado formalmente atípico (SANTOS, 2016).

dificultar a identificação da origem dos ativos ilícitos (PEREIRA, 2016), ou seja, quando o sujeito ativo realiza técnicas mais rebuscadas para criar barreiras ao controle estatal, de forma a tentar tornar eficaz o seu intento de dar aparência de legalidade ao bem, direito ou valor. Nesse caso, o delinquente realiza um emaranhado de transações, sejam elas no sistema financeiro ou econômico, venda e permuta de veículos e imóveis de forma constante entre os próprios operadores e/ou terceiros de boa-fé (dolosamente mantendo a propriedade jurídica em nome destes ou usando terceiros recrutados para o fornecimento de seus dados), cadeia de procurações[6] para uso e gozo de bens móveis ou imóveis sem o devido registro/transcrição para publicização e transferência de propriedade, falsidades documentais e/ou ideológicas a fim de criar legitimidade a contratos, dentre outras condutas geradoras de complexidade, tudo com o intuito de apagar rastros da gênese do dinheiro espúrio.

Ainda a título de exemplos mais específicos, presente no caso em tela e em outros inquéritos policiais em que já trabalhamos, verificam-se transações bancárias sucessivas entre pessoas físicas, entre estas e jurídicas, utilizando-se tais entes de bancos e contas diferentes, além do uso de meios eletrônicos como instrumento de auxílio à rede de ocultações (algumas vezes senhas e contas de instituições financeiras de laranjas são utilizadas diretamente pelos principais operadores de lavagem, bem como seus e-mails, aplicativos de mensagens e armazenamento de dados).

Dito isso, preferimos o segundo entendimento, ou seja, o termo "ocultação" como método/conceito inserido na segunda fase de branqueamento de capitais, visto que o mecanismo de ocultar o produto/proveito de infrações penais já se trata de um novo passo rumo à criação de uma teia complexa e dolosa a fim de impedir fiscalizações estatais.

A terceira fase didática, a **integração** (*integration*), ocorre quando fundos ilícitos são incorporados ao patrimônio dos seus destinatários como se lícitos fossem, por meio de investimentos a serem realizados no mercado financeiro, alternando-os em atividades legais e ilegais até que o dinheiro esteja apto a ser utilizado (GUARNIERI, 2019).

Para a consumação do delito, não há necessidade da ocorrência das três etapas, tendo em vista que até podem aparecer de forma simultânea ou independente. Para muitos

---

[6] Código Civil, art. 653. Opera-se o mandato quando alguém recebe de outrem poderes para, em seu nome, praticar atos ou administrar interesses. A procuração é o instrumento do mandato. O exemplo conceitual se constata frequentemente nas investigações policiais, onde os criminosos usam procurações (muitas vezes em cadeia, sucessivamente, como método de emaranhar o rastreio de propriedade) como verdadeira forma de compra e venda de bens, evitando a publicização nos órgãos competentes.

doutrinadores a classificação em etapas até é criticada, mas para o entendimento semântico e o consequente desenvolvimento de diretrizes investigativas é de extrema importância para a escolha e o manuseio das ferramentas legais e processuais disponíveis, facilitando a compreensão analítica do policial (e dos operadores do Direito como um todo), com vistas à formação de provas de autoria e materialidade.

2.2. *Modus operandi*

Após análise da extração de dados dos telefones apreendidos junto ao expediente policial que investigou a infração antecedente, verificamos efetivamente que os indiciados atuavam com outros comparsas, moradores de várias cidades do Rio Grande do Sul. Havia também indicativos de relacionamentos bancários com pessoas físicas e jurídicas de outros Estados, a partir de conversas e fotos captadas, bem como em um pedido inicial de Relatórios de Inteligência Financeira junto ao Coaf[7].

A partir disso, e diante das inúmeras fotos e conversas analisadas, foi possível já delimitar a forma de atuação da organização: eles realizavam variadas transações bancárias (créditos e débitos, por meio de transferências eletrônicas e depósitos em dinheiro) para dezenas de pessoas, dentre gaúchos e de fora, em um fluxo constante entre os anos de 2016 e 2019.

Essas sucessivas transações eram estruturadas em quantias pequenas, a maioria no máximo de até dez mil reais, em parcelas diversificadas, indicando a tipologia de *smurfing*[8]. Além disso, a alternância das pessoas recrutadas para o recebimento (e o envio) de créditos servia ainda mais como um empecilho ao rastreio fiscalizatório, visto que o uso de contas de passagem[9] para recursos ilícitos traduz-se em um método muito eficaz para os lavadores.

---

[7] O Sistema de Intercâmbio de Informações do Coaf (**SEI-C**) é o portal eletrônico de uso exclusivo para o intercâmbio de informações entre o Coaf e as **autoridades competentes** para investigação ou apuração de crime de lavagem de dinheiro, de fundados indícios de sua prática, ou de qualquer outro ilícito (art. 15 da Lei nº 9.613, de 03 de março de 1998). O intercâmbio com as autoridades competentes é de grande importância para viabilizar ações rápidas e eficientes na prevenção e no combate à lavagem de dinheiro e ao financiamento do terrorismo (BRASIL, s.d.).

[8] A estruturação (*smurfing*) é uma das técnicas utilizadas pelos lavadores de capital profissionais (crime previsto na Lei nº 9.613/98), que consiste no fracionamento de uma grande quantia em pequenos valores, de modo a escapar do controle administrativo imposto às instituições financeiras, evitando assim que a origem ilícita do dinheiro seja descoberta (WIKIPÉDIA, s.d.).

[9] Bernardo Marino de Carvalho menciona também a chamada "mula monetária", ou seja, pessoas que cedem suas contas bancárias para "conta de passagem", como técnica de branqueamento de capitais (CARVALHO, 2019).

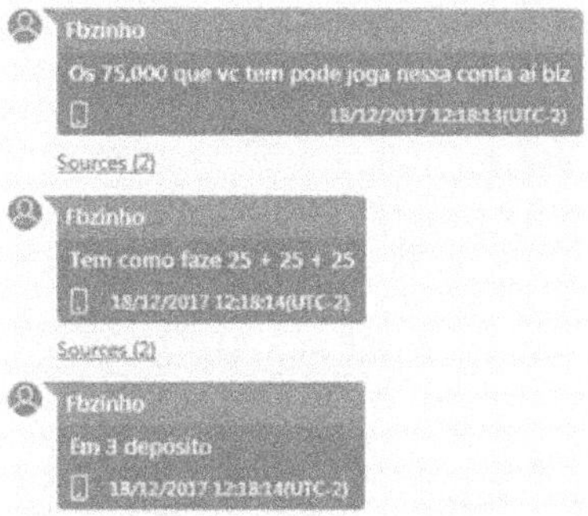

Figura 6. Conversa extraída indicando estruturação e conta de passagem.
Fonte: extração de dados telemáticos (RIO GRANDE DO SUL, 2021).

Os dados captados nos telefones apreendidos eram fortes indicativos do grande vulto e da complexidade imposta pela quadrilha, diante do emaranhado proposital de transações:

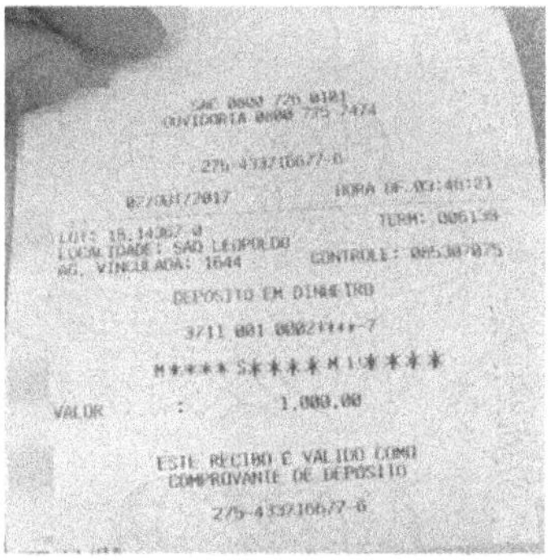

Figura 7.

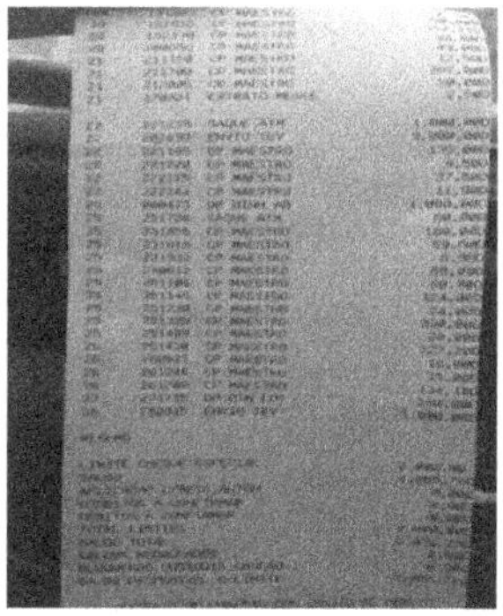

Figura 8.

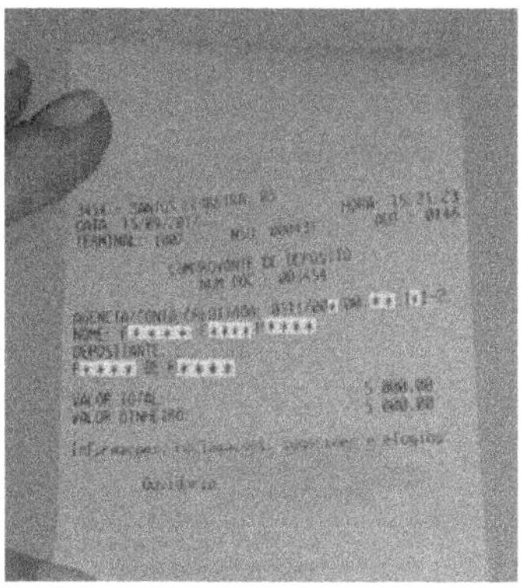

Figura 9.

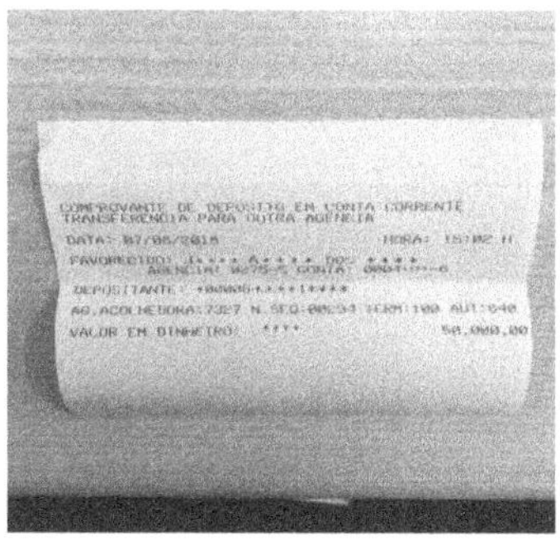

Figura 10.

Figura 11 e anteriores. Fotos de depósitos e cartões bancários de operadores laranjas. Fonte: Extração de dados telemáticos (RIO GRANDE DO SUL, 2021).

Verificadas tais condutas típicas, já pormenorizadas e explanadas em novos relatórios de diligências, passamos para uma segunda etapa do planejamento investigativo, qual seja, a de buscas probatórias para futuras análises minuciosas dessas operações, através de representação policial por afastamentos de sigilos bancários, fiscais e financeiros.

2.2.1. Ferramentas utilizadas e novas provas

Interpretados os dados anteriores, medidas cautelares das quebras foram deferidas em relação a 14 alvos, a maioria deles já indiciada pelo crime de tráfico de drogas no inquérito que apurou a infração antecedente; outros, a suspeita dos novos delitos aportou após as análises de dados iniciais feita pela DRLD Denarc, em que se descobriram os vínculos financeiros e pessoais com aqueles.

Durante alguns meses, as análises bancárias descortinaram o que inicialmente já tínhamos como indícios nos relatórios de investigações preliminares: o uso de contas de passagem entre dezenas de pessoas (que passariam a ser novos alvos), aliado ao método de transações bancárias estruturadas em pequenas quantias, parceladas e sucessivas, criando efetivamente um emaranhado de pagamentos e recebimentos entre vários Estados brasileiros.

Nesse ponto, urge pesquisas profundas em cruzamento de dados com sistemas policiais estaduais e nacionais disponíveis, com o fito de identificar, pregressar e estudar pessoa por pessoa (modo de vida, profissão, rendas lícitas, vínculos pessoais com os alvos) para verificar seu dolo direto ou eventual em integrar a quadrilha ou não, ver sua função, quais valores recebeu, pagou, para quem, de que forma e por que transacionou com as 14 pessoas indiciadas.

Em seguimento, usando de softwares e planilhas disponíveis, os vínculos bancários demonstraram alto volume de dinheiro transacionado, principalmente a partir de três pessoas presentes na originária Operação Mandela, na casa dos milhões (mas, repetimos, sempre de forma estruturada ao longo do tempo). A partir dessas três pessoas, duas residentes em São Leopoldo/RS e uma em Florianópolis/SC, o grande montante era pulverizado em contas bancárias espalhadas pelo Brasil[10]. Sem dúvida alguma, estes eram os gerentes/operadores financeiros com a tarefa de receber o provento da grande distribuição de entorpecentes em solo gaúcho (e também para alguns Estados do Brasil) e realizar a ocultação nas contas de laranjas recrutados.

Importante salientar que as conversas captadas e analisadas na extração inicial dos telefones foram ao encontro das provas que estavam sendo angariadas agora na quebra bancária – e sempre devemos cotejar, lembrar e pontuar novamente nos novos relatórios, pois isso nunca será redundante, diante da exorbitante quantidade de dados em que essas investigações implicam, sendo salutar sempre estarmos retomando/resumindo provas anteriores.

Nesse diapasão, convém lembrarmos que o inquérito policial sempre deve ser pautado pela estrita legalidade das ferramentas e práticas utilizadas, com uma análise minuciosa de documentos, depoimentos e dados bancários, fiscais e telemáticos[11], visando uma interpretação que não deixe margem para dúvidas sobre o dolo nas condutas. Sabemos que transações financeiras comerciais e pessoais são comuns, e muitos terceiros de boa-fé recebem objetos materiais ou ativos sem saber a origem e a vida criminosa dos vendedores/comerciantes.

Aliás, em qualquer investigação, ainda mais nos crimes ora em comento (onde muitas vezes temos apenas indícios, mesmo com todas as modernas ferramentas utilizadas), temos que ter o inquérito também com a função de filtro processual, evitando ações penais infundadas, sem lastro probatório ou contra pessoas que se relacionaram

---

10 Não podemos olvidar que, como praxe investigativa, a fim de evitar processos longos e que no futuro não irão gerar celeridade processual ou efetiva aplicação da lei penal, sempre trabalhamos com um ponto de corte em possíveis pessoas envolvidas (neste caso, as que transacionaram valores muito baixos ou que inexistem provas com segurança jurídica acerca do dolo direto ou eventual/cegueira deliberada, pessoas idosas com grau de parentesco que nitidamente emprestaram suas contas para um filho sem qualquer conhecimento da origem, dentre outras possíveis relações comerciais lícitas).

11 O recebimento de dados e metadados das contas dos alvos junto a empresas de tecnologia implica paciência, experiência analítica e uso dessas ferramentas pelo investigador. Necessário ainda durante a análise sempre comparar e retomar provas já existentes, a fim de comprovar o contexto criminoso de uma foto, conversa ou documento captado, demonstrativo de vínculos ilícitos entre pessoas ou fatos que ocorreram, clareando-se eventuais dúvidas da presença ou não de condutas dolosas e indicando uma divisão de tarefas, hierarquia e complexidade dignas de uma organização criminosa.

financeiramente com os alvos sem indicativos mínimos para uma imputação penal (OLIVEIRA, 2020).

Dentro ainda desse contexto, Lopes Jr. e Gloeckner (2014 *apud* OLIVEIRA, 2020) enumeram funções da investigação e as relacionam a pilares básicos: comprovar o fato oculto, proporcionar uma resposta imediata ao delito cometido (simbólico) e justificar o processo ou não processo – evitar acusações infundadas.

Tecidas essas considerações importantes, comparamos e analisamos em conjunto as provas oriundas da extração de dados telefônicos e as operações bancárias (confeccionando relatórios precisos das movimentações, pessoa por pessoa, demonstrando os vínculos interpessoais entre todos os indiciados por tráfico de drogas e pessoas recrutadas para contas de passagem), além de realizarmos demais pesquisas nos sistemas de informações disponíveis, vigilâncias e análises dos relatórios do Coaf, cruzando tais provas para a constatação do dolo direto em ocultar e dissimular bens, direitos e valores.

Com isso, conseguimos mapear um intenso fluxo de dinheiro entre os envolvidos: os indiciados no expediente antecedente, seus dois líderes gaúchos e novos atores recrutados pela célula gaúcha para a inserção no sistema financeiro dos ativos espúrios.

Ocorre que as transações bancárias interestaduais (e pesquisas e demais diligências no sentido de identificar, caracterizar e individualizar novos laranjas de fora do Estado) nos mostraram a coautoria de pessoas físicas moradoras além do território gaúcho, recrutadas por outra facção criminosa – de amplitude nacional – para o recebimento de pagamentos pelo fornecimento em larga escala de drogas para o Rio Grande do Sul, mas também para devolver dinheiro (verificamos créditos voltando de outros estados para os laranjas gaúchos), o que concluímos também como sendo uma participação/divisão nos lucros nacionais, indicativa de uma efetiva associação, cooperação e divisão de tarefas entre a principal facção riograndense com a retrocitada.

A movimentação estimada entre os alvos, conforme planilhas produzidas, chegou a R$ 120 milhões de reais por ano.

CONSOLIDADO POR DEPOSITANTES / BENEFICIÁRIOS - CASO 054-PCRS-000320-44

Titular: J#####A##### DOS P#####(investigado) CPF: 9#8.1#7.0#0-6# Início Rel.: 07/07/2015 Fim Rel.:

Banco:		Nº Banco:					
Ag:	275	Início Mov.:	07/07/2015	Extrato (créditos):	R$ 4.478.072,49	Extrato (débitos):	R$ 4.478.071,49
C/C:	45446	Fim Mov.:	15/10/2019	Identificados:	R$ 4.417.301,80 (98,64%)	Identificados:	R$ 3.463.060,77 (77,33%)
Tipo:	Conta Corrente	Saldo Inicial:	R$ 0,00				
Abert.:	07/07/2015	Saldo Final:	R$ 1,00				
Encer.:							

Figura 12. Demonstrativo da elevada movimentação de apenas um dos gerentes financeiros, com função de pulverizar e organizar pagamentos e recebimentos (enviando e recebendo créditos), de forma estruturada, para os laranjas gaúchos e da facção nacional. Fonte: dados bancários (RIO GRANDE DO SUL, 2021).

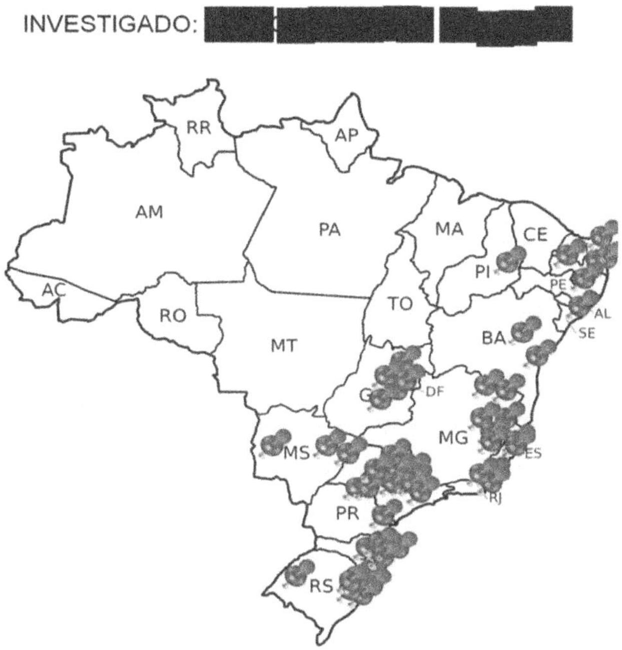

Figura 13. Georreferenciamento das transações bancárias dos alvos. Colabora em uma análise mais detalhada – em relatório próprio lastreado em outras fontes – com a falta de correlação entre as atividades empresariais (ou relação de clientela) das pessoas físicas e jurídicas suspeitas de usarem o sistema bancário para fluxo espúrio. Fonte: dados bancários (RIO GRANDE DO SUL, 2020).

Os vultuosos valores iam e vinham, alguns com a presença do método da triangulação, ou seja, quando um indivíduo A envia dinheiro para B, e este envia para C – na realidade, A tinha como destinatário C. Nesses casos, devemos pormenorizar em planilhas e em relatório próprio de investigação as quantias de um para outro, e o lapso temporal demonstrativo de tal circunstância.

Outrossim, muitas pessoas jurídicas sediadas em outros Estados foram encontradas recebendo créditos da quadrilha gaúcha. Os sócios ou procuradores destas possuíam antecedentes criminais e/ou usavam uma cadeia de procurações em outras empresas do mesmo tipo – de pequeno porte, algumas em endereços falsos, outras que já haviam fechado as portas, denotando serem de "fachada" ou até efetivamente em algum momento existiram, mas apenas para a passagem de ativos ilícitos. Realizando-se pesquisas nos sistemas nacionais disponíveis, bem como fazendo pedido de busca junto às divisões de inteligências das polícias civis locais, constatou-se que a facção nacional abria e fechava empresas constantemente para o recebimento de pagamentos espúrios (muitas com os mesmos sócios).

Com efeito, as condutas típicas insculpidas na Lei nº 9.613/98 se faziam presentes, em um bem organizado emaranhado de transações bancárias, com o recrutamento de dezenas de pessoas e o intuito de afastamento dos valores da verdadeira origem: o tráfico interestadual de drogas.

2.2.2. Interceptações, quebra de dados telemáticos e mandados de busca

Em uma segunda etapa do planejamento investigativo da Delegacia para esta operação, consentâneo com a deflagração da fase 1, onde representamos por medidas cautelares de prisões preventivas, buscas, bloqueio das contas bancárias, indisponibilidades de imóveis, apreensão de veículos e dinheiro nas residências, também solicitamos mais medidas investigativas sigilosas, com o fito de esclarecer a participação de uma segunda rodada de atores no branqueamento de capitais. Queríamos também angariar mais provas contra os já existentes.

Para a indisponibilidade ou apreensão de bens *in casu*, mesmo que comprovadas as tipologias de lavagem de capitais em relação a uns, para outros objetos materiais em que ainda pende tal prova direta, ou mesmo a nítida situação de produto ou proveito direto de crimes (em posse/propriedade simulada de pessoas sem rendas oficiais), trabalhamos com o instituto do confisco alargado[12], preconizado no artigo 91A do Código Penal. O Estado não pode conceder o beneplácito para situações de enriquecimento sem lastro lícito comprovado, ainda mais quando tais bens foram adquiridos por suspeitos já com vasta prova de branqueamento dentro do mesmo contexto fático, ou seja, presente já a inversão do ônus prevista no artigo 4º da Lei nº 9.613/98 para bens contemporâneos à investigação ou pós antecedentes policiais ou criminais do agente.

As circunstâncias probatórias ao longo de deslinde policial demonstraram que os líderes, ardilosamente, trocavam sistematicamente de gerentes/operadores financeiros, assim como demais laranjas, a fim de burlar o aparato fiscalizatório (policial e administrativo). Sendo isso percebido, imperioso era o implemento de novas medidas,

---

12 Os confiscos alargados e o equivalente foram introduzidos pelo "pacote anticrime", através da Lei nº 13.964/19. No primeiro caso, em que os bens que não foram abarcados pelo branqueamento, mas são incompatíveis com a renda lícita comprovada, ou, diante da ausência de tal comprovação, indicando total desproporção patrimonial, é possível solicitar o perdimento com a condenação no processo respectivo. Por sua vez, o segundo caso ocorre quando um objeto material comprovadamente produto ou proveito de crimes não é encontrado, devendo então recair o perdimento sobre bens lícitos equivalentes. Boa prática investigativa aqui é solicitar o afastamento de sigilo fiscal mais pretérito, até mesmo datando antes da prática de delitos pelo alvo (início do modo de vida criminoso e/ou da prática da infração antecedente base), com o escopo de realizar um balanço de ativos e bens desproporcionais.

lançando mão das ferramentas legais e tecnológicas, lastreadas nas Leis nº 9.296/96, 12.850/13, 9.613/98, 11.343/06 e no Código de Processo Penal.

Na nova faceta descoberta, com o auxílio de quebras telemáticas e de mandados de busca[13] nas residências e empresas dos alvos já identificados, constatamos a participação de novos sujeitos ativos, sem vínculo parental, alguns com escolaridade superior, empregos e rendas lícitas, justamente para dificultar a investigação das operações de branqueamento. Além do que já foi mencionado, adquiriam carros de luxo por intermédio de laranjas, bem como imóveis usando esses mesmos terceiros e com contratos "de gaveta", sem publicização (em forma de compromisso de compra e venda, com o intuito de evitar centralização à vista de recursos em um único bem e evitando a perda/descapitalização imediata de recursos em eventual ação policial).

Ainda, acaso houvesse uma fase 1 de alguma ação policial de lavagem de dinheiro, sem que este objeto material fosse descoberto num primeiro momento, realizam o distrato do compromisso citado junto a construtoras (a preferência da quadrilha em tela e de outras já investigadas, diante da facilidade de financiamento direto, sendo tal extinção contratual também não averbada nos registros de imóveis), seguindo a sub-rogação em outro bem e até o recebimento de multas/devoluções contratuais.

Ademais, como forma de rebuscar ainda mais a origem dos recursos e a posse/detenção efetiva de bens por parte dos traficantes, não bastassem as técnicas supramencionadas, o líder ordenou que várias pessoas (gerentes/operadores financeiros ou laranjas) realizassem os pagamentos do financiamento de "gaveta" junto a construtoras ou vendedores (de boa ou má-fé) – tais pagamentos, em sua maioria,

---

13 Entendemos o mandado de busca, com esteio no artigo 5º, XI, da Constituição Federal e artigo 240 do Código de Processo Penal, mesmo de natureza cautelar um tanto invasiva, uma ferramenta importante de investigação quando já presentes indícios suficientes de autoria e materialidade. Nessa esteira, em investigações de crime organizado como o caso, a busca de documentos elucidativos de situação de compra e ocultação de bens, dissimulação de contratos, falsidades materiais, esconderijo de dinheiro em espécie, além de objetos ilícitos, é de extrema valia para corroborar provas já produzidas ou sanar dúvidas ainda pendentes sobre coautorias ou até mesmo a cegueira deliberada de um suspeito (um exemplo: o agente nega tal dolo em um primeiro momento e na sua casa são encontrados documentos, bens e objetos ilícitos vinculativos a uma organização criminosa – este autor, como praxe investigativa, denomina de "documento cruzado", ou seja, na casa do alvo A se encontram tais documentos ou objetos do alvo B e vice-versa). A busca em celas, em caso de líderes exercendo atividades ilícitas enquanto apenados, se faz necessária; na Operação Irmandade, foram realizadas tais buscas nos presídios onde estava uma liderança no Rio Grande do Sul e um operador logístico e financeiro no Estado do Pará, sendo encontrados com aquele documentos comprobatórios inclusive de integralização de capital ilídimo em empresas da esposa. Obviamente, a apreensão de mais telefones e mídias, seguido da extração previamente autorizada, é o outro viés valioso dessas buscas.

em dinheiro (transferências eletrônicas, mas também depósitos em caixas ou correspondentes lotéricos).

Nos mandados de busca, importante ferramenta investigativa, encontramos documentos nas casas de alguns alvos que corroboraram as provas ou indícios já constantes nas análises bancárias, em relatórios financeiros do Coaf, conversas captadas da extração de dados e em vigilâncias anteriores. Importante lembrar que, em investigações de crime organizado, onde se fazem presentes grande complexidade, sofisticação e expertise dos alvos como *in casu* (muitos com instrução superior), a medida de busca deve ser simultânea a uma deflagração ou pós fase 1, a fim de evitar levantamento do sigilo durante o deslinde das diligências, pois usar essa ferramenta de investigação antes da execução da operação pode prejudicar o êxito final[14].

Vigilâncias e estórias coberturas foram realizadas na localização de suspeitos e foi feita confirmação de posse de bens por parte dos alvos/laranjas e residências usadas como base de documentação/contabilidade. Nas buscas da fase 1 (celas, residências e empresas) foram encontrados muitos documentos e anotações de distribuição de lucros entre os integrantes, provas de integralização de capitais ilícitos em pessoas jurídicas, recrutamento de laranjas para veículos e imóveis etc.:

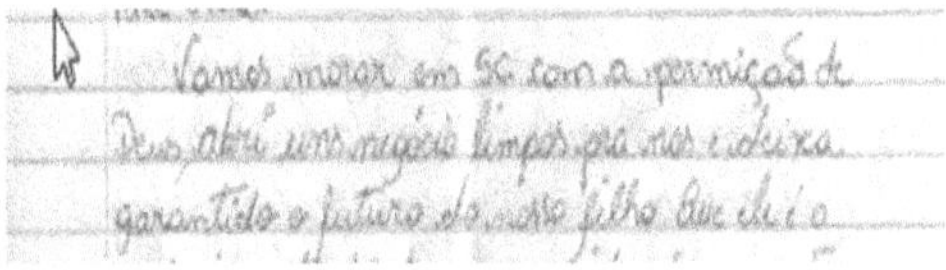

Figura 14.

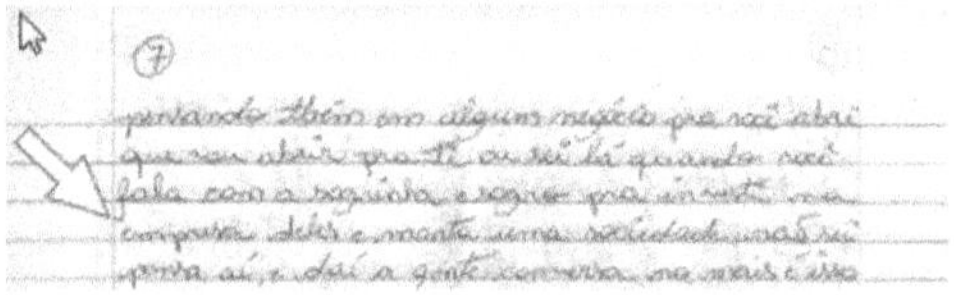

Figura 15. Carta encontrada na cela do líder gaúcho, direcionada à esposa, para a realização de integralização e/ou mescla de capitais ilícitos em empresas de parentes. Em RIFs[15] do Coaf foram apontados despósitos suspeitos nessas empresas.
Fonte: inquérito policial (RIO GRANDE DO SUL, 2021).

14 Em alguns casos, o mandado de busca no início de grandes investigações se faz necessário (assim como depoimentos de testemunhas, que, em crimes de lavagem dinheiro, devem ser ouvidas também no pós-operação/fase 1, para não elidir sigilos) para angariar mais elementos de autoria e materialidade, sanar dúvidas de participação ou evitar negativa de fornecimento de documentos, garantir apreensão de bens sujeitos à dilapidação etc.

15 Relatórios de Inteligência Financeira.

Figura 16.

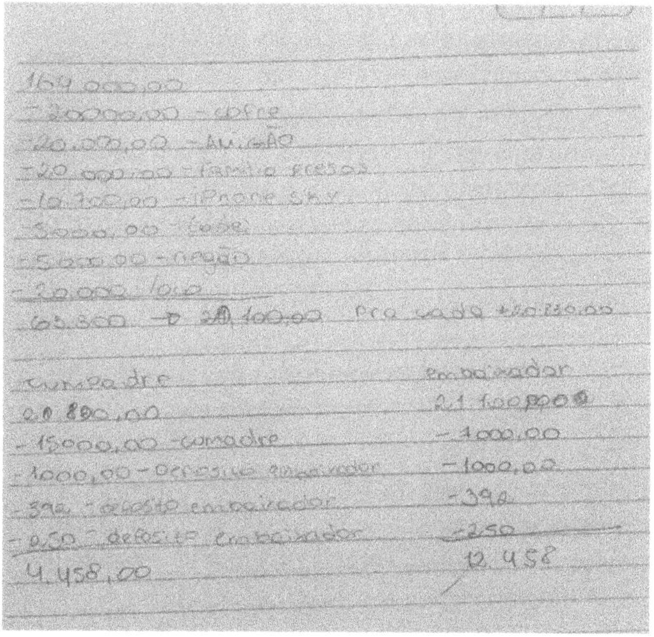

Figura 17.

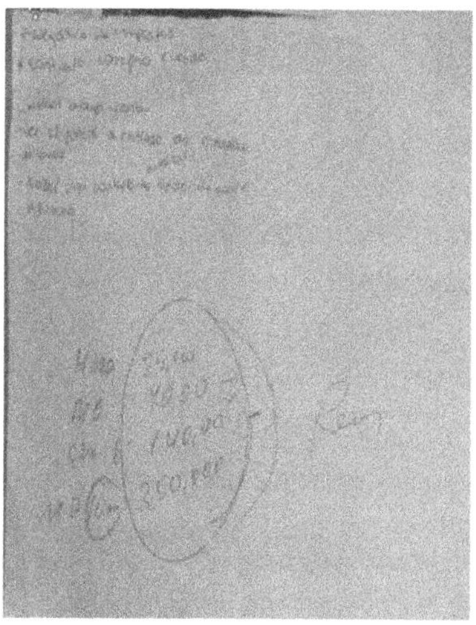

Figura 18. Contabilidade da organização criminosa indicando divisão de lucros ilícitos e recrutamento de laranjas para bens.
Fonte: inquérito policial (RIO GRANDE DO SUL, 2021).

3. Fase 2 da operação

Em uma terceira etapa do planejamento estratégico previamente elaborado com as equipes de investigação, seguimos em análises bancárias, documentais, telemáticas, de interceptações telefônicas, bem como já procedendo a depoimentos de testemunhas sem indicação preliminar de má-fé (dentre eles vendedores e compradores de veículos e imóveis da quadrilha, construtoras, parentes, imobiliárias). Convém celeridade nesses depoimentos, visto que não raramente ocorrem indisponibilidades e gravames em bens que estão na posse/propriedade fática de terceiros de boa-fé[16] (quando realizam distratos em contratos verbais ou escritos de "gaveta", sem publicização, ou que compraram carros e não transferem, apenas recebem o CRLV e CRV[17], adquirem bens por meio de procurações, compradores que mantêm os registros oficiais de propriedade em nome do vendedor/antigo proprietário, dentre outras omissões)[18], embora na propriedade registral/jurídica dos alvos líderes, gerentes/operadores ou laranjas.

Em paralelo, são importantes os interrogatórios dos alvos da fase 1 em seguimento à deflagração, sendo que no caso em tela a maioria invocou o direito constitucional ao silêncio. Nesse ponto, entendemos como uma ausência do direito de autodefesa, onde se oportuniza a entrega de documentos comprovantes de rendas lícitas, de sanar dúvidas em relação à presença ou não de dolo, autoria, negociação de bens ou prestação de serviços em boa-fé, ou até de excludentes de culpabilidade.

Com efeito, pela falta de elementos apresentados pelo suspeito que possam elidir o ônus (invertido) insculpido nos artigos 4º da Lei nº 9.613/98 e 91A do Código Penal, não há como a Autoridade Policial representar pelo levantamento de gravames, indisponibilidades e devolução de bens apreendidos em sede inquisitorial, sendo necessária cuidadosa análise judicial na prova porventura produzida pela defesa nesta fase.

As averiguações e análises pós fase 1 ensejaram provas diretas para novas representações policiais por mandados de busca, indisponibilidades de bens, interceptações e quebras de dados telemáticos. Além de proporcionarem mais elementos de autoria dolosa dos alvos originários, também esclareceram e demonstraram a participação

---

[16] A boa-fé no Direito brasileiro se presume, a má-fé se prova – artigo 13 do Código Civil.

[17] Certificado de Registro e Licenciamento de Veículo; Certificado do Registro do Veículo – antigo DUT, documento único de transferência.

[18] Ressaltamos que esses exemplos, modalidades e fatos descritos são métodos de ocultação e dissimulação de bens, direitos e valores. Assim, os investigadores devem estar atentos às análises e interpretações de documentos com possíveis falsidades materiais ou ideológicas, depoimentos, extrações de dados, conversas captadas, transações financeiras, formas de transferência de bens, extinção de contratos etc. que podem comprovar má-fé do investigado e/ou de terceiros que solicitam na Delegacia ou em juízo a devolução de bens.

de novos delinquentes e bens espúrios em ocultação. Tais fatos comprovaram a troca sistemática de operadores e laranjas, com a finalidade de usar de forma célere contas bancárias de passagem tanto de pessoas físicas como jurídicas, usar e gozar de bens livremente, camuflando eficazmente as ações de branqueamento e dificultando o rastreio investigativo policial, bem como o administrativo, por parte de instituições financeiras, autoridades fazendárias e Coaf[19].

Nas análises bancárias[20], as tipologias de fracionamentos para burlas a fiscalizações[21] ficam mais claras. Aqui, como já mencionado, demonstramos várias transações em curto espaço de tempo, a fim de dissimular o valor global a ser enviado:

DEP.DINHEIRO C/C-BDN	07/04/2021	3302326	R$ 1.000,00	C	DEPOSITO EFETUADO EM ESPECIE
DEP.DINHEIRO C/C-BDN	07/04/2021	3302330	R$ 1.500,00	C	DEPOSITO EFETUADO EM ESPECIE
DEP.DINHEIRO C/C-BDN	07/04/2021	3302335	R$ 1.000,00	C	DEPOSITO EFETUADO EM ESPECIE
DEP.DINHEIRO C/C-BDN	07/04/2021	3302339	R$ 1.000,00	C	DEPOSITO EFETUADO EM ESPECIE
DEP.DINHEIRO C/C-BDN	07/04/2021	3302343	R$ 900,00	C	DEPOSITO EFETUADO EM ESPECIE

Figura 19. Planilha de análise bancária do respectivo caso (retiradas as colunas de dados dos alvos). Fonte: inquérito policial (RIO GRANDE DO SUL, 2021).

Um comparativo entre os dados declarados junto ao Fisco e o que foi efetivamente movimentado no sistema bancário ajuda a dar o contexto doloso em ocultar/dissimular por parte do alvo citado:

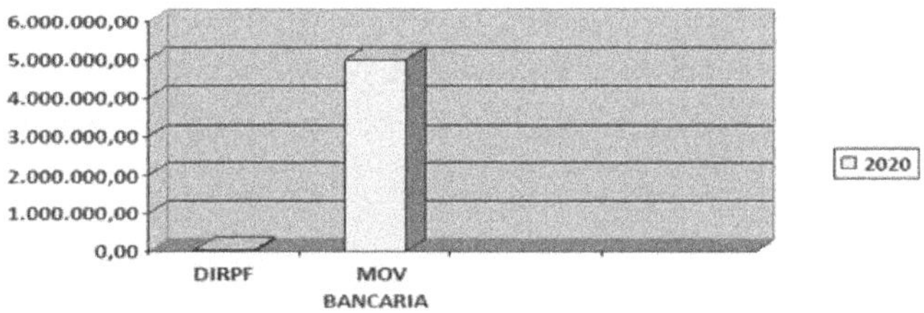

Figura 20. Gráfico ilustrativo de relatório de análise dos dados fiscais. Fonte: inquérito policial (RIO GRANDE DO SUL, 2021).

---

19 Essas ações da organização criminosa, realizadas tanto pelas células da facção gaúcha quanto pela nacional, demonstram alto grau de especialização e intercâmbio de técnicas de lavagem de dinheiro.

20 Importante produzir planilhas a serem inseridas nos relatórios de investigação com a devida análise interpretativa, a fim de demonstrar a conduta típica pormenorizando valores, datas, créditos, débitos, bancos e contas variadas do mesmo titular ou não, laranjas já identificados nas provas de outras fontes, como telemáticas, documentos apreendidos, depoimentos, dentre outras observações: nestas planilhas e relatórios de investigação, também com ajuda de softwares de vínculos para um resumo gráfico, é de bom alvitre recortar somente as transações espúrias, sob pena de confundir a identificação do verdadeiro emaranhado doloso criado pelos lavadores com suas transações financeiras lícitas (com pessoas inocentes). Ainda constatamos nessa investigação alvos realizando dezenas de transações entre contas de sua mesma titularidade, em bancos diferentes, com o fito de criar barreiras para o rastreio dos ativos – emaranhado doloso típico.

21 Vide circulares do Banco Central n.º 3461, 3542, 3839, 4001.

Em resumo, a operacionalização da fase 2 foi relevante porque nas buscas em residências e diligências *in loco* junto a empresas[22] se confirmaram posses/detenções ocultas de novos bens por parte de lideranças – uso e gozo, mesmo que eventualmente a presença física destes nos imóveis. Comprovaram-se pagamentos realizados pelos gerentes e laranjas da quadrilha junto a vendedores pessoas físicas ou construtoras (em modalidade de financiamento), bem como localizaram-se novos veículos adquiridos por alguns investigados, possibilitando retenções e pedidos de gravames/perdimento definitivo, aumentando ainda mais a descapitalização iniciada desde a primeira fase.

3.1. Tráfico de drogas, armas e demais indícios

Com o recebimento das informações do afastamento fiscal, também realizamos um comparativo dos rendimentos declarados pelos alvos (alguns casos até ausência) com o que fora movimentado em instituições financeiras. Ficou clara a discrepância indicativa de conta de passagem, assim como foi demonstrado o volume anormal de movimentação financeira pelo suspeito (muito acima e incongruente com seu modo de vida, salários, pró-labore). Essas informações devem constar em relatório de investigação.

Durante o trabalho, também constatamos o uso de uma conta bancária de uma criança de sete anos (pequenos valores fracionados), demonstrando a extrema pulverização de valores em variadas regiões e por pessoas jurídicas e físicas acima de qualquer suspeita. Fotos da comercialização de fuzis pela célula estadual também foram interceptadas.

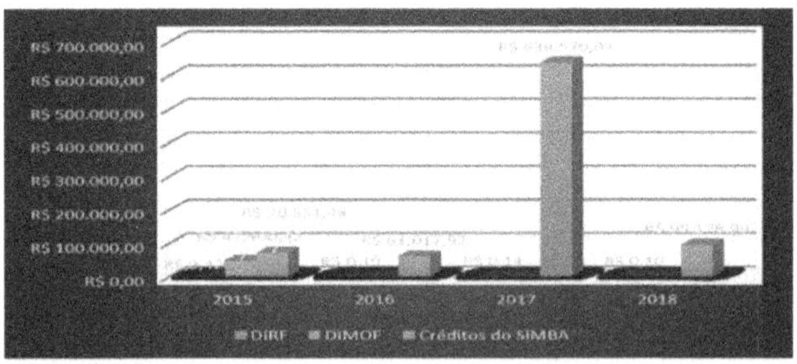

Figura 21. Comparativo redimentos declarados junto ao fisco com créditos recebidos por um laranja. Fonte: inquérito policial (RIO GRANDE DO SUL, 2021).

[22] Aqui importante técnica investigativa é verificar em campo a posse, por meio de vigilâncias, contato com vizinhos, síndicos, zeladorias, imobiliárias, ligações de luz, água, telefone, pagamento de IPTU feito por quem, de que forma, solicitação de dados a empresas de entregas (via aplicativos/*web*) realizadas naquele local, carros presentes nas garagens respectivas etc. As pesquisas em fontes abertas/redes também podem demonstrar posse – fotos de festas, aniversários, veículos.

Os crimes de tráfico de drogas e armas também continuaram a ser monitorados no mesmo expediente que investigou a lavagem de dinheiro, e tal fato é de extrema importância para a instrução, pois demonstra a atualidade e habitualidade do modo de vida dos suspeitos[23].

Figura 22. Depósito de drogas.
Fonte: inquérito policial (RIO GRANDE DO SUL, 2021).

Uma prova direta foi a juntada de ocorrência policial de outros Estados, em que uma mulher e um homem gaúchos foram presos em Paraty/RJ[24], na posse de 17 mil munições de arma de fogo: essa mulher é esposa de um dos investigados laranjas ligado à quadrilha em comento, sendo este proprietário de complexo imobiliário onde ficava a boate criada pelos líderes da organização para integralizar e mesclar capital espúrio – a filha desse laranja e daquela presa no Rio de Janeiro também fora recrutada para receber créditos em sua conta bancária (prova obtida em extração de dados telemáticos). Não bastasse isso, outro vínculo probatório dessa família traficante de armas e laranja com os demais é que um dos líderes da célula gaúcha enviou créditos bancários ao homem preso (vistos no afastamento de tal sigilo) na mesma época da prisão noticiada, denotando pagamento de honorários para o transporte àquela cidade[25], além do fato deste mesmo líder que enviou

---

23 Observamos em alguns casos de lavagem de capitais que provas da infração antecedente estão atuais/presentes, mas não são trazidas ao bojo investigativo ou deixam de ser analisadas e até monitoradas/ampliadas pela delegacia, sendo tal proceder impeditivo de formação de provas ainda maiores do meio de vida criminoso.

24 Prisão feita pela Polícia Rodoviária Federal em 2017, sendo tal fato investigado também pela Polícia Federal do Rio Grande do Sul.

25 Muitas vezes as provas diretas podem assim ser classificadas pelo investigador no conjunto de indícios conhecidos – neste caso, percebemos cinco pontos de convergência da mesma família com a quadrilha, podendo-se interpretar a atuação dolosa dos atores em dividir tarefas e lavar dinheiro: prisão da mulher no RJ, boate da organização na propriedade do esposo desta, filha destes emprestando conta bancária à

créditos ao preso com tais munições ter também sido flagrado neste Estado com uma metralhadora .50.

Figura 23. Foto de prisão em flagrante de um dos líderes.
Fonte: inquérito policial e fontes abertas (RIO GRANDE DO SUL, 2021).

Demonstrando o grau de especialização, percebemos ainda que na verdade os laranjas atuam em um nível distante dos líderes, sem vínculos de amizade ou parentesco, por meio de três núcleos de gerentes financeiros principais (estes também sem ligação funcional ou pessoal) – podemos chamar isso de "células", ou seja, quando uma organização se divide em grupos a ponto de, se uma parte for descoberta, presa, tiver seus bens bloqueados etc., os demais continuam funcionando de forma eficaz, pois já eram independentes (com suas pessoas físicas e jurídicas envolvidas sendo substituídas sistematicamente ao longo do tempo para evitar rastreabilidade policial e administrativa).

4. Considerações finais

A Operação Irmandade comprovou que traficantes gaúchos estão atuando em uma rede muito bem elaborada de lavagem de capitais, em total conexão a uma organização criminosa de amplitude nacional. Nesse sentido, o constante intercâmbio entre as polícias judiciárias dos Estados é de suma importância – e daqui para frente entendemos como medida indispensável para o êxito de indiciamentos e prisões de seus principais atores, bem como a descapitalização de seus bens espúrios em favor da União e/ou Estados.

---

organização e líder enviando valores ao homem portador das munições em Paraty, bem como este mesmo líder ser preso em flagrante na mesma época com uma metralhadora .50 na capital Rio de Janeiro.

Outrossim, a criação de um banco de dados nacional referente a transações imobiliárias, de veículos, bem como de informações policiais e processuais, acessíveis pelas Delegacias de Repressão ao Crime Organizado e Lavagem de Dinheiro, setores de inteligência financeira e seus laboratórios, seria de extrema valia para a celeridade e amplitude das investigações, dadas as novas características do narcotráfico nacional, com a crescente interligação entre si das facções regionais, bem como com os distribuidores fronteiriços/transnacionais.

Referências

BRASIL. **Conselho de Controle de Atividades Financeiras – COAF.** Disponível em: <https://www.gov.br/coaf/pt-br/sistemas/sei-c>. Acesso em: 29 ago. 2023.

BRASIL. **Lei nº 10.406, de 10 de janeiro de 2002.** Institui o Código Civil. Disponível em: <http://www.planalto.gov.br/ccivil_03/leis/2002/l10406compilada.htm>. Acesso em: 30 ago. 2023.

BRASIL. **Lei nº 9.613, de 3 de março de 1998.** Dispõe sobre os crimes de "lavagem de dinheiro" ou ocultação de bens, direitos e valores; a prevenção da utilização do sistema financeiro para os ilícitos previstos nesta Lei; cria o Conselho de Controle de Atividades Financeiras – COAF, e dá outras providências. Disponível em: <http://www.planalto.gov.br/ccivil_03/LEIS/L9613compilado.htm>. Acesso em: 29 ago. 2023.

CALLEGARI, A. L. **Lavagem de Dinheiro:** aspectos penais. 2.ed. Porto Alegre: Livraria do Advogado, 2008.

CARVALHO, B. M. de. **Investigação do Crime de Lavagem de Dinheiro nas Comarcas iniciais e intermediárias:** uma abordagem simplificada. 2019. Disponível em: <https://escolasuperior.mppr.mp.br/arquivos/File/TCCs/2019/Bernardo_Carvalho_Investigacao_do_Crime_de_Lavagem_de_Dinheiro_nas_Comarcas.pdf>. Acesso em: 29 ago. 2023.

GUARNIERI, P. G. R. **A Lei de Lavagem de Dinheiro como Instrumento de Controle à Corrupção.** Rio de Janeiro: Lumen Juris, 2019.

MORENO, M. de A. Operação Laranja Mecânica: Início do Enfrentamento Sistemático à Lavagem de Dinheiro no Rio Grande do Sul. *In*: RESCHKE, C. de C. WENDT, E. (orgs.). **Investigação de Lavagem de Dinheiro e Enfrentamento à Corrupção no Brasil:** Leading Cases. Rio de Janeiro: Brasport, 2021.

OLIVEIRA, N. R. de. Equilíbrio entre a Eficiência Administrativa e a Função de filtro Processual. **Revista de Direito Policial da Academia de Polícia Civil do Rio Grande do Sul,** Porto Alegre, vol. 1, n. 1., jan.-dez. 2020.

PEREIRA, E. C. de S. **Lavagem de Dinheiro e Crime Organizado Transnacional.** São Paulo: LTr, 2016.

RIO GRANDE DO SUL. **Inquérito Policial nº 03/2019/250210, Boletim de Ocorrência 108/2017/050310 e Relatório Técnico 0129/18 do Gabinete de Inteligência e Assuntos Estratégicos.** Polícia Civil do Rio Grande do Sul, Porto Alegre, 2021.

SANTOS, B. M. dos. Tipicidade penal. **Conteúdo Jurídico**, 29 abr. 2016. Disponível em: <https://conteudojuridico.com.br/consulta/Artigos/46535/tipicidade-penal>. Acesso em: 29 ago. 2023.

WIKIPÉDIA. **Estruturação.** Disponível em: <https://pt.wikipedia.org/wiki/Estrutura%C3%A7%C3%A3o>. Acesso em: 29 ago. 2023.

Conexão Sul Minas: análise de um caso concreto que relaciona o PCC, o tráfico de drogas e a lavagem de dinheiro

Daniel Azevedo Batista[1]
Emerson Wendt[2]

1. Introdução

O presente artigo analisará um caso concreto que resultou na condenação de um integrante do PCC, radicado em Uberlândia, que atuava na rede criminosa da facção ocupando função de "apoio do resumo da torre sul".

Buscar-se-á demonstrar como a articulação dos integrantes do Primeiro Comando da Capital é complexa e que seus membros possuem uma lógica estrutural própria de exploração das atividades ilícitas, pois buscam a separação entre os "negócios ilícitos" particulares de um membro batizado e os negócios ilícitos da organização criminosa em geral.

Utilizando a metodologia de pesquisa qualitativa e revisão bibliográfica, abordar-se-á a relação instrumental entre organizações criminosas e a lavagem de dinheiro, a necessidade da compreensão das estruturas e do funcionamento do PCC para orientar as investigações e, em seguida, demonstrar-se-á como os conhecimentos teóricos se revelaram na análise do caso concreto.

---

[1] Graduado em Direito pela Universidade Federal de Uberlândia. Especialização em Direito Constitucional pela Universidade Anhanguera; especialização em Direito Penal pela Faculdade Damásio. Cursando especialização em "Criminalidade Organizada" na Escola Superior de Polícia da Polícia Federal. Delegado de Polícia Civil em Minas Gerais desde 2013. Integrante do Grupo Especial de Atuação contra o Crime Organizado do MPMG desde 2022.

[2] Graduado em Direito pela Universidade Federal de Santa Maria. Especialização em Direito pela Universidade Regional Integrada de Frederico Westphalen/RS; Mestre e Doutor em Direito pela Universidade La Salle – Canoas/RS. Delegado de Polícia Civil no Rio Grande do Sul desde 1998. Editor-chefe da revista eletrônica Direito & TI e autor de diversos livros e artigos.

Num primeiro momento, será realizada a revisão de estudos que possibilitam sustentar a existência de relação instrumental entre a lavagem de dinheiro e os delitos praticados por organizações criminosas e a imprescindibilidade do enfoque financeiro para repressão criminal. Serão efetivadas considerações sobre a criminalidade organizada e sua influência sobre Estados brasileiros, aspectos relevantes da incriminação da lavagem de dinheiro e da importância de superação dos modelos reducionistas do direito penal tradicional.

Assim, demonstrar-se-á que as novas tipologias da criminalidade organizada e a consequente potencialização de suas estruturas através da lavagem de dinheiro demandam uma atuação qualificada dos órgãos investigativos, com utilização de técnicas próprias da investigação financeira para repressão e descapitalização das organizações criminosas.

Na segunda parte do capítulo, serão descritas observações que levarão à compreensão da facção criminosa Primeiro Comando da Capital: suas estruturas, funcionamento das sintonias, a lógica territorial de atuação. Um dos focos estará na demonstração do funcionamento da estrutura disciplinar, em especial de uma posição 'político--administrativa' denominada "Resumo Disciplinar", que é importante para a organização criminosa e é responsabilidade de integrantes que possuem notoriedade e grande respeito. Para tal mister, serão revisadas questões sobre a exploração dos mercados ilícitos e face mercadológica do PCC, a qual se distingue da face ideológica e da bélica, a partir de Feltran (2018).

Por fim, após entender a complexidade das redes criminosas e de sua relação com a lavagem de dinheiro, procurar-se-á abordar o caso concreto apontando como as investigações que foram desenvolvidas, partindo de inquéritos que buscavam responsabilidade de integrantes do PCC pela prática de atos violentos (ataques contra a vida de policiais penais), até chegar na identificação de um integrante do Comando que morava em Uberlândia, mas era "Apoio do Resumo" do setor disciplinar do Sintonia Sul do PCC, função com grande carga de responsabilidade para a facção criminosa. Nessa análise, objetiva-se descrever como os atos investigativos foram concatenados e serão observadas as dificuldades operacionais enfrentadas e as oportunidades de crescimento a partir da experiência.

2. A relação entre a lavagem de dinheiro e a criminalidade organizada

Atualmente, as organizações criminosas representam a principal ameaça interna para a organização dos Estados, pois evoluíram do modelo de hierarquia padrão para a estruturação em redes difusas, com laços efêmeros e constante alternância dos integrantes (WERNER, 2015), existindo (a) interações complexas entre criminosos e governantes (PEREIRA; WERNER; VALENTE, 2019), (b) estabelecimento de mercados de proteção para exploração de mercados ilegais (MISSE, 2007; 2010), (c) interações entre governantes e criminalidade organizada para dominação territorial e estabelecimento de uma ordem paralela ao Estado (MUNIZ; DIAS, 2022), e (d) fortalecimento/expansão de facções criminosas que atuam em frentes ideológicas, mercadológicas e bélicas, inclusive com incidência transnacional (FELTRAN, 2018).

As manifestações da criminalidade organizada são potencializadas pelos modelos econômicos de exploração dos recursos ilícitos obtidos em atividades financeiras através da lavagem de dinheiro, que também gera dados a serem analisados (ANSELMO, 2017; SOUZA; COELHO, 2020). A intercessão entre "criminalidade organizada" e a economia apresenta diferentes aspectos, tanto na manifestação da ilegalidade quanto da informalidade, havendo tipologias que se manifestam nos "crimes organizacionais", aqueles que se desenvolvem para exploração de mercados legais, com subterfúgios ilícitos, bem como a organização de criminosos para exploração de mercados ilegais (LOPES JUNIOR, 2009).

Diante dessa manifestação econômica, há que se considerar a necessidade de desenvolvimento de um modelo teórico para conceber o crime organizado com análises e tipologias próprias, desenvolvido em relações associativas, que transita entre as visões de relações hierarquizadas e com propósito de monopólio das práticas ilícitas em determinado espaço, evoluindo para uma estrutura de redes difusas, cujas alianças criminosas são efêmeras, visando o sucesso individual de cada núcleo, utilizando um sistema mais amplo para lhe dar sustentação (WERNER, 2015).

No fim da década de 1980, a percepção de que as prisões dos integrantes de organizações criminosas não seriam uma ação suficiente para desarticulá-las, em vistas da fácil substituição de integrantes para continuidade da empreitada delitiva, levou a comunidade internacional a reconhecer a prevenção e o enfrentamento à lavagem de dinheiro como principal política criminal para combater o narcotráfico, as diversas espécies de organizações criminosas e a corrupção (BADARÓ; BOTINI, 2012).

O Brasil é signatário de várias convenções internacionais que tratam da temática em análise: (a) Convenção das Nações Unidas de Viena (1988), contra o tráfico ilícito de entorpecentes e substâncias psicotrópicas, incorporada no ordenamento doméstico através do Decreto nº 157, de 1991; (b) Convenção de Palermo (2000), contra o crime organizado transnacional, promulgada pelo Decreto nº 5.015, de 2004; e (c)

Convenção de Mérida (2003), em vigor desde a promulgação do Decreto nº 5.687, de 2006. A preocupação da comunidade internacional em prevenir e reprimir a lavagem de dinheiro decorre de sua característica de delito econômico, que possibilita não apenas que os criminosos assegurem os proveitos do delito, mas também financiem crimes graves (DE CASTRO, 2018).

Os instrumentos normativos internacionais evidenciam normas cogentes, obrigatórias, aos Estados partes e estabelecem, como traço característico, a necessidade de tipificação da lavagem de dinheiro e ampliação das medidas constritivas de patrimônio, direta ou indiretamente proveniente das infrações criminais. Reconhece-se que a lavagem de dinheiro é um delito que remete ao delito anterior, portanto um "meta-crime", conforme apontado por De Carli (2006, p. 200), o que implica reconhecer que é base de sustentação para o delito antecedente e, no processo de recirculação de ativos, possibilitará o financiamento de outros delitos e a continuidade do círculo vicioso, que é comum às organizações e facções criminosas.

A relevância da análise da relação entre crime organizado e lavagem de dinheiro tem reflexões no âmbito dogmático jurídico penal. O delito nomeado **lavagem de dinheiro** é manifestação da criminalidade econômica da pós-modernidade (FILIPPETTO, 2011). Analisando-se os fenômenos da globalização econômica e das atividades desenvolvidas em uma sociedade de risco, concebe-se o quanto é atual e suplanta os parâmetros tradicionais da dogmática jurídica penal e processual penal.

Essa característica demanda uma releitura do direito penal clássico, que se mostra insuficiente para tratar das questões da modernidade com eficácia, dada a premissa de que os delitos da pós-modernidade têm como traço característico a proteção de bens jurídicos supraindividuais. Também há reflexões no campo processual penal, dada a necessidade de racionalização entre a eficiência no combate à lavagem de dinheiro, em especial no contexto de criminalidade organizada, e o respeito de garantias fundamentais (FILIPPETTO, 2011).

Essa necessidade de adaptação, cujo foco estrutural é combate dos delitos da modernidade, baseia-se no enfoque do crime organizado e da lavagem de dinheiro, visto que os fenômenos chegam a se confundir diante da congruência de suas manifestações e efeitos. Nesse sentido, dada a pertinência temática, reproduzimos o ensinamento de Filippetto (2011, p. 54):

> *A concepção tradicional dos crimes parte de uma previsão dogmática dos tipos, resultado da aplicação do método indutivo a partir da identificação de bem*

> *jurídico a proteger. Desse modo, é possível antecipar a conduta criminosa antes que aconteça (perspectiva individual). No caso da criminalidade moderna, as condutas, a princípio, são desprovidas de desvalor, que somente surge após o resultado. O bem jurídico revela-se a posteriori, não é possível aquele exercício de antecipação, mas, adotando-se o método dedutivo, a partir do fato ocorrido, é possível identificar um bem jurídico a proteger, concebendo-se a tipificação criminal (perspectiva supraindividual). É preciso, então, calibrar os instrumentos de garantia, dotando-os da flexibilidade que possibilite a punição e investigação de fatos que têm estrutura diferenciada daqueles que acompanham a humanidade desde seu início. Sobre a necessidade de proteção, onde se desenvolveu o Direito Penal, é possível manter os postulados como a necessidade de bem jurídico a se proteger, desde que se considere a possibilidade de proteção de bens jurídicos supraindividuais, trabalhando-se para que assumam a feição mais concreta possível, sem deixar de reconhecer que serão obrigatoriamente mais fluidos que aqueles concebidos sob uma perspectiva individual.*

Existe uma relação instrumental entre a lavagem de dinheiro e as organizações criminosas a qual permite utilizar os métodos investigativos especiais, próprios da investigação financeira e patrimonial, para a repressão criminal das condutas antecedentes, responsabilização individual dos delinquentes e dos grupos criminosos, recuperação de ativos que poderão ser reincorporados ao patrimônio estatal, produção de conhecimento necessário para a prevenção dos efeitos danosos resultantes das práticas delitivas e impedir que os recursos financeiros sejam reinseridos na própria atividade criminosa.

Por conseguinte, entendemos que o enfoque financeiro deve sempre nortear a atividade investigativa, mesmo nos casos que expressem criminalidade violenta sem repercussões financeiras imediatas. Diante da interrelação entre os fenômenos da lavagem de dinheiro e da criminalidade organizada, sempre haverá elementos que possibilitam identificar aspectos patrimoniais da estrutura da rede em que se inserem os investigados, a qual será atacada de forma mais efetiva com a prisão dos suspeitos, acompanhada da descapitalização de suas atividades ilícitas.

A complexidade do fenômeno demanda dos aplicadores do direito criminal, em especial dos setores investigativos, estudos elaborados sobre tipologias que podem conceber visões estruturais de vieses associativos e da exploração de mercados, que possibilitem parâmetros de apreciação que permitam reconhecer a superação da visão baseada apenas na hierarquia com o poder de mando das organizações criminosas, para entender que existem fenômenos associativos vinculados à estruturação de redes difusas (WERNER, 2015, p. 47-80) – esta não é a realidade da aplicação diária do conceito para os tribunais, principalmente na primeira instância. Portanto, veremos na próxima seção como é importante conhecer o funcionamento da facção criminosa Primeiro Comando da Capital para entender a atuação de seus integrantes e buscar a descapitalização individual de cada um.

3. O funcionamento do PCC: importância do setor disciplinar

As investigações frente ao PCC demandam conhecimento sobre a lógica de atuação da facção criminosa e sobre as estruturas básicas que a compõem. Feltran (2018, p. 39) aponta que não é importante definir um organograma preciso da facção, visto que não há uma relação de mando e hierarquia comum. Complementa que importante "é conhecer o modo mais geral de funcionamento da organização e as características centrais de suas partes, de suas células, conhecidas como sintonias".

A exploração de mercados ilegais é um fator interveniente para entendimento de como ocorrem as interações entre os criminosos no âmbito da facção. Os "irmãos" que estão presos precisam se sustentar, portanto, aqueles que dominam as estruturas de práticas delitivas têm que se comunicar com seus comparsas na rua para continuar girando a engrenagem que gera seus lucros (FELTRAN, 2018; MANSO; DIAS, 2018).

Todavia, a própria evolução do PCC demonstra que seu crescimento ocorreu pela incidência de um forte componente ideológico, que possibilitou o fortalecimento e a expansão da facção por todo o território nacional. Esse movimento, nascido nas cadeias como instância de proteção, criou alianças com outras facções, emergiu para controle de rotas de tráfico de drogas, estabeleceu novas dinâmicas de justiça em periferias e se tornou um movimento (BIONDI, 2018) que tem reflexos culturais para as populações que vivem inseridas em contextos em que a criminalidade é presente.

O PCC estabelece a divisão de tarefas de seus integrantes através de quadros estruturais, conhecidos como "sintonias", os quais possuem uma hierarquia administrativa para descentralização das decisões. Outra característica predominante: essas decisões são colegiadas (MANSO; DIAS, 2018). Essas "sintonias" podem ser temáticas, relacionadas à exploração direta de atividades ilícitas, como, por exemplo, a do "paiol", responsável pelo controle e pela distribuição do arsenal bélico da facção (FELTRAN, 2018).

Para sustentar sua face ideológica, através de auxílio mútuo entre os "irmãos" e os familiares desses, visando ao fortalecimento da comunidade criminosa que adere à sua ideologia, o PCC precisa de recursos financeiros. O financiamento do PCC se dá através dos setores do "Progresso", responsável prioritariamente pelo tráfico de drogas. Para financiar o tráfico e outros projetos, desde os primórdios o PCC estabeleceu divisão de custos entre os "irmãos", através das "sintonias" da "Cebola" e da "Rifa". Há também a sintonia "financeira", que é responsável pela contabilidade das finanças e pela lavagem de dinheiro (FELTRAN, 2018; MANSO; DIAS, 2018; BIONDI, 2018).

A relação de hegemonia e da disciplina do PCC nas "quebradas" de São Paulo e em outras localidades do Brasil difere das facções criminosas que se originaram no Rio de Janeiro, a exemplo do Comando Vermelho. O controle do território não tem um mando definido, e, inclusive, existem locais em que o mando local não é do PCC. Vige, em tese, uma política de paz, sem confrontos diretos com a polícia, que tem acesso livre aos territórios do comando e não enfrenta resistências para atuar naquela região. Mas quando a polícia vai embora, ou quando ela não está presente, volta a viger a ideologia de disciplina do PCC (FELTRAN, 2018, p. 147-151).

A manifestação da violência contra os agentes do estado representa uma ação prevista no estatuto disciplinar do PCC. Em diversas fontes (FELTRAN, 2018), foram obtidas versões atualizadas do "Estatuto", que estabelece em seu item 18:

> *Todos os integrantes têm o dever de agir com severidade em cima de opressões, assassinatos e covardias realizados por policiais militares e contra a máquina opressora, extermínio de vidas, extorsões que forem comprovadas, se estiver ocorrendo na rua ou nas cadeias por parte dos nossos inimigos, daremos uma resposta a altura do crime. Se alguma vida for tirada com esses mecanismos por nossos inimigos, os integrantes do Comando que estiverem cadastrados na quebrada do ocorrido deverão se unir e dar o mesmo tratamento que eles merecem, Vida se paga com vida, sangue se paga com sangue (sic).*

Para cumprir missões do comando, a "Sintonia" deve verificar a capacidade de cada integrante que será responsável e as despesas nem sempre serão arcadas pela facção. Esse é procedimento estabelecido no item 11 do estatuto do PCC (FELTRAN, 2018):

> *Toda missão destinada deve ser concluída. Será feita uma avaliação da capacidade de cada integrante indicado pela sintonia, e aquele que for selecionado e aprovado tem capacidade de cumprir uma missão, e tem o dever de arcar com as despesas financeiras, mas quando for possível todos os gastos ficarão sob a responsabilidade do Comando. Essas missões incluem principalmente ações de resgate e outras operações restritas do comando. Todos aqueles que vierem a ser*

> *resgatados, terão a obrigação de resgatar outro irmão, aquele irmão que falhar na missão por fraqueza, deslealdade, será excluído e o caso será avaliado pela sintonia, no caso de vazar as ideias poderá ser caracterizado como traição e a cobrança será a morte (sic).*

A relação entre os criminosos que estão presos e aqueles que estão em liberdade é uma base fundamental para o PCC, visto que há necessidade de auxílio recíproco, seguindo a ótica de uma sociedade secreta, segundo Feltran (2018), pois as tentativas de representar o PCC como uma empresa não revelam a feição ideológica da organização criminosa. Essa é uma obrigação imposta no item 4 do estatuto do PCC:

> *Aquele integrante que for para a rua tem a obrigação de manter o contato com a Sintonia da sua quebrada ou da quebrada que o mesmo estiver. Estar sempre a disposição do Comando, a Organização necessita do empenho e união de todos os integrantes. Deixamos claro que não somos sócios de um clube e sim integrantes de uma Organização Criminosa, que luta contra as opressões e injustiças que surgem no dia a dia e tenta nos afetar. Sendo assim, o comando não admite acomodações e fraquezas (sic).*

Um ponto importante a ser considerado é que a estrutura hierarquizada do Primeiro Comando da Capital permite que os integrantes ascendam ao poder. Ou seja, aqueles que desempenham suas funções seguindo o modelo de atuação do partido ganham a confiança das hierarquias superiores e ocupam cargos cujas responsabilidades são maiores. Além do status entre os demais faccionados, os ocupantes de cargos de hierarquias superiores são mais próximos das "sintonias finais" e, supostamente, teriam maior acesso aos "produtos do progresso" para desempenhar suas atividades criminosas. Quanto mais conhecimento e dedicação para o comando, maior será a responsabilidade do "irmão", bem como sua influência sobre os demais integrantes do PCC (FELTRAN, 2018).

Durante as investigações que foram conduzidas, percebeu-se a existência de uma certa mística em torno dos integrantes do PCC, visto que o modo de proceder, seguindo o lema "o certo na vida errada", transforma os criminosos mais experientes e antigos da facção em lendas. Praticamente todos os integrantes já ouviram falar de um "vulgo tal", o qual teria a voz ativa sobre os demais. A utilização de pseudônimos e estratégias para dificultar a identificação dos integrantes pela polícia também cria uma dificuldade para os próprios integrantes se reconhecerem ou se identificarem. Para tanto, utilizam um procedimento conhecido como "cara-crachá" (VIANA, 2022).

Esse procedimento considera elementos referentes ao "batismo" (ritual de ingresso), "quebradas de origem e atual" (locais de origem e local atual) e as "faculdades dos integrantes". "Faculdades" são as unidades prisionais frequentadas pelos "irmãos", onde aperfeiçoaram seu conhecimento sobre o mundo do crime e sobre a própria lógica do comando. Além disso, as funções são rigorosamente cadastradas em um setor próprio, que tem funções e atribuições ligadas à "sintonia". Os integrantes mantêm cadastros, "livros negros" e "livros brancos". Dados do "batismo", de "punições" etc., são catalogados e salvaguardados pelos integrantes do setor (VIANA, 2022).

Como estabelece o próprio estatuto do PCC, em seu item 12 (FELTRAN, 2018):

> *[...] o comando não tem limite territorial, todos os integrantes que forem batizados são componentes do Primeiro Comando da Capital, independente da cidade, estado ou país. Todos devem seguir a nossa disciplina e hierarquia do nosso Estatuto (sic).*

Essa compreensão é fundamental, pois os integrantes da facção criminosa que estão situados em regiões longínquas conseguem atuar para controlar e definir diretrizes de atuação dos integrantes que estão em outras unidades federativas.

Por conseguinte, as "sintonias" que apresentam maior relevância para o funcionamento da facção e sua expansão são as disciplinares, responsáveis pelo recrutamento e pela expansão da facção através do processo de batismo. Através da "Sintonia Disciplinar", o PCC busca impor sua dinâmica de atuação e administração dos efeitos da criminalidade que se apropriou de ideais das "cadeias" para as "quebradas" (BIONDI, 2018), visando a administração da violência e criando mecanismos de justiça próprios que implicam controle dos territórios e uma interação com a comunidade.

Dessa forma, conforme apontado por Feltran (2018, p. 38):

> *Nas ruas, ou seja, fora das cadeias, as posições político-administrativas do PCC se iniciam com as disciplinas de cada quebrada, cuidando da ordem e estabelecendo debates a cada problema; acima delas, há as sintonias de cada região (zonas Sul, Leste, Oeste, Norte e Centro, na região metropolitana da capital, e seguindo os códigos de DDD para o interior, 016 para região de Ribeirão Preto, 019 para a região de Campinas, 013 para a região da Baixada Santista e assim por diante). Acima delas, a Geral da Rua e as Sintonias dos Estados e Países. O número de sintonias intermediárias depende da quantidade de irmãos em cada região, exatamente como o número de códigos de DDD em cada estado varia conforme seu tamanho e população.*

Uma reflexão sobre a exploração de mercados ilegais e informais e a necessidade de estabelecer agências de proteção para esses mercados (MISSE, 2007) permite concluir que o "setor disciplinar" do Primeiro Comando da Capital funciona como uma instância de proteção da ideologia, para possibilitar a exploração das atividades-fim econômicas do "partido". Biondi (2018), ao estudar o PCC nas ruas, identificou que a organização criminosa transcendeu as práticas criminosas e disseminou para "as quebradas", fora das cadeias, os ideais consagrados no estatuto do PCC, quais sejam: paz, justiça, liberdade, igualdade e união. A autora enxerga o PCC como um movimento que não tem local definido nem tempo.

Feltran (2018) estabeleceu uma analogia entre o PCC e uma sociedade secreta, tal como a maçonaria, em que há diversas estruturas e cargos políticos administrativos e é secreta. O autor orienta que é difícil compreender o funcionamento exato das "sintonias", visto que elas estão em constante alteração e são compartimentadas. Assim, compreender os organogramas estruturais do PCC representa a realização de esforços, que podem ser prospectivos e com uma 'carga dedutiva' por parte dos investigadores, pois os integrantes do PCC não têm conhecimento exato de todas as "sintonias".

O "Resumo Disciplinar" é uma estrutura do PCC que é hierarquicamente superior às "Sintonias Gerais do Estado" e à "Sintonia dos Estados e Países". O "Resumo Disciplinar" é uma posição político-administrativa fundamental para a rede criminosa do PCC. Nesse sentido, Manso e Dias (2018, p. 334) apontam que:

> *O PCC se organiza em células que compõem uma ampla rede. Com suas extremidades em prisões e bairros pobres ('quebradas') de cidades brasileiras, essas células estão conectadas e formam coletivos decisórios. A Sintonia dos Estados e países é a mais alta instância decisória e operacional do PCC para fora do Estado de São Paulo. Já no estado paulista, figura uma estrutura organizacional própria. Também ali estão as duas instâncias máximas do PCC: a Sintonia Geral Final (SGF) e o Resumo Disciplinar.*

Como visto, as decisões são coletivas e o PCC sempre busca uma legitimação ética de suas decisões nas questões disciplinares, com base na ideologia estabelecida em seu estatuto (FELTRAN, 2018). Diante das aplicações de internet, que possibilitam a comunicação em tempo real e transmissão de dados que dificultam a operacionalização de interceptação das comunicações, os integrantes da facção, em todo o território nacional, poderão ocupar uma posição político-administrativa, mesmo que seja referente a outro Estado da federação.

É no "setor disciplinar" que se efetuam os debates, as decisões de exclusão e as penalidades contra os integrantes, as determinações de mortes de integrantes de outras facções criminosas e os ataques contra agentes do Estado. Portanto, como visto, o "Resumo Disciplinar" é uma posição político-administrativa (FELTRAN, 2018) de alta complexidade composta por integrantes de "alta responsabilidade" e conhecimento sobre a dinâmica e os procedimentos do comando.

Todavia, é comum que o PCC encontre resistência nos locais em que seus novos integrantes passam a atuar. Outras facções criminosas com atuação nacional, como o Comando Vermelho e facções locais regionalizadas, passam a rivalizar com o PCC, que prevê a guerra declarada em seu estatuto. As tensões sempre são debatidas entre os integrantes do setor disciplinar e é o "Resumo" que terá a melhor visão da adoção e alocação de recursos e criará estratégias para consolidar a atuação do PCC naqueles locais onde a dinâmica de atuação da facção não é hegemônica. Feltran (2018) ensina que a hegemonia do PCC em um território é caracterizada pela ausência de resistência.

4. Análise do caso concreto: a partir de ataques contra agentes públicos

Durante investigações para apurar ataques contra policiais penais ocorridos em Uberlândia/MG, surgiram elementos que apontavam o **investigado nº 01** como uma liderança do PCC que, em tese, teria participado ativamente de um plano para que integrantes do setor disciplinar executassem um policial penal como forma de resposta a uma suposta opressão do Estado, que estaria mantendo os presos integrantes da facção criminosa em condições desfavoráveis no interior de unidades prisionais.

Em meados de 2020, integrantes da facção criminosa passaram a arquitetar e executar ataques sistemáticos contra agentes de segurança pública, como forma de afirmação do poderio e promoção dos integrantes de suas fileiras. Os criminosos justificam que podem atacar policiais, pois lutam contra o sistema e almejam conter as ações legítimas do Estado que são praticadas no sistema carcerário. Em Uberlândia/MG ocorreram duas tentativas de homicídio contra policiais penais.

No dia 30 de julho de 2020 ocorreu a primeira tentativa de homicídio, gerando o processo cautelar em que foram expedidos mandados de prisões e de buscas e apreensões, cumpridos na Operação Sicários (INTEGRAÇÃO NOTÍCIA, 2020). Foram presos, preventivamente, seis suspeitos de participarem do atentado. Durante as buscas foram apreendidos aparelhos celulares que continham informações sobre integrantes do PCC e a atuação da facção criminosa na região do triângulo mineiro.

Em 09 de novembro de 2020 ocorreu outra tentativa de homicídio contra um policial penal, desencadeando as operações Kavod e Disciplina da Lei. Na primeira fase foram cumpridos 42 mandados de prisão e 35 mandados de busca e apreensão em desfavor de integrantes do PCC na cidade de Uberlândia/MG (MPMG, 2020).

O **investigado nº 01** foi apontado como importante liderança e um dos principais alvos a serem presos para desarticular os demais integrantes. Segundo dados preliminares, ele pertencia ao "Setor do Resumo Disciplinar", uma das estruturas mais importantes do PCC, responsável pela manutenção da disciplina e da ética criminosa da facção. Tal setor é a última instância disciplinar.

Posteriormente, no dia 02 de fevereiro de 2021, uma vítima foi mantida em cárcere privado e torturada por membros do PCC. Alguns dos autores foram presos em flagrante, conforme processo, e posteriormente foram identificados outros envolvidos, o que culminou na Operação Disciplina da Lei, segunda fase (OPERAÇÃO, 2021). Nessa fase operacional foram cumpridas prisões e buscas e apreensões em desfavor de integrantes do PCC, responsáveis por conduzir um "Tribunal do Crime" contra a vítima.

Após analisar toda as evidências coletadas nos feitos, os investigadores elaboraram relatórios investigativos com dados da extração telefônica do **investigado nº 01**, os quais denotam que o suspeito integrou o setor, ou quadro, disciplinar da organização criminosa. As comunicações constantes em aplicativos mensageiros demonstram que o suspeito exerceu cargos de alto comando na organização criminosa.

Como evidenciado à época da Operação Disciplina da Lei, o **investigado nº 01** era cadastrado na facção criminosa PCC com cargo de "Apoio do Resumo Disciplinar da região Sul", naquela época responsável por ações disciplinares da facção nos estados do Mato Grosso, Mato Grosso do Sul, Santa Catarina e Rio Grande do Sul. É importante salientar, como observado no tópico anterior, que a divisão política administrativa do PCC não respeita as divisões geográficas oficiais. O **investigado nº 01** utilizava diversos apelidos dentro da facção criminosa. Esses codinomes, conhecidos como "vulgos", serviam para impedir a qualificação do investigado, mas, com o auxílio das forças de segurança pública, em trabalho conjunto, foram levantados os endereços onde ele, em tese, estaria realizando a prática do tráfico de drogas.

Durante diligências de vigilância para seguir os passos do suspeito, policiais militares flagraram-no realizando atos típicos de venda de drogas ilícitas, o que motivou a diligência para ingresso no imóvel visando ao cumprimento do mandado judicial, ocasião em que o suspeito foi capturado em flagrante delito juntamente com sua esposa, a **investigada nº 02**, visto que os policiais verificaram que o imóvel mencionado era utilizado como local para processamento, armazenamento e distribuição de drogas, bem como para, supostamente, guardar e ocultar bens, direitos e valores provenientes de infrações penais e como esconderijo do investigado.

Com autorização judicial, os policiais iniciaram as buscas no imóvel, mas inicialmente não localizaram o alvo. Somente a esposa dele estava no local. Iniciaram-se as buscas e ela afirmou que ele estava viajando. O perímetro estava resguardado e não tinha como aquele suspeito ter evadido dali. Foram vasculhados todos os cômodos da residência, mas o alvo não estava em nenhum deles. As equipes de análise informaram às equipes de campo que o suspeito tinha o costume de criar compartimentos em móveis e paredes do imóvel. Essa informação foi obtida através dos dados telemáticos constantes no aparelho telefônico apreendido na primeira fase da operação.

De posse dessas informações, os policiais passaram a verificar fundos falsos em armários e em paredes, até que perceberam ausência de comunicação entre dois cômodos da residência, os quais eram fechados por guarda-roupas de marcenaria. Assim, resolveram romper um dos fundos dos armários e encontraram o investigado escondido em um compartimento oculto, construído entre paredes falsas e um *closet*. Dentro do cômodo havia ventiladores, dutos para entrada de ar fresco e aparelhos televisores conectados a diversas câmeras de segurança, inclusive em residências próximas à do alvo.

Em paredes duplicadas na residência os investigados ocultaram a quantia em espécie de R$ 144.980,60. Os policiais localizaram ainda seis pacotes lacrados e um aberto pela metade com pinos plásticos utilizados para armazenar cocaína fracionada para venda no varejo, uma prensa utilizada para formas de crack e pasta base de cocaína, além de uma peneira com resquícios de uma substância branca assemelhada à cocaína. No imóvel indicado havia uma garagem contígua, onde foram localizados um automóvel e uma moto aquática. Na garagem da residência foram localizados outros dois veículos. Além dos objetos ilícitos, dos produtos e proveitos do crime, os policiais militares apreenderam em poder dos investigados dois aparelhos telefônicos, os quais foram custodiados no inquérito policial.

Conforme evidenciado na investigação, o **investigado nº 01**, além de acompanhar os batismos, tinha o conhecimento de todos os homicídios praticados pelos integrantes da organização criminosa, em especial nas disputas com a facção criminosa denominada Comando Vermelho. Ele mantinha anotações com os registros de batismos realizados nos Estados do Rio Grande do Sul e Santa Catarina, mas nenhum dado sobre o Estado do Paraná. O Estado do Paraná é importante estrutura do PCC e possui autonomia financeira e administrativa.

O **investigado nº 01**, por intermédio de aplicativos mensageiros instalados em seus aparelhos telefônicos, realizava a contabilização dos integrantes do PCC dos "Estados da coluna sul" da facção criminosa, exercendo o controle e a direção de ações de integrantes dos quadros inferiores do setor disciplinar. Ele tratava diretamente com os "resumos" e solicitou aos integrantes do quadro que fosse dispensado de suas responsabilidades, visto que temia investigações. Diante de seu prestígio perante a facção, o investigado foi contatado por outro criminoso para resolver pendência de disputa de um imóvel com o líder de outra organização criminosa estabelecida em Uberlândia/MG.

Em fevereiro de 2023 os **investigados nº 01 e nº 02** foram condenados em sentença proferida pelo juízo da 4ª Vara Criminal de Uberlândia, o qual reconheceu a procedência da denúncia em relação aos crimes de organização criminosa, tráfico ilícito de entorpecentes, associação para o tráfico e lavagem de capitais. O primeiro foi condenado a penas que somaram 36 anos e 9 meses de reclusão. Já a **investigada nº 02** foi condenada a penas de 12 anos e 6 meses de reclusão.

A Justiça acolheu as pretensões patrimoniais formuladas pelo MPMG (2023) e decretou perdimento de R$ 159.631,20 dentre valores apreendidos em espécie na busca e apreensão e aqueles que estavam depositados em contas bancárias e aplicações financeiras em contas do investigado, bloqueio de quatro veículos e uma moto aquática avaliados em R$ 234.344,00, além de dois imóveis avaliados em mais de R$ 350.000,00. O **investigado nº 01** foi mantido preso preventivamente e transferido para um presídio de segurança máxima.

4.1. Dificuldades operacionais, oportunidades de crescimento e fatores que facilitaram a investigação dos crimes praticados pela organização criminosa

A primeira dificuldade operacional encontrada foi como instrumentalizar a existência da organização criminosa, visto que, apesar de ser fato notório, seria necessário concentrar elementos que comprovassem a atuação dos suspeitos em "fatos concretos". Para tanto, utilizou-se a técnica de instauração de um inquérito matriz, que concentraria todas as informações sobre o PCC, para estabelecer a estrutura, a divisão de tarefas e a ideologia dos integrantes.

O inquérito policial matriz contém (a) a concentração de todas as evidências, (b) vestígios decorrentes da obtenção de provas cautelares, não repetíveis, (c) análises de vínculos, (d) preservação de cadeia de custódia para determinação da estrutura da organização criminosa, (e) identificação de seus integrantes e (f) indicação da divisão de tarefas adotada por cada um destes. Durante as fases das operações Disciplina da Lei e Kavod, foram identificados mais de cinquenta supostos integrantes do PCC, contra os quais foram cumpridos diversos mandados de prisão e buscas e apreensões.

A qualificação dos integrantes do PCC é um processo difícil, visto que estes se identificam com apelidos, conhecidos como "vulgos". Para tanto, foi necessário cruzar dados produzidos em todos os inquéritos. O cruzamento de dados sempre referia às autorizações judiciais de compartilhamento de provas. Todos os relatórios que foram produzidos foram encaminhados para o inquérito principal.

Uma segunda dificuldade foi a necessidade de vencer as informações desencontradas e versões inverídicas apresentadas pelos integrantes do PCC em seus depoimentos, o que tornava o processo de identificação dos suspeitos mais complicado. Neste processo ocorreram imputações falsas de identidades. Somente com a prisão do **investigado nº 01** é que foi possível demonstrar que ele não foi responsável pelos ataques contra policiais penais ocorridos em Uberlândia/MG.

O **investigado nº 01** realmente integrava o setor disciplinar na função de apoio do resumo. Conforme evidenciado nos autos, este era o setor responsável pelo cumprimento dos "salves" (ordens de ataques) que ocorreram em Uberlândia/MG. Mas a função do suspeito era restrita aos Estados da região Sul em que há integrantes da organização criminosa, portanto, ele não tinha poder de decisão nem autorização para participar dos ataques. Assim, após a conclusão dos inquéritos, o MPMG solicitou a impronúncia do suspeito na instrução do processo instaurado para apurar a responsabilidade dos integrantes do PCC por tentativas de homicídios.

A terceira dificuldade operacional foi a obtenção de dados de diversas instituições. Na época das investigações não existia interlocução das forças de segurança pública para tratar sobre a facção criminosa Primeiro Comando da Capital.

Por conseguinte, neste ponto surgiu a importância da integração dos órgãos de segurança pública em modelo de Força-Tarefa (FT), a qual foi estabelecida através da coordenação do GAECO-MPMG, da Polícia Civil de Minas Gerais e da Polícia Militar, com o apoio da Polícia Penal de Minas Gerais.

A integração em modelo de FT possibilita maior agilidade na troca de informações de banco de dados e de inteligência das diversas instituições. Para adoção de tal modelo, as instituições têm de estabelecer objetivos comuns, metas e trabalhar, cada órgão, com sua expertise.

Também, a proximidade dos agentes que atuam na investigação com os promotores estabelece uma relação de confiança, que é necessária para obtenção mais célere de pareceres e representações conjuntas. A rapidez na obtenção de decisões judiciais representa importante fator para obtenção de provas e medidas cautelares que visam desarticular as organizações criminosas.

Por fim, o modelo de FT, com a divisão de atribuições entre promotores, delegados e demais policiais, representa fortalecimento da atuação coletiva dos órgãos estatais e demonstra a força do Estado no enfrentamento às organizações criminosas, o que traz maior segurança para os atores da investigação criminal (WENDT, 2023), visto que não há a centralização das decisões em uma única pessoa.

Por fim, foram utilizados dados do inquérito matriz para fundamentar o indiciamento do investigado como integrante da organização criminosa Primeiro Comando da Capital, sem a necessidade de identificar outros integrantes. Isso ajudou na agilidade da instrução, pois a individualização das condutas foi bem definida e não tumultuou os atos processuais com diversas defesas preliminares, como é comum se observar em inquéritos em que são presos preventivamente muitos investigados. Essa tática investigativa auxilia a manter o investigado preso preventivamente durante toda a instrução, sem a possibilidade de as defesas atuarem com estratégias para ocasionar o excesso de prazo. A condenação do investigado ocorreu pouco mais de um ano após a sua prisão em flagrante e ele está preso preventivamente.

4.2. Dificuldades operacionais, oportunidades de crescimento e fatores que facilitaram a investigação da lavagem de dinheiro

Como observado na análise do evento, o inquérito sobre a lavagem de dinheiro em desfavor dos **investigados nº 01 e nº 02** iniciou-se por Auto de Prisão em flagrante delito. A investigação dos crimes antecedentes ocorreu conjuntamente, no mesmo inquérito. Diante dos indícios dos crimes antecedentes, para comprovar justa causa duplicada, foi necessário apontar nos autos que o suspeito é integrante de organização criminosa e realizava o tráfico de drogas, apontando a relação de causalidade da origem ilícita dos valores e dos atos de ocultação e dissimulação posteriores.

A quantidade de dinheiro apreendido e a forma como ele estava ocultado possibilitaram ratificar a voz de prisão. O dinheiro estava mofado e com as notas úmidas, o que possibilita concluir que havia sido ocultado no interior das paredes há muito tempo. Essa circunstância foi demonstrada através de um relatório de constatação, em que os investigadores fotografaram as notas e as condições de armazenamento.

Identificou-se que o **investigado nº 01** e sua esposa ostentavam patrimônio descoberto (não justificado) pelas suas fontes de renda, tendo em vista que as pesquisas em dados de fontes abertas possibilitaram identificar que ele declarava estar trabalhando com carteira assinada e recebia 1 salário mínimo.

Outro fator relevante apontado na investigação é que o investigado declarou, em outras investigações, que em sua residência funcionava uma oficina mecânica, a qual estava registrada em nome da sua esposa e que era uma importante fonte de renda familiar. Mas essa alegação foi desconfigurada pela busca e apreensão, que confirmou que no local não havia tal empreendimento instalado. Desta feita, verificou-se a utilização de empresa fantasma para dar aparência de licitude aos bens adquiridos com o dinheiro do tráfico de drogas, em nome de interposta pessoa.

Destacam-se o elevado padrão de construção do imóvel em que os suspeitos residiam e a conversão de valores provenientes do crime em veículos, conforme consta nos autos.

No curso das investigações, demonstrou-se que a lavagem de dinheiro do **investigado nº 01** era proveniente do tráfico de drogas por ele exercido. Apesar de ser traficante, o **investigado nº 01** não participava do "setor do progresso", mas, sim, do setor disciplinar da facção criminosa. Vislumbrou-se que ele adquiria as drogas, que comercializava em uma região de Uberlândia/MG, de um fornecedor que não era do PCC. Assim, confirmou-se que a facção não obriga seus integrantes a adquirir drogas da própria organização criminosa.

Sobre a lavagem de dinheiro, destaca-se a importância da utilização de métodos investigativos tradicionais para sua caracterização. A caracterização do patrimônio descoberto e da utilização de interpostas pessoas físicas e jurídicas para a lavagem de dinheiro prescindiu da quebra de sigilo fiscal e bancário. Assim agindo, transfere-se para a defesa o ônus de provar a licitude dos bens e descaracterizar a comprovação da ocultação e dissimulação da origem, propriedade, movimentação e localização dos bens, direitos e valores, provenientes direta ou indiretamente dos investigados.

5. Considerações finais

A análise do caso concreto, proposto neste trabalho, demonstra como são complexas as relações estabelecidas pelas facções criminosas, especialmente em aspectos econômicos e ideológicos, que distinguem a exploração de mercados ilícitos e o financiamento dos crimes.

Como visto, a relação instrumental entre a lavagem de dinheiro e as organizações criminosas é um fator que implica necessidade de conhecimento das redes estabelecidas entre os criminosos para a prática de delitos. Buscou-se demostrar que a manifestação econômica da criminalidade é complexa e assume diversas tipologias, as quais devem ser consideradas em todas as investigações e devem assumir enfoques financeiros para possibilitar a repressão qualificada, superando-se o modelo tradicional da repressão baseada na prisão e no processo criminal reativo. A descapitalização dos criminosos em qualquer ponto da rede resultará em enfraquecimento individual e coletivo, ocasionando ruptura, ao menos parcial, do grupo ou da organização faccionada.

Somente com a compreensão das facções criminosas será possível realizar uma investigação qualificada que permita atribuir a responsabilização de seus integrantes. Somente com conhecimentos sobre o funcionamento e a ideologia do comando será possível individualizar as condutas dos suspeitos. Nesse sentido, destaca-se que os estudos científicos sobre o PCC permitem compreender o funcionamento de suas diversas sintonias, bem como estabelecer parâmetros para demonstrar que a finalidade ilícita da investigação criminosa nem sempre tem conteúdo financeiro, mas que a rede estabelecida pela organização precisa de financiamento e da colaboração de diversos integrantes, os quais atuam sem limitações territoriais.

Essa ausência de limitações territoriais para a assunção de funções dentro das sintonias do PCC permite que integrantes radicados em Estados longínquos coordenem ações dos "irmãos" que estão atuando nas ruas em outras unidades federativas. As sintonias do PCC têm várias divisões e são estruturadas hierarquicamente, mas a noção de igualdade exposta na ideologia permite a mobilidade dos integrantes, o que confere um certo status àquele criminoso dentro da facção criminosa.

Geralmente, os criminosos que têm negócios próprios e não dependem do progresso do comando assumem funções nas sintonias disciplinares, o que lhes garante o status e a possiblidade de expandir suas conexões para aumentar os seus ganhos. Portanto, o negócio torna-se vantajoso para aquele suspeito. Nas palavras de Feltran (2018), "é bom para todos". Essa dinâmica segue a lógica de funcionamento de uma sociedade secreta em que os irmãos se vinculam para ter sustentação e interconexões.

Observa-se que os integrantes do PCC utilizam a ideologia para a obtenção de interesses individuais, oscilando entre uma atuação ideológica e mercadológica, com atribuições muito bem definidas, servindo para que o comando controle as ações de seus integrantes em qualquer local onde estejam.

Ressalta-se a importância do modelo de forças-tarefa (FTs) para a repressão qualificada das facções criminosas, em especial a integração dos órgãos de segurança pública com os responsáveis pela persecução criminal, através do GAECO-MPMG. Existem diversas barreiras a serem vencidas entre as instituições, as quais historicamente apresentam resistência à integração e, em certos momentos, animosidades. Todavia, as organizações criminosas, a exemplo do Primeiro Comando da Capital, atentam contra o Estado de Direito e têm todas as instituições como inimigas. Enfrentar de forma qualificada as facções criminosas, prevenindo crimes e reprimindo suas ações, é objetivo principal e deve nortear as ações das polícias e do Ministério Público.

Quando se propôs tratar o título do presente estudo como "Conexão Sul Minas", o objetivo foi demonstrar que um integrante do PCC radicado em Minas Gerais praticou condutas que impactaram a dinâmica da segurança pública nos Estados do sul, mas também do centro-oeste brasileiro.

De outra sorte, atribuir ao investigado apenas o delito de organização criminosa é uma visão reducionista. Se for condenado futuramente, dificilmente ficará preso por muitos anos. E, ademais, no caso do PCC, devido às estruturas da facção, o integrante terá toda uma rede de proteção estabelecida nas ruas e nas unidades prisionais para continuar empreendendo seus mercados ilícitos, coordenando as atividades de seus subordinados, mesmo estando em cárcere.

A descapitalização desses criminosos é fundamental – e somente através de técnicas de investigação financeira será possível rastrear o patrimônio e demonstrar qual modalidade é praticada por aquele integrante, o qual nem sempre terá capacidade para realizar complexos atos de lavagem através de movimentações bancárias e ocultação de bens e valores através da dissimulação de transações financeiras.

Ou seja, cada modalidade de lavagem de dinheiro tem uma técnica própria para sua caracterização, e isso deverá orientar os atos de obtenção de provas. Nem sempre será necessário requisitar a quebra de sigilo bancário e fiscal. Se durante os atos investigatórios, através das técnicas de inteligência, especialmente a obtenção de relatórios de inteligência financeira, não houver nenhuma movimentação bancária suspeita, a quebra bancária não será frutífera. Muitos criminosos não confiam em terceiros para lavar o dinheiro proveniente de suas práticas ilícitas e usam modalidades simples para justificar o patrimônio que ostentam, descoberto por fontes legítimas.

Se a lavagem de dinheiro é simples, a investigação também deverá ser simples e norteada pela celeridade e economia de atos investigativos e processuais.

Referências

ANSELMO, M. A. Criminalização da lavagem de dinheiro no Brasil e no Direito Comparado. **Revista do Mestrado em Direito da Universidade Católica de Brasília**, Brasília, vol. 11, n. 1, jan./jun. 2017, p. 18-42.

BADARÓ, G. H.; BOTINI, P. C. **Lavagem de Dinheiro:** aspectos penais e processuais penais – comentários à Lei nº 9613 de 1998, com alteração pela Lei nº 12683/2012. 2.ed. São Paulo: Revista dos Tribunais, 2012.

BIONDI, K. **Proibido roubar na quebrada:** território, hierarquia e lei no PCC. São Paulo: Terceiro Nome, 2018.

BRASIL. **Conselho de Controle de Atividades Financeiras – Coaf.** Disponível em: <https://www.gov.br/coaf/pt-br>. Acesso em: 30 ago. 2023.

BRASIL. **Lei nº 9.613, de 3 de março de 1998.** Dispõe sobre os crimes de "lavagem de dinheiro" ou ocultação de bens, direitos e valores; a prevenção da utilização do sistema financeiro para os ilícitos previsto nesta Lei; cria o Conselho de Controle de Atividades Financeiras – COAF, e dá outras providências. Disponível em: <http://www.planalto.gov.br/ccivil_03/leis/l9613.htm>. Acesso em: 30 ago. 2023.

CALEGARI, A. L.; WEBER, A. B. **Lavagem de Dinheiro.** São Paulo: Atlas, 2014.

DE CARLI, C. V. **Lavagem de Dinheiro:** ideologia da criminalização e análise do discurso. 2006. 230f. Dissertação (Mestrado) – Pós-graduação em Ciências Criminais da Pontifícia Universidade Católica do Rio Grande do Sul, Porto Alegre, 2006.

DE CASTRO, T. G. B. Crime Organizado Transnacional. *In*: DE CASTRO, T. G. Barbosa. **Crime Organizado Transnacional:** cooperação (policial e jurídica) internacional, direito penal transnacional e tutela dos direitos humanos. Brasília-DF: [*s. n.*], 2018. Cap. 4.

FELTRAN, G. **Irmãos:** uma história do PCC. Vol. 2. São Paulo: Companhia das Letras, 2018, p. 160. 320p.

FILIPPETTO, R. **Lavagem de Dinheiro:** crime econômico da pós-modernidade. Rio de Janeiro: Lumen Juris, 2011.

G1 TRIÂNGULO. Integrante de facção criminosa em Uberlândia é condenado a mais de 36 anos de prisão. **G1 Triângulo e Alto Paranaíba**, 08 fev. 2023. Disponível em: <https://g1.globo.com/mg/triangulo-mineiro/noticia/2023/02/08/integrante-de-faccao-criminosa-em-uberlandia-e-condenado-a-mais-de-36-anos-de-prisao.ghtml>. Acesso em: 30 ago. 2023.

INTEGRAÇÃO NOTÍCIA. Seis suspeitos de envolvimento em tentativa de homicídio contra policial penal são presos em Uberlândia. **G1 Triângulo e Alto Paranaíba**, 21 ago. 2020. Disponível em: <https://g1.globo.com/mg/triangulo-mineiro/noticia/2020/08/21/seis-suspeitos-de-tentar-matar-policial-penal-sao-presos-em-uberlandia.ghtml>. Acesso em: 30 ago. 2023.

LIEBERENZ, F. S. **A persecução penal da lavagem de dinheiro no sistema de justiça federal:** o fluxo no Distrito Federal. 2020. Dissertação (Mestrado em Direito) – Centro Universitário de Brasília, Brasília, 2020. Disponível em: <https://repositorio.uniceub.br/jspui/handle/prefix/15205>. Acesso em: 30 ago. 2023.

LIMA, R. B. de. **Legislação Criminal Especial Comentada:** volume único. 4.ed. Salvador: JusPodivm, 2016.

LINHARES, S. C. **Confisco Alargado de Bens:** uma medida penal com efeitos civis contra corrupção sistêmica. 2.ed. rev. atual. São Paulo: Revista dos Tribunais, 2020.

LOPES JUNIOR, E. As redes sociais do crime organizado: a perspectiva da nova sociologia econômica. **Revista Brasileira de Ciências Sociais**, [s. l.], ano 2009, vol. 24, n. 69, 2009, p. 54-68.

MANSO, B. P.; DIAS, C. N. **A Guerra:** a ascensão do PCC e o mundo do crime no Brasil. São Paulo: Todavia, 2018. 336p.

MISSE, M. Mercados ilegais, redes de proteção e organização local do crime no Rio de Janeiro. **Estudos Avançados**, vol. 21, 2007, p. 139-157.

MISSE, M. Trocas ilícitas e mercadorias políticas: para uma interpretação das trocas ilícitas e moralmente reprováveis cuja persistência e abrangência no Brasil nos causam incômodos também teóricos. **Anuário Antropológico**, vol. 35, n. 2, 2010, p. 89-107. Disponível em: <http://journals.openedition.org/aa/916>. Acesso em: 30 ago. 2023.

MPF. **Roteiro de atuação persecução patrimonial e administração de bens.** Brasília: Ministério Público Federal, 2017. Disponível em: <https://www.mpf.mp.br/atuacao-tematica/ccr2/publicacoes/roteiro-atuacoes>. Acesso em: 30 ago. 2023.

MPMG. Operação Disciplina da Lei: Justiça condena e desarticula importante integrante do Primeiro Comando da Capital. **Ministério Público do Estado de Minas Gerais**, 08 fev. 2023. Disponível em: <https://www.mpmg.mp.br/portal/menu/comunicacao/noticias/operacao-disciplina-da-lei-justica-condena-e-desarticula-importante-integrante-do-primeiro-comando-da-capital-8A9480678602D08F018631D4B8CE3689-00.shtml>. Acesso em: 30 ago. 2023.

MPMG. Operações do MPMG e Polícias Civil e Militar cumprem mandados contra integrantes do PCC em Uberlândia. **Ministério Público do Estado de Minas Gerais**, 23 nov. 2020. Disponível em: <https://www.mpmg.mp.br/portal/menu/comunicacao/noticias/operacoes-do-mpmg-e-policias-civil-e-militar-cumprem-mandados-contra-integrantes-do-pcc-em-uberlandia.shtml>. Acesso em: 30 ago. 2023.

MUNIZ, J. de O.; DIAS, C. N. Domínios armados e seus governos criminais: uma abordagem não fantasmagórica do "crime organizado". **Bicentenário da Independência. Estudos Avançados**, São Paulo, vol. 36, n. 105, maio-ago. 2022.

OPERAÇÃO "Disciplina da Lei": quatro são detidos em ação contra o tráfico de drogas e associação criminosa em Uberlândia. **G1 Triângulo Mineiro e Alto Paranaíba**, 08 abr. 2021. Disponível em: <https://g1.globo.com/mg/triangulo-mineiro/noticia/2021/04/08/operacao-disciplina-da-lei-quatro-sao-detidos-em-acao-contra-o-trafico-de-drogas-e-associacao-criminosa-em-uberlandia.ghtml>. Acesso em: 30 ago. 2023.

PEREIRA, E. da S.; WERNER, G. C.; VALENTE, M. M. G. **Criminalidade organizada:** investigação, direito e ciência. Vol. 3, f. 145. São Paulo: Grupo Almedina, 2019. 290p.

SILVA, W. C. P. **Inteligência Geoespacial:** seu impacto e contribuições nos modelos de gestão policial. 2015. 119p. Dissertação (Mestrado em Ciência e Sistemas de Informação Geográfica) – Universidade Nova de Lisboa, Lisboa, 2015.

SOUZA, A. de B. G.; COELHO, C. C. da S. Questões atuais na prevenção da lavagem de dinheiro. **Revista Brasileira de Ciências Criminais**, São Paulo, vol. 165. ano 28, mar. 2020, p. 41-69.

VIANA, D. E. da S. **A família, a empresa e o Comando:** as faces do PCC em Minas Gerais. 2022. 186f. Dissertação (Mestrado em Sociologia) – Universidade Federal de Minas Gerais, Belo Horizonte, 2022.

WENDT, E. **As expectativas cognitivas e normativas dos atores de investigação policial em face dos crimes cibernéticos.** 2023. 304f. Tese (Doutorado em Direito) – Universidade La Salle, Canoas, RS, 2023.

WERNER, G. C. Capítulo II: Teoria interpretativa das Organizações Criminosas: Conceito e Tipologia. *In:* PEREIRA, E. da S.; BARBOSA, E. S. **Organizações criminosas:** teoria e hermenêutica da lei nº 12.850/2013. Porto Alegre: Nuria Fabris, 2015, p. 168; p. 47-80. 336p.

WERNER, G. C. **Violência, Sistema Político e Democracia.** Material Didático. II Curso de Especialização em Criminalidade Organizada. Academia Nacional de Polícia, Brasil, Polícia Federal, 2022.

Operação Laranja de Pano: um combate à corrupção econômica através de empresas fictícias emissoras de notas fiscais inidôneas

Raul Cesar Junges Carvalho[1]

1. Introdução

A temática penal tributária é um campo de conhecimento jurídico muito temido por operadores do direito, seja pela especificidade do conteúdo, seja pelo conhecimento técnico exigido para atuar nesse meio. Por isso, procurei, com foco na persecução criminal, dar um viés prático ao presente artigo, mas explicando conceitos que, *a priori*, são básicos para quem domina a matéria, mas objeto de dificuldade para quem inicia sua atuação nesse meio persecutório penal.

No presente artigo será apresentada uma operação policial[2] realizada para desarticular uma organização criminosa voltada para a criação de empresas fictícias visando à geração/comercialização de notas fiscais inidôneas no mercado econômico.

Chamo aqui a atenção para o prejuízo que a referida prática criminosa pode gerar no mercado econômico. Nas palavras de Baltazar Junior (2007), "representa violação ao princípio da livre iniciativa, fundamento da ordem econômica em uma economia de mercado, que pressupõe igualdade de condições para os concorrentes".

2. Trabalho conjunto

A Delegacia de Polícia de Combate aos Crimes contra a Ordem Tributária[3] (DECCOT), sediada em Recife/PE, abrange o Estado de Pernambuco, sendo integrante do De-

---

1 Mestrando em Direito pela Faculdade Damas. Delegado de Polícia Civil do Estado de Pernambuco. Titular da Delegacia de Polícia de Combate aos Crimes contra a Ordem Tributária. E-mail: <raul.junges@gmail.com>.

2 Operação Laranja de Pano possui esse nome devido ao fato de as empresas fictícias serem criadas em nome de terceiros e atuarem no ramo têxtil.

3 Decreto nº 46.725, de 07 de novembro de 2018, e Decreto nº 18.466, de 08 de maio de 1995.

partamento de Repressão à Corrupção e ao Crime Organizado (DRACCO), da Polícia Civil do Estado de Pernambuco (PCPE).

A DECCOT é sediada no mesmo prédio da Secretaria da Fazenda de Pernambuco (SEFAZ/PE), onde funciona a Diretoria de Operações Especiais (DOE), bem como o Laboratório de Lavagem de Dinheiro (LABLD-PE). Tal fato não é coincidência, pois o trabalho conjunto[4] entre tais órgãos vem trazendo grandes avanços investigativos e facilitando a cooperação técnica na persecução criminal dos crimes contra a ordem tributária.

A DECCOT possui como atribuição[5] investigar crimes contra a ordem tributária, com fulcro na Lei nº 8.137/90, em especial envolvendo organizações criminosas[6].

3. Dos crimes contra a ordem tributária e a lavagem de dinheiro

A legislação tributária penal existente torna o trabalho investigativo de combate à sonegação fiscal demasiadamente difícil.

Os crimes contra a ordem tributária – em especial os praticados por particulares[7] – possuem pena máxima de cinco anos de reclusão, conforme art. 1º da Lei nº 8.137/90, *in verbis*:

> *Art. 1º Constitui crime contra a ordem tributária suprimir ou reduzir tributo, ou contribuição social e qualquer acessório, mediante as seguintes condutas:*
>
> *I – omitir informação, ou prestar declaração falsa às autoridades fazendárias;*
>
> *II – fraudar a fiscalização tributária, inserindo elementos inexatos, ou omitindo operação de qualquer natureza, em documento ou livro exigido pela lei fiscal;*
>
> *III – falsificar ou alterar nota fiscal, fatura, duplicata, nota de venda, ou qualquer outro documento relativo à operação tributável;*
>
> *IV – elaborar, distribuir, fornecer, emitir ou utilizar documento que saiba ou deva saber falso ou inexato;*

---

4 Decreto nº 21.618, de 30 de julho de 1999.

5 Art. 6º, incisos I e II, do Decreto nº 46.725, de 07 de novembro de 2018.

6 Art. 6º da Lei nº 16.455, de 06 de novembro de 2018.

7 Arts. 1º e 2º da Lei nº 8.137/90.

> *V – negar ou deixar de fornecer, quando obrigatório, nota fiscal ou documento equivalente, relativa a venda de mercadoria ou prestação de serviço, efetivamente realizada, ou fornecê-la em desacordo com a legislação.*
>
> *Pena – reclusão de 2 (dois) a 5 (cinco) anos, e multa.*
>
> *Parágrafo único. A falta de atendimento da exigência da autoridade, no prazo de 10 (dez) dias, que poderá ser convertido em horas em razão da maior ou menor complexidade da matéria ou da dificuldade quanto ao atendimento da exigência, caracteriza a infração prevista no inciso V. (BRASIL, 1990)*

Além do mais, a Súmula Vinculante 24 diz que "não se tipifica crime material contra a ordem tributária, previsto no artigo 1º, incisos I a IV, da Lei nº 8.137/90, antes do lançamento definitivo do tributo". Aqui temos a primeira dificuldade na investigação criminal: uma condição objetiva de punibilidade nos crimes materiais contra a ordem tributária. É necessário que o crédito tributário seja constituído para que possamos dar início à investigação criminal e, devido às várias esferas de recurso administrativo, às vezes isso leva tempo demais.

O transcurso do lapso temporal para a constituição do crédito não é prejudicial em relação à prescrição dos crimes, mas, sim, para a coleta de elementos de informação acerca dos fatos criminosos.

É verdade que existem decisões do Superior Tribunal de Justiça[8] e do Supremo Tribunal Federal[9] mitigando a necessidade de constituição do crédito para dar início à investigação nos casos de embaraço à fiscalização tributária ou diante de indícios da prática de outros delitos, de natureza não fiscal.

Um dos crimes de natureza não fiscal mais utilizados como crime subsidiário para evitar a espera pela constituição do crédito tributário é o crime de falsidade ideológica[10], muito comum no cenário envolvendo sonegação fiscal. Ressalto que, se a informação falsa ou omitida prestada às autoridades fazendárias tiver o fim de suprimir ou reduzir tributo, restará configurado o crime de sonegação fiscal (art. 1º, inciso I, da Lei nº 8.137/90), afastando-se o delito de *falsum* em virtude do princípio da consunção.

---

[8] STJ. 6ª Turma. AgRg no HC 551422/PI, Rel. Min. Nefi Cordeiro, julgado em 09 de junho de 2020.

[9] STF. 1ª Turma. ARE 936653 AgR, Rel. Min. Roberto Barroso, julgado em 24 de maio de 2016 e STF. 1ª Turma. HC 106152/MS, Rel. Min. Rosa Weber, julgado em 29 de março de 2016.

[10] Artigo 299 do Decreto-Lei nº 2.848, de 07 de dezembro de 1940.

Outra alternativa para darmos início à persecução criminal é verificar a subsunção das condutas à norma penal do artigo 2º da Lei nº 8.137/90, *in verbis*:

> *Art. 2º Constitui crime da mesma natureza:*
>
> *I – fazer declaração falsa ou omitir declaração sobre rendas, bens ou fatos, ou empregar outra fraude, para eximir-se, total ou parcialmente, de pagamento de tributo;*
>
> *II – deixar de recolher, no prazo legal, valor de tributo ou de contribuição social, descontado ou cobrado, na qualidade de sujeito passivo de obrigação e que deveria recolher aos cofres públicos;*
>
> *III – exigir, pagar ou receber, para si ou para o contribuinte beneficiário, qualquer percentagem sobre a parcela dedutível ou deduzida de imposto ou de contribuição como incentivo fiscal;*
>
> *IV – deixar de aplicar, ou aplicar em desacordo com o estatuído, incentivo fiscal ou parcelas de imposto liberadas por órgão ou entidade de desenvolvimento;*
>
> *V – utilizar ou divulgar programa de processamento de dados que permita ao sujeito passivo da obrigação tributária possuir informação contábil diversa daquela que é, por lei, fornecida à Fazenda Pública.*
>
> *Pena – detenção, de 6 (seis) meses a 2 (dois) anos, e multa. (BRASIL, 1990, grifo nosso)*

A consumação dos crimes previstos no mencionado artigo não necessita da constituição do crédito tributário, sendo crimes de natureza formal. Ressalto que há doutrinadores[11] que defendem o contrário, mas não é esse o nosso entendimento. Mais uma vez a pena privativa de liberdade é baixa: dois anos de detenção.

A política criminal nos crimes contra a ordem tributária tem fim visivelmente arrecadatório. As baixas sanções penais, alinhadas à aplicação da Súmula Vinculante 24, bem como as diversas formas de suspensão e extinção da punibilidade dos crimes, respectivamente, através do parcelamento e do pagamento dos tributos, inclusive após o trânsito em julgado da condenação[12], demonstram a evidente utilização do

---

[11] Hugo de Brito Machado e Cezar Roberto Bittencourt.

[12] STJ. 5ª Turma. HC 362.478-SP, Rel. Min. Jorge Mussi, julgado em 14 de setembro de 2017. STF. 2ª Turma. RHC 128245, Rel. Min. Dias Toffoli, julgado em 23 de agosto de 2016.

Direito Penal como meio de coerção para incrementar os valores arrecadados aos cofres públicos.

Sendo assim, a alternativa para prosseguirmos trabalhando no combate à sonegação fiscal é alinhar a investigação dos crimes tributários ao crime de lavagem de dinheiro.

A Lei de Lavagem de Dinheiro – Lei nº 9.613/98 – possui um dispositivo processual de fundamental importância, a saber, o artigo 2º, parágrafo primeiro, da Lei nº 9.613/98, *in verbis*:

> *§ 1º A denúncia será instruída com indícios suficientes da existência da infração penal antecedente,* ***sendo puníveis os fatos previstos nesta Lei****, ainda que desconhecido ou isento de pena o autor,* ***ou extinta a punibilidade da infração penal antecedente****. (BRASIL, 1998, grifo nosso).*

Como referido, a política criminal visa à arrecadação para os cofres públicos. E, em regra, o investigado, quando toma conhecimento da persecução criminal, tem como primeira iniciativa o parcelamento do crédito tributário ou o pagamento integral, visando à suspensão da persecução criminal e, consequentemente, o encerramento dos atos investigativos.

É nesse cenário que o parágrafo 1º do artigo 2º da Lei nº 9.613/98 toma especial relevância, pois permite que a persecução criminal prossiga em relação ao crime de lavagem de dinheiro, por óbvio, se existirem indícios. E quase sempre os crimes de sonegação fiscal e lavagem de dinheiro andam lado a lado, pois, em regra, quem sonega busca aumentar seu patrimônio, praticando as condutas previstas no artigo 1º da Lei de Lavagem de Dinheiro.

A licitude e a regularidade da atividade econômica estão protegidas pelas condutas previstas nos tipos do art. 1º ("ocultar ou dissimular a natureza, origem, localização, disposição, movimentação ou propriedade de bens, direitos ou valores provenientes, direta ou indiretamente de infração penal") e de seus §§ 1º ("converte em ativos lícitos; adquire, recebe, troca, negocia, dá ou recebe em garantia, guarda, tem em depósito, movimento ou transfere; importa ou exporta bens com valores não correspondentes aos verdadeiros") e 2º ("utiliza na atividade econômica ou financeira bens [...]; participa de grupo, associação ou escritório [...]") (DE CARLI; MENDONÇA, 2013, p. 197) da Lei nº 9.613/98.

Uma das grandes questões debatidas durante a investigação criminal é saber diferenciar o mero exaurimento do crime antecedente da lavagem propriamente dita. Um dos melhores critérios é indagar se a operação realizada visaria ocultar ou dissimular os recursos, ou seja, analisar se a operação é comum. Por exemplo, a aquisição de um veículo para uso próprio não caracteriza lavagem propriamente dita, pois é uma operação comum.

Dito isso, apresentaremos as principais tipologias (DE CARLI; MENDONÇA, 2013, p. 385-434) de lavagem de dinheiro relacionadas com a sonegação fiscal visualizadas na operação que será posteriormente apresentada.

O *smurfing* (*pitufeo*, estruturação, fracionamento) consiste em realizar movimentações financeiras de pequeno valor em vez de uma única movimentação, buscando evitar a comunicação obrigatória de operações suspeitas aos órgãos de controle.

A mescla ou *commingling* é a mistura de ativos de origem lícita com ativos de origem ilícita. É uma das formas de mais difíceis de serem detectadas.

A triangulação da movimentação financeira ocorre quando as transferências bancárias entre "X" e "Y" são dissimuladas através da transferência dos recursos pela conta de um terceiro.

As técnicas de uso de terceiros ou de distanciamento pessoal constituem artifícios, usados pelos lavadores, que objetivam vincular os recursos, de modo transitório e permanente, a terceiras pessoas físicas ou jurídicas, as quais não possuem relação com os crimes antecedentes. Entre tais formas encontramos o uso de laranjas, testas de ferro, familiares, empresas de fachada, empresas fictícias, empresas-fantasma etc.

O laranja (*straw man* ou *pitufos*) pode ser inconsciente (não sabe que seu nome foi utilizado) ou consciente (cede voluntariamente seu nome), bem como não ter interesse, participação ou titularidade real, mas ter seu nome utilizado para esconder o verdadeiro interessado, agente ou titular, o qual, assim, atua em segredo.

O testa de ferro (*figurehead*, *front man* ou *testaferros*) não se confunde com o laranja, pois aquele se posiciona de forma necessariamente consciente, corroborando a fraude, podendo participar da organização criminosa com maior relevância.

É muito comum o uso de familiares nas posições de laranja ou testas de ferro devido à proximidade com os investigados, gerando a vantagem da confiança. Mas há a desvantagem para o criminoso, pois é básico durante a persecução criminal a investigação de pessoas com relacionamento próximo ao investigado principal, devido ao largo uso delas no meio também.

A presente conceituação é trazida por Mendroni (2006, p. 63-64): empresa de fachada (*front company*, sociedade *pantallas*) é uma entidade legalmente constituída que participa ou aparenta participar de atividade lícita. Já empresa fictícia é aquela que existe somente no papel, constituída na Junta Comercial, mas sem endereço físico ou qualquer funcionamento real. Por fim, as empresas-fantasma são aquelas que não existem, não possuem registro, porém são mencionadas em documentos como se realmente existissem.

Dadas as premissas básicas dos crimes de sonegação fiscal – atrelados à lavagem de dinheiro –, passaremos a tecer comentários sobre a operação policial realizada com o fim de desarticular uma organização criminosa voltada para a venda de notas fiscais eletrônicas através da criação de empresas fictícias.

4. Operação Laranja de Pano

A Secretaria da Fazenda realiza um monitoramento constante das empresas nos seus respectivos estados através de diversos índices, sendo um deles a emissão de notas fiscais eletrônicas – NF-e.

As notas fiscais eletrônicas tiveram seu início a partir do convênio ICMS 156/1994, que regulamentou a sua utilização a partir de sua aplicação em alguns setores empresariais.

O objetivo da criação das NF-e foi buscar uma diminuição de custos com a redução do trabalho manual, um aumento do fluxo de caixa pela redução de perdas de créditos face o aumento da automação no processamento de pagamento e um aumento no controle tributário do mercado.

Aliado ao desenvolvimento e à implementação das NF-e, passou-se a buscar uma desburocratização na criação de empresas, em especial do microempreendedor individual. Tamanho foi esse incentivo que, atualmente, é possível, em menos de 24 horas, criar uma microempresa.

O incremento da utilização de NF-e foi muito promissor, mas, como em outras oportunidades, o sistema criminoso também acompanhou essa evolução tecnológica e soube tirar vantagem.

Algumas mentes criminosas conseguiram visualizar que poderiam emitir NF-e através de empresas fictícias com algumas finalidades ilícitas, a saber:

a. Ocultação do real destinatário da mercadoria.
b. Legalização de ingresso irregular de recursos na contabilidade das empresas.
c. Regularização de estoques de empresas emitentes que praticaram vendas sem a emissão de NF-e.
d. Ocultação da circulação de mercadorias vendidas por terceiros – sem emissão de NF-e.
e. Justificação de gastos que efetivamente não ocorreram.
f. Regularização de estoques de mercadorias objeto de crime.
g. Criação de créditos tributários visando suprimir impostos.

Nesse cenário, desenvolveram-se organizações criminosas para a prática de criação de empresas fictícias para emissão/comercialização de notas fiscais eletrônicas visando iludir/suprimir o pagamento de tributos.

Nessa operação, a DECCOT recebeu a informação da SEFAZ discriminando cerca de setenta empresas do mesmo segmento produtivo, as quais eram criadas, emitiam diversas notas fiscais eletrônicas de saída – com poucas/nenhuma nota fiscal de entrada –, possuíam um curto lapso temporal de existência e não existiam de fato em seus endereços de registro.

No início das investigações, as referidas empresas já tinham movimentado um total de R$ 20 milhões e cerca de R$ 7 milhões em créditos tributários devidos.

Com o material em mãos, iniciamos as análises e verificamos algumas coincidências entre as empresas, a saber, dois e-mails que eram constantemente repetidos nos dados cadastrais das referidas empresas. Partimos para o afastamento do sigilo telemático, fiscal, financeiro e bancário das empresas.

Aqui abro um parêntese para explicar a diferença entre sigilo financeiro e sigilo fiscal, muito confundidos entre os operadores do direito. O sigilo fiscal funciona como um dever de segredo e confidencialidade da situação tributária dos contribuintes, pessoas físicas e jurídicas. Está amparado pelo art. 198 do Código Tributário Nacional, que dispõe que é vedada a divulgação, por parte da Fazenda Pública ou de seus servidores, de informação obtida em razão do ofício sobre a situação econômica ou financeira do sujeito passivo ou de terceiros e sobre a natureza e o estado de negócios ou atividades. Enquanto o sigilo financeiro deve ser preservado pelas instituições financeiras elencadas pelo art. 1º, § 1º, da LC nº 105/01 pelas empresas de *factoring* (art. 1º, § 2º, da LC nº 105/01), pelo Banco Central do Brasil e pela Comissão de Valores Mobiliários (art. 2º, *caput*, e § 3º, da LC nº 105/01), o sigilo fiscal tem como destinatários a Fazenda Pública (União, Estados, Distrito Federal e municípios) e seus agentes (LIMA, 2017, p. 68-69).

O afastamento do sigilo bancário é importante para configurar a empresa fictícia, pois esta não possui qualquer movimentação bancária, inclusive nem conta bancária na maior parte das vezes. Ademais, em regra, através do afastamento do sigilo fiscal e financeiro é possível visualizar traços característicos das empresas fictícias voltadas para a emissão de notas fiscais inidôneas – a saber, muitas notas fiscais de saída e poucas/nenhuma nota fiscal de entrada.

Durante a análise dos dados telemáticos, muitos elementos de informações sobre o funcionamento da organização criminosa foram localizados. Conseguimos visualizar que o líder da organização criminosa subdividia as tarefas em alguns grupos:

a. Núcleo de criação de empresas fictícias – laranjas.
b. Núcleo de certificadores.
c. Núcleo de emissão de notas fiscais.
d. Núcleo de compradores de notas fiscais.

4.1. Núcleo de criação de empresas fictícias – laranjas

Há uma diferença entre empresas fictícias e empresas de fachada. As empresas fictícias não existem de fato. Elas são criadas, geralmente, utilizando um endereço qualquer (normalmente algum imóvel residencial), só existindo no mundo jurídico. Em regra, essas empresas "pertencem" a pessoas de baixa escolaridade, que muitas vezes são enganadas acerca dos fatos ou aceitam ceder seus nomes em troca de algum valor irrisório.

Nesse sentido, o líder da organização começou utilizando pessoas próximas para a abertura de empresas fictícias. Com o desenvolvimento do "negócio", passaram a existir pessoas encarregadas de arregimentar outras pessoas físicas para a abertura de empresas. Alguns investigados narraram que eram abordados para comparecer a um local, onde teriam que tirar uma foto, fornecer sua digital e assinar alguns documentos em troca de um valor financeiro, de R$ 100 a R$ 300 em média. A título de exemplo, apenas um dos investigados abriu cerca de 12 empresas em seu nome.

Durante as investigações, foram cumpridos cerca de 17 mandados de prisão temporários em desfavor dos investigados do núcleo de laranjas. Em operações posteriores, outros 11 envolvidos foram identificados. Esse número, sem dúvida, é muito maior.

No início do trabalho, falamos da relevância do crime de falsidade ideológica. As pessoas do núcleo de laranjas praticaram esse crime, pois sabiam que estavam cedendo seus dados para incluir informação inverídica em documentos, porém não possuíam o dolo de suprimir ou reduzir tributos.

4.2. Núcleo de certificadores

O desenvolvimento da tecnologia dos certificados digitais facilitou a utilização das empresas fictícias para fins criminosos. No caso, o certificado digital criado em nome da pessoa titular da microempresa permite que esta seja "gerenciada" por qualquer indivíduo. Na prática, o terceiro ("laranja") comparece a uma Autoridade de Registro vinculada a uma Autoridade Certificadora, que concede o certificado digital a este terceiro após submetê-lo a um procedimento de identificação. Ato contínuo, o certificado digital é entregue à organização criminosa, que conseguirá emitir notas fiscais sem a presença do "laranja".

Nessa investigação, visualizaram-se indícios de facilitação pelos empregados das empresas certificadoras para a abertura das empresas fictícias em nome de terceiros, em regra, recebendo uma contrapartida financeira em troca. Os funcionários recebiam fotos das identidades dos laranjas em seus telefones pessoais, bem como quantias de dinheiro em suas contas particulares.

4.3. Núcleo de emissão de notas fiscais

A quantidade de notas fiscais comercializadas pela organização criminosa era tão elevada que era necessário contratar pessoas para digitar as notas fiscais que seriam emitidas. O líder da organização valia-se de pessoas próximas e familiares para realizar tal tarefa.

Fato curioso é o nível de organização dos envolvidos. Antes de utilizar a empresa fictícia, dando início à emissão de notas fiscais, o emissor realizava uma "nota teste" para um outro membro da organização, a fim de verificar se a empresa conseguiria emitir notas. Sendo positivo o resultado, as emissões em massa se iniciavam.

4.4. Núcleo de compradores de notas fiscais

Foram identificados os "compradores" das notas fiscais inidôneas, comerciantes informais que se utilizavam das notas. Neste caso específico, os compradores, após contato com o líder da organização ou algum familiar dele, se utilizavam das empresas "laranjas" para dar saída às suas mercadorias. Dessa forma, se eximiam do recolhimento do tributo, deixando a "conta" para que uma empresa sem capacidade financeira realizasse o pagamento – uma empresa que de fato sequer existia.

O núcleo de compradores era de extrema importância. Alguns investigados intermediavam a contratação de notas fiscais para terceiros que possuíam empresas, mas não queriam emitir notas, e para outros que não possuíam empresas, mas precisavam das notas para o transporte da mercadoria. Funcionários de empresas renomadas no mercado foram presos envolvidos na referida organização.

5. Considerações finais

A operação Laranja de Pano cumpriu 27 mandados de prisão (temporárias e preventivas) e 25 mandados de busca e apreensão. Ademais, a movimentação de valores em notas fiscais foi em torno de 50 milhões de reais, sendo cerca de 10 milhões em impostos estimados não recolhidos.

Durante investigações complexas, o *modus operandi* da organização vai sendo desvendado, e isso acaba gerando certos protocolos investigativos que permitem que esse modelo seja replicado posteriormente. A saber, outras duas operações já foram realizadas no combate à sonegação fiscal através da emissão de notas fiscais inidôneas.

Ressalto a importância dos trabalhos técnicos desenvolvidos durante as investigações. Uma análise fiscal, bancária, financeira, telemática etc. traz elementos indiciários dificilmente contestáveis pelos investigados e subsidia uma persecução penal exitosa. É muito conversado entre os investigadores que uma investigação bem-feita, através de provas técnicas, torna praticamente "dispensável" fazer oitivas/interrogatórios dos envolvidos.

Não obstante, em tempos de criminalidade cada vez mais organizada, é fundamental que os órgãos de persecução criminal/fiscal estejam trabalhando em conjunto, pois cada um possui a expertise/função em seu meio, mas somente quando alinhados em um objetivo comum conseguirão gerar bons frutos em prol da sociedade.

Referências

BALTAZAR JUNIOR, J. P. **Aspectos gerais sobre o crime de lavagem de dinheiro.** Porto Alegre: Livraria do Advogado, 2007.

BRASIL. **Decreto-Lei nº 2.848, de 07 de dezembro de 1940.** Código Penal. Disponível em: <http://www.planalto.gov.br/ccivil_03/decreto-lei/del2848compilado.htm>. Acesso em: 30 ago. 2023.

BRASIL. **Lei nº 8.137, de 27 de dezembro de 1990**. Define crimes contra a ordem tributária, econômica e contra as relações de consumo, e dá outras providências. Disponível em: <https://www.planalto.gov.br/ccivil_03/LEIS/L8137.htm>. Acesso em: 30 ago. 2023.

BRASIL. **Lei nº 9.613, de 03 de março de 1998**. Dispõe sobre os crimes de "lavagem" ou ocultação de bens, direitos e valores; a prevenção da utilização do sistema financeiro para os ilícitos previstos nesta Lei; cria o Conselho de Controle de Atividades Financeiras – COAF, e dá outras providências. Disponível em: <http://www.planalto.gov.br/ccivil_03/leis/l9613.htm>. Acesso em: 30 ago. 2023.

DE CARLI, C. V. de; MENDONÇA, A. B. de. (coords.). **Lavagem de dinheiro:** prevenção e controle penal. 2.ed. Porto Alegre: Verbo Jurídico, 2013.

DIPP, G. L. Crimes Econômicos – aspectos práticos e jurídicos. **Revista de Direito bancário e do Mercado de Capitais**, São Paulo, 2006.

LIMA, R. B. de. **Legislação criminal especial comentada:** volume único. 5. ed. rev., atual. e ampl. Salvador: JusPodivm, 2017.

MENDRONI, M. B. **Crime de lavagem de dinheiro.** São Paulo: Atlas, 2006.

PERNAMBUCO. **Decreto nº 18.466 de 08 de maio de 1995.** Cria a Delegacia de Crimes Contra a Ordem Tributária – DECCOT e dá outras providências. Disponível em: <https://www.sefaz.pe.gov.br/Legislacao/Tributaria/Documents/legislacao/Decretos/1995/DEC18466_95.htm#:~:text=18.466%2C%20de%2008%20de%20maio%20de%201995.%20Publicado,Delegacia%20de%20Crimes%20Contra%20a%20Ordem%20Tribut%C3%A1ria%20%E2%80%93>. Acesso em: 30 ago. 2023.

PERNAMBUCO. **Decreto nº 21.618, de 30 de julho de 1999**. Institui o Programa Permanente de Combate aos Crimes Contra a Ordem Tributária e dá outras providências. Disponível em: <https://www.sefaz.pe.gov.br/Legislacao/Tributaria/Documents/legislacao/Decretos/1999/DEC21618_99.htm#:~:text=%C2%B7%20Ver%20Decreto%2021.618%2F1999%20original.%20Institui%20o%20Programa,Contra%20a%20Ordem%20Tribut%C3%A1ria%20e%20d%C3%A1%20outras%20provid%C3%AAncias.> Acesso em: 30 ago. 2023.

PERNAMBUCO. **Decreto nº 46.725, de 07 de novembro de 2018.** Modifica o Decreto nº 46.725, de 07 de novembro de 2018, que regulamenta a Lei nº 16.455, de 6 de novembro de 2018, que altera a estrutura organizacional da Polícia Civil de Pernambuco, da Secretaria de Defesa Social. Disponível em: <https://legis.alepe.pe.gov.br/texto.aspx?tiponorma=6&numero=48650&complemento=0&ano=2020&tipo=&url=>. Acesso em: 30 ago. 2023.

PERNAMBUCO. **Lei nº 16.455, de 06 de novembro de 2018.** Altera a estrutura organizacional da Polícia Civil de Pernambuco, da Secretaria de Defesa Social. Disponível em: <https://legis.alepe.pe.gov.br/texto.aspx?tiponorma=1&numero=16455&complemento=0&ano=2018&tipo=&url=>. Acesso em: 30 ago. 2023.

SUPERIOR TRIBUNAL DE JUSTIÇA. 5ª Turma. HC 362.478-SP, Rel. Min. Jorge Mussi, julgado em 14 set. 2017. Disponível em: <https://processo.stj.jus.br/processo/revista/documento/mediado/?componente=ITA&sequencial=1634024&num_registro=201601823860&data=20170920&formato=PDF>. Acesso em: 30 ago 2023.

SUPERIOR TRIBUNAL DE JUSTIÇA. 6ª Turma. AgRg no HC 551422/PI, Rel. Min. Nefi Cordeiro, julgado em 09 jun. 2020. Disponível em: <https://processo.stj.jus.br/processo/dj/documento/mediado/?tipo_documento=documento&componente=MON&sequencial=109053276&tipo_documento=documento&num_registro=201903715890&data=20200507&formato=PDF>. Acesso em: 30 ago. 2023.

SUPREMO TRIBUNAL FEDERAL. 1ª Turma. ARE 936653 AgR, Rel. Min Roberto Barroso, julgado em 24 maio 2016. Disponível em: <https://jurisprudencia.stf.jus.br/pages/search?base=acordaos&pesquisa_inteiro_teor=false&sinonimo=true&plural=true&radicais=false&buscaExata=true&page=1&pageSize=10&queryString=936653%20&sort=_score&sortBy=desc>. Acesso em: 30 ago. 2023.

SUPREMO TRIBUNAL FEDERAL. 1ª Turma. HC 106152/MS, Rel. Min. Rosa Weber, julgado em 29 mar. 2016. Disponível em: <https://jurisprudencia.stf.jus.br/pages/search?classeNumeroIncidente=%22HC%20106152%22&base=acordaos&sinonimo=true&plural=true&page=1&pageSize=10&sort=_score&sortBy=desc&isAdvanced=true>. Acesso em: 30 ago. 2023.

SUPREMO TRIBUNAL FEDERAL. 2ª Turma. RHC 128245, Rel. Min. Dias Toffoli, julgado em 23 ago. 2016. Disponível em <https://jurisprudencia.stf.jus.br/pages/search?base=acordaos&pesquisa_inteiro_teor=false&sinonimo=true&plural=true&radicais=false&buscaExata=true&page=1&pageSize=10&queryString=128245&sort=_score&sortBy=desc>. Acesso em: 30 ago. 2023.

Operação Mar Aberto: da sonegação à lavagem de dinheiro

Priscilla von Sohsten Calabria Lima Freire[1]

1. Introdução

A Operação Mar Aberto foi deflagrada pela Polícia Civil de Pernambuco em maio de 2019. As investigações constataram que um empresário, que respondia a 77 execuções fiscais, comandava um milionário esquema de sonegação de impostos e ocultação de patrimônio por meio de empresas de fachada do setor náutico. A polícia identificou práticas de lavagem de dinheiro, crime tributário e organização criminosa. O grupo de empresas investigado movimentou R$ 358 milhões em cinco anos e, do total, foi constatada a sonegação de pelo menos R$ 75 milhões.

2. O inquérito policial

O inquérito policial da Operação Mar Aberto foi instaurado em 2016 por portaria em razão de fatos noticiados em Comunicação Fiscal emitida pelo Ministério Público de Pernambuco. A empresa principal havia deixado de recolher ICMS nos exercícios de 2008 a 2012. Os débitos fiscais foram inscritos em dívida ativa, mas as execuções fiscais foram frustradas.

A Procuradoria Geral do Estado de Pernambuco nos informou sobre a existência de outras empresas que supostamente integrariam o mesmo grupo econômico, ou seja, um grupo de empresas que, embora tendo cada uma delas personalidade jurídica própria, funcionavam sob a direção, controle e administração de outra.

Dessa forma, era prática operacional do grupo constituir empresas em nome de parentes e de interpostas pessoas para continuar a atividade empresarial, uma vez que

---

1 Delegada da Polícia Civil de Pernambuco.

a situação fiscal de uma delas as impedia de continuar suas atividades. As empresas abertas, estas sem impedimento para atuação mercantil, eram utilizadas para a venda de mercadorias. Os recursos financeiros de uma empresa eram direcionados para outra unidade, ainda sem débito tributário, ou para a entidade cujo destino do dinheiro das operações da família atendesse melhor aos interesses do grupo.

Essa ciranda financeira era liderada por um expressivo empresário que, apesar de já não constar formalmente como sócio de nenhuma das empresas, continuou administrando o grupo econômico.

As empresas eram criadas e em inúmeras vezes havia mudança no quadro societário, numa rotatividade incomum para os parâmetros de empresas idôneas, que efetivamente buscam desenvolver sua atividade de maneira correta gerando emprego e renda para a sociedade.

A respeito disso, foi deferida a desconsideração da personalidade jurídica das empresas integrantes do grupo econômico. A decisão pela desconsideração ocorreu justamente porque tais empresas foram constituídas com o intuito de impedir a satisfação da dívida tributária contraída pela empresa principal. Além disso, o executado, com o intuito de proteger o seu patrimônio pessoal da responsabilidade pelo débito tributário, tê-lo-ia transferido para outras empresas.

Após aprofundamento das investigações, constatamos que o endereço comercial da empresa principal era o mesmo de algumas empresas do grupo – tinham, inclusive, o mesmo telefone e o mesmo contador. Em relação ao endereço das demais, diziam respeito à caixa postal utilizada por referidas empresas, já que não possuíam espaço físico, mas tão somente escritórios virtuais.

Foi realizada fiscalização pelo Ministério do Trabalho para verificação da regularidade quanto aos registros dos empregados das empresas investigadas. Foi constatado que apenas duas empresas possuíam empregados registrados, restando clara a configuração de um grupo econômico, pois eram diversas sociedades empresárias constituídas no mesmo endereço para explorar a mesma atividade econômica, com o agravante de que foi constituído vultuoso débito tributário em desfavor de uma delas.

Dessa forma, concluímos que as empresas investigadas eram, na verdade, empresas de fachada que escondiam seu verdadeiro quadro societário com o dolo de enriquecer à custa do estado de Pernambuco, visando a sonegação de impostos e posterior lavagem de dinheiro.

Diante de tais informações, requereu-se o afastamento do sigilo fiscal e bancário das pessoas físicas e jurídicas envolvidas nas movimentações societárias, o que foi deferido pelo juízo.

O afastamento bancário foi requerido pelo prazo de dez anos. Aqui vale uma constatação: esse prazo é muito longo. Os dados bancários são muito extensos e prejudicam a qualidade da análise. O ideal é que o pedido de afastamento bancário seja de um período específico, ou de no máximo dois anos, até para a adequada demonstração da contemporaneidade dos fatos investigados.

Aqui em Pernambuco as decisões judiciais deferindo a quebra fiscal e bancária seguem o seguinte trâmite: os ofícios judiciais são enviados para o nosso Laboratório de Lavagem de Dinheiro, unidade integrante da inteligência da Polícia Civil de Pernambuco. O Laboratório, então, envia o ofício concedendo o afastamento bancário para o Banco Central, e os ofícios autorizando a quebra fiscal para a Receita Federal do Brasil e a Secretaria da Fazenda do Estado.

O Banco Central, por sua vez, envia ofícios para os bancos onde os investigados possuem conta bancária, e os bancos, por sua vez, têm o prazo de 30 dias para enviar as informações ao Laboratório de Lavagem de Dinheiro. Esse prazo, porém, dificilmente é cumprido. Por vezes, o delegado presidente da investigação tem que solicitar ao juiz imposição de multa diária para que a ordem judicial, de afastamento do sigilo bancária, seja cumprida.

O que pretendíamos demonstrar com o afastamento fiscal e bancário dos investigados?

1. Patrimônio real dos investigados (pessoas físicas e jurídicas).
2. Real faturamento das empresas (já que a defesa alegava ausência de faturamento).
3. Notas fiscais.
4. Movimentações financeiras dos investigados.
5. Função que cada investigado assumia.
6. Suspeita de lavagem de dinheiro.

3. Da incompatibilidade do patrimônio real dos investigados e suas movimentações financeiras

Para a maioria dos investigados, em todo o período analisado, verificou-se incompatibilidade real entre os rendimentos líquidos presumidos (IRPF) (imposto de renda declarado pelos próprios investigados) e as suas movimentações financeiras (DIMOF) e E-Financeira (informações fornecidas pelos bancos). Os investigados apresentavam movimentação financeira incompatível com a sua renda, o que representa um indicativo considerável de recebimento de recursos não declarados e, portanto, de origem desconhecida.

As movimentações financeiras atípicas detectadas nas contas bancárias dos investigados sugeriam mera conta de passagem de recursos, constituindo-se indicativo de lavagem de dinheiro, conduta tipificada no artigo 1º da Lei nº 9.613/98.

Em relação ao líder do esquema, é curioso registrar que não havia movimentações financeiras (DIMOF) e E-Financeira no período da quebra do sigilo fiscal. Ele sequer possuía conta bancária ativa. No entanto, o investigado possuía um patrimônio significativo e milionário, assim como apresentava uma lista de imóveis alienados por ele entre os anos de 2013 e 2017, constando 50% como participação sua e 50% como participação de seu cônjuge. Também chamou a atenção a existência de suntuosos gastos com cartão de crédito, totalizando no período investigado R$ 2.944.079,65 – apesar de, como mencionado antes, não haver qualquer movimentação bancária nos anos de 2013 a 2017.

Importante registrar que a conduta do investigado, relativa ao não pagamento de tributos, era bastante contumaz. O investigado respondia a execuções fiscais perante a Justiça Federal, além de responder a mais de cinquenta execuções fiscais em trâmite na Justiça Estadual.

Apesar das inúmeras execuções fiscais frustradas, o investigado levava uma vida de ostentação, com festas, viagens rotineiras e carros de luxo.

Constatamos ainda que as faturas dos cartões de crédito utilizados por ele foram pagas inúmeras vezes através das contas bancárias das empresas investigadas, conforme tabela a seguir:

Mês	2013		2014			2015		2016		2017	
	Itaucard S. A	Bankpar	Itaucard S.A	Bradesco Cartões	Bankpar	Itaucard S.A	Bradesco Cartões	Itaucard S.A	Bradesco Cartões	Itaucard S.A	Bradesco Cartões
Jan	R$ 24.879,69	R$ 20.737,65	R$ 38.233,29		R$ 32.467,12	R$ 33.581,24	R$ 42.979,91	R$ 17.385,18	R$ 21.991,33	R$ 25.386,29	R$ 48.215,22
Fev	R$ 15.989,55	R$ 20.677,34	R$ 40.407,64		R$ 76.527,43	R$ 32.617,39	R$ 25.684,32	R$ 25.000,00	R$ 33.716,82	R$ 18.415,47	R$ 69.784,82
Mar	R$ 51.306,21	R$ 48.431,61	R$ 37.670,49		R$ 0,00	R$ 37.000,00	R$ 29.842,33	R$ 26.269,89	R$ 41.183,88	R$ 28.806,96	R$ 60.729,01
Abril	R$ 24.336,25	R$ 23.792,01	R$ 9.883,11		R$ 28.027,63	R$ 37.700,00	R$ 54.624,95	R$ 17.725,23	R$ 35.000,00	R$ 24.076,24	R$ 128.650,87
Maio	R$ 37.170,52	R$ 17.808,25	R$ 17.422,47		R$ 0,00	R$ 15.620,56	R$ 11.359,25	R$ 24.861,73	R$ 56.320,41	R$ 51.721,03	R$ 34.213,13
Jun	R$ 20.000,00	R$ 11.881,42	R$ 18.982,74		R$ 12.607,14	R$ 26.500,00	R$ 10.081,61	R$ 20.443,41	R$ 26.834,37	R$ 22.515,38	R$ 40.297,20
Jul	R$ 15.832,46	R$ 8.993,85	R$ 19.965,34	R$ 17.930,00		R$ 21.970,25	R$ 10.721,00	R$ 19.136,88	R$ 26.443,00		
Ago	R$ 18.572,38	R$ 0,00	R$ 18.216,13	R$ 17.547,39		R$ 26.964,66	R$ 7.217,60	R$ 20.840,44	R$ 20.025,87		
Set	R$ 39.535,24	R$ 3.220,77	R$ 27.762,17	R$ 11.923,67		R$ 35.538,67	R$ 23.453,56	R$ 23.245,68	R$ 26.187,98		
Out	R$ 19.447,14	R$ 37.465,38	R$ 19.196,96	R$ 17.320,50		R$ 16.115,29	R$ 28.628,89	R$ 21.975,59	R$ 36.237,39		
Nov	R$ 30.977,16	R$ 73,95	R$ 19.520,46	R$ 20.038,73		R$ 28.402,71	R$ 29.158,47	R$ 21.853,05	R$ 40.037,78		

Figura 24. Valores das faturas dos cartões de crédito do investigado.
Fonte: inquérito policial.

NOME_TITULAR	CPF_CNPJ_TITULAR	DESCRICAO_LANCAMENTO	DATA_LANCAMENTO	VALOR_TRANSACAO
	182	CHEQUE PAGO EM OUTRA AGENCIA	20/11/2013	30977,16
	182	PAGAMENTO DE TITULO	05/06/2013	R$ 20.000,00
		PAGTO COBRANCA	20/08/2013	R$ 18.572,38
	182	PAGTO COBRANCA	01/02/2013	R$ 20.677,34
	182	PAGAMENTO DE TITULO	19/12/2014	R$ 31.948,82
	182	PAGAMENTO DE TITULO	01/07/2014	R$ 17.930,00
	182	PAGAMENTO DE TITULO	01/08/2014	R$ 17.547,39
	182	PAGAMENTO DE TITULO	01/09/2014	R$ 11.923,67

Figura 25. Comprovação dos pagamentos dos cartões de crédito do investigado.
Fonte: inquérito policial.

Assim, não se pode negar, de um lado, que houve utilização indevida das contas bancárias das pessoas jurídicas com o fim de ocultar a origem dos ativos (primeira fase da lavagem de dinheiro, tipificada no artigo 1º da Lei de Lavagem de Dinheiro), e, de outro, o vínculo direto existente entre o líder do esquema e as empresas investigadas.

Diante das movimentações financeiras dos investigados, foi possível constatar que o expressivo empresário era o verdadeiro controlador de diversas contas titularizadas pelas pessoas físicas e jurídicas investigadas, recebendo e fazendo circular dinheiro de origem ilegítima, obtendo vantagem indevida e caracterizando verdadeira organização criminosa.

4. O operador financeiro

A partir das investigações e das movimentações financeiras dos investigados, constatamos que um deles se tratava, na verdade, de um testa de ferro.

O testa de ferro, entre os anos de 2013 e 2017, movimentou o total de R$ 11.773.224,92 em suas contas bancárias.

Apesar de figurar como sócio da principal empresa do grupo econômico, constava também como empregado dela, com remuneração média de R$ 4.500,00.

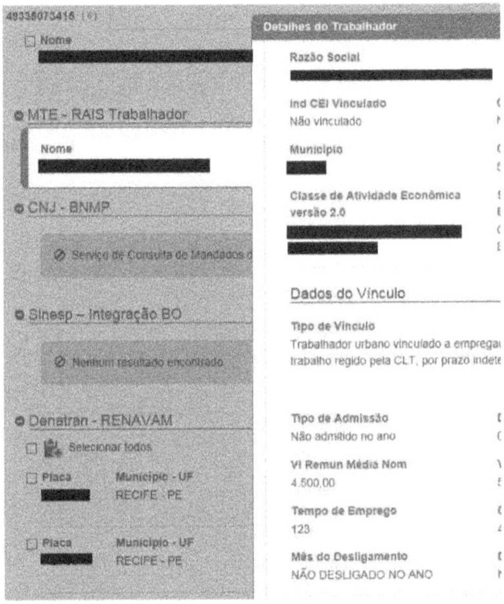

Figura 26. Vínculo empregatício do investigado.
Fonte: Infoseg.

Em seu nome encontravam-se registrados apenas veículos populares e antigos (dos anos de 2005 e 2007) e ele possuía endereço declarado num bairro humilde de Recife, com padrão de vida muito inferior ao dos demais investigados.

Tais características eram incompatíveis com as movimentações financeiras milionárias detectadas na sua conta, sempre relacionadas com outras contas utilizadas pela organização criminosa, o que sugere que o investigado era, na verdade, testa de ferro do expressivo empresário, responsável por realizar movimentações financeiras que buscavam esconder o real proprietário dos valores, ajudando este nos crimes fiscais cometidos e colaborando para a lavagem de capitais.

Dentre as pessoas físicas analisadas, o testa de ferro recebeu os maiores valores a crédito tanto proveniente dos outros investigados (pessoas físicas ou jurídicas) como das pessoas que constaram da lista de intermediários.

"Testas de ferro" são pessoas que mantêm um relacionamento bastante próximo com os líderes da organização criminosa e não só compõem o quadro societário de empresas fantasmas ou emprestam suas próprias contas pessoais para recebimento e movimentação dos recursos ilícitos, como cooptam outros "laranjas" para o mesmo mister. Nessa situação, insere-se sua esposa identificada no transcorrer da análise bancária dos investigados.

Conforme se observou nos dados bancários analisados, a esposa do testa de ferro creditou R$ 4.471.355,70 na conta dele no período analisado. Em pesquisas em fontes abertas e fechadas, verificou-se que ela era revendedora de cosméticos e em seu nome encontravam-se registrados apenas dois veículos populares antigos (do ano de 2009 e 2012), ou seja, suas movimentações bancárias não eram compatíveis com sua renda.

Tais elementos reforçaram a tese de que sua conta bancária era, na verdade, utilizada para ocultar a origem dos recursos obtidos por meios ilícitos, o que leva a crer que ela era mais uma laranja presente na investigação.

5. Do pagamento dos empregados do grupo econômico

Os gráficos a seguir mostram que houve mudança de padrão no pagamento dos empregados. Até 2015 eles eram pagos pelas empresas de forma decrescente. A partir de então, de forma crescente, passaram a ser pagos pelo testa de ferro.

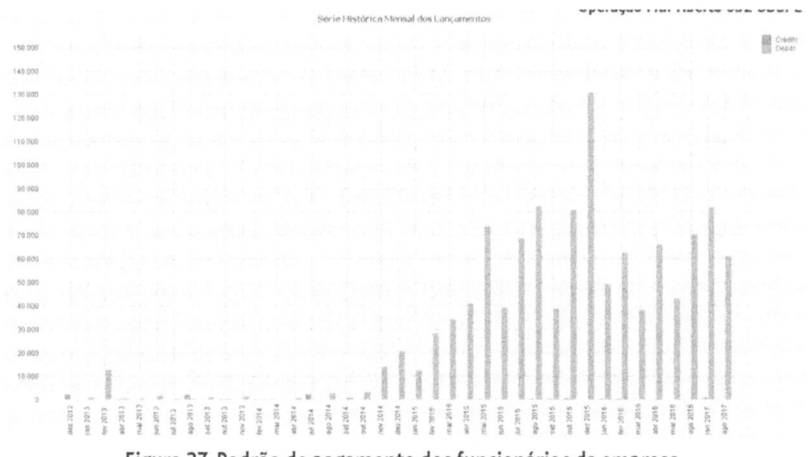

Figura 27. Padrão de pagamento dos funcionários da empresa.
Fonte: imagem do Qlickview.

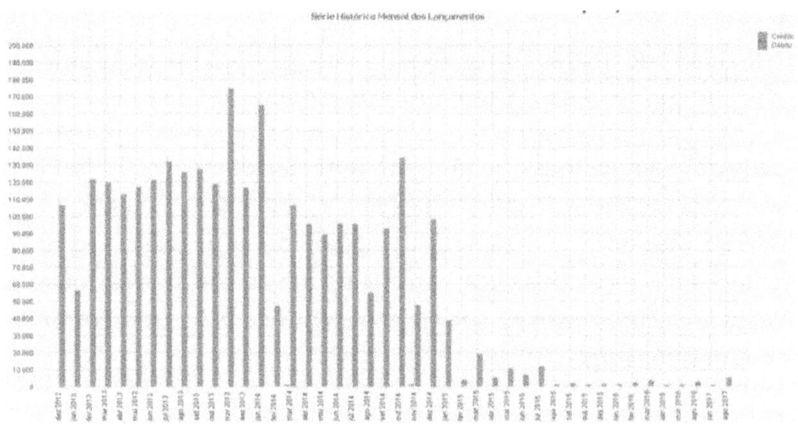

Figura 28. Padrão de pagamento dos funcionários da empesa.
Fonte: imagem do Qlickview

Tem-se, portanto, nesse episódio, prova de que o testa de ferro utilizava sua conta para realizar pagamentos no interesse dos demais investigados, ocultando a real natureza, origem e propriedade dos valores envolvidos, perfazendo a primeira fase da lavagem de dinheiro.

A realização das transações dissimuladas, com utilização de terceiros e de pessoas interpostas, constitui indício significativo da própria origem criminosa dos recursos envolvidos. Afinal, fossem recursos lícitos, o natural seria a realização de transações pelo próprio, sem recorrer a terceiros e a operações dissimuladas.

6. Real faturamento das empresas

A título de exemplo, temos uma das empresas do grupo econômico que foi constituída perante a Junta Comercial do estado da Paraíba em 30 de setembro de 2003. Tinha como sócias a esposa e a filha do líder da organização criminosa.

A empresa era do ramo de construção de embarcações para esporte e lazer e movimentou entre 2012 e 2017 o total de R$ 21.508.063,63, como demonstrado a seguir.

DESCRIÇÃO	2012	2013	2014	2015	2016	2017	TOTAL
CRÉDITOS TOTAIS	R$ 0,00	R$ 8.674.691,43	R$ 7.186.579,19	R$ 9.494.032,08	R$ 722.437,21	R$ 306.992,54	R$ 26.384.732,45
ABATIMENTOS		R$ 1.600.694,89	R$ 962.822,97	R$ 1.412.662,13	R$ 593.496,29	R$ 306.992,54	R$ 4.876.668,82
TOTAL DE CRÉDITO APÓS ABATIMENTOS	**R$ 0,00**	**R$ 7.073.996,54**	**R$ 6.223.756,22**	**R$ 8.081.369,95**	**R$ 128.940,92**	**R$ 0,00**	**R$ 21.508.063,63**

Chamou-nos atenção que entre os maiores beneficiários desses valores estavam o testa de ferro, outras empresas do grupo econômico e uma *factoring* – e entre os maiores depositantes constavam a mesma *factoring*, sócios e empresas integrantes do esquema criminoso.

Ao realizar o cruzamento das notas fiscais emitidas pela empresa com os dados bancários obtidos na investigação, no período de 2012 a 2017, constatamos que o montante de R$ 22.461.727,46 foi creditado na conta da empresa sem emissão de nota fiscal, gerando fundados indícios de que tais repasses seriam uma forma de escoamento de valores locupletados.

7. Da *factoring*

A partir do afastamento do sigilo bancário, nos chamou a atenção o repasse de recursos, da ordem de R$ 5.531.600,93, entre os anos de 2012 e 2017, provenientes da conta de uma *factoring* para as contas dos investigados.

A empresa fugiu à mera atividade de adiantamento de títulos de crédito efetuada usualmente por uma *factoring*, funcionando como verdadeira instituição financeira para os investigados, o que lhes possibilitava retirar altas somas em espécie sem chamar atenção dos órgãos de controle. A empresa creditou mais nas contas dos investigados do que os investigados na dela, invertendo completamente a lógica da atividade própria de uma *factoring*, em que a pessoa interessada recebe menos do que paga.

Além disso, diversas pessoas físicas, as quais teriam recebido ou remetido valores de/para as empresas investigadas, também figuram como remetentes e/ou beneficiárias de recursos provenientes ou encaminhados da *factoring*, deixando claro o vínculo existente entre elas e as operações financeiras suspeitas.

8. Conclusão

O registro de outras pessoas jurídicas a partir da mesma estrutura de endereço, bens e funcionários para exercer a mesma atividade jurídica, de modo que a dívida tributária decorrente de tal atividade restasse com uma empresa sem qualquer ativo que pudesse garanti-la, e, posteriormente, a proteção do patrimônio do próprio "sócio" majoritário que comandava todo o grupo econômico com a criação de outras pessoas jurídicas, para as quais foram transferidos todos os seus bens, se inserem em tipos penais como sonegação fiscal, falsidade ideológica e organização criminosa.

Por outro lado, o emaranhado de contas de pessoas físicas e jurídicas utilizadas nessas transações revelou o propósito dessa organização de dificultar o rastreamento dos recursos, bem como de ocultar o verdadeiro responsável pelas operações financeiras, indicando que o grupo se prestava essencialmente à atividade criminosa de lavagem de dinheiro.

Restou clara a atuação do investigado testa de ferro na condição de operador financeiro dos numerários recebidos pelas empresas e repassados aos integrantes do grupo econômico.

Como vimos, algumas dessas pessoas jurídicas foram criadas exclusivamente para receber os aportes financeiros ilícitos; outras vezes, foram utilizadas contas bancárias de empresas já existentes visando escamotear o real sujeito da relação jurídica. Em alguns casos, houve indicativos de utilização até mesmo de pessoas jurídicas que possuíam atividade lícita, mas que mesclavam os recursos provenientes dessa atividade com os montantes ilícitos, sempre com o mesmo fim de dificultar a localização e movimentação de tais valores.

O diagrama de vínculo a seguir ilustra a organização criminosa investigada, com especial destaque para as transações bancárias detectadas entre as contas das empresas por ela utilizadas:

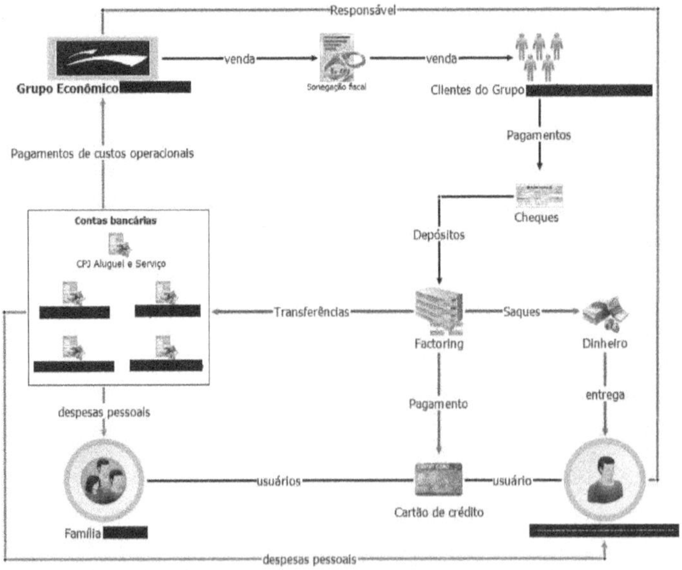

Figura 29. Diagrama de vínculo da organização criminosa.
Fonte: imagem do Analyst Notebook.

O grupo econômico controlado pelo expressivo empresário realizava transações comerciais sem o recolhimento do tributo devido. Os clientes do grupo realizavam pagamentos através de cheques, os quais eram entregues à *factoring*, que era responsável pelo repasse dos valores nas contas indicadas pelo líder.

Das contas bancárias indicadas os valores eram então utilizados para pagamentos dos custos operacionais das empresas do grupo e para usufruto dos familiares do líder, inclusive para pagamento de seu cartão de crédito.

Como podemos ver anteriormente, os pagamentos, apenas quando adiantados em espécie pela *factoring*, eram repassados diretamente ao líder. Quando feitos em contas bancárias, eram sempre em contas de terceiros.

Como se sabe, a utilização de interpostas pessoas, físicas ou jurídicas, e ainda mais de empresas que sequer possuíam existência fática (empresas de fachada), e a mescla dos ativos lícitos aos ilícitos são tipologias clássicas de lavagem de dinheiro que revelam o nítido propósito de dissimular a origem, movimentação, localização, disposição e propriedade de valores provenientes, direta ou indiretamente, de infração penal.

Vale salientar ainda que foram detectadas inúmeras transações financeiras suspeitas já desde o ano de 2008, conforme se depreendeu dos Relatórios de Inteligência Financeira solicitados ao Conselho de Controle de Atividades Financeiras (Coaf), evidenciando a permanência e a estabilidade dessa organização.

9. Medidas cautelares requeridas

Em 2019, foram realizadas duas fases da Operação Mar Aberto, com saldo de nove prisões preventivas; 19 mandados de busca e apreensão; bloqueio das contas bancárias de todos os investigados; apreensão de 22 veículos, helicópteros e três embarcações, incluindo um iate; obras de arte; sequestro de 15 imóveis e bloqueio de mais de R$ 10 milhões em quotas de participação societárias.

Até o momento 99% dos débitos tributários foram recuperados aos cofres públicos. Destes, foram pagos R$ 10 milhões somente esse ano.

Referência

DE CARLI, C. V. **Lavagem de Dinheiro:** prevenção e controle penal. Porto Alegre: Verbo Jurídico, 2013.

Operação Linha Cruzada: uso dos meios digitais no enfrentamento dos crimes de estelionato eletrônico e associação criminosa

Luciane Bertoletti[1]
José Matias da Rocha Júnior[2]
Cristiano de Castro Reschke[3]

1. Introdução

Direito e sociedade são institutos imanentes, isso porque nenhuma sociedade sobrevive sem ordem, sem segurança e sem paz social.

Traduz essa ideia o axioma jurídico atribuído a Eneo Domitius Ulpianus "Ubi homo ibi societas; ubi societas, ibi jus", ou seja, "onde está o homem, está a sociedade e onde está a sociedade, está o direito".

Dalmo Dallari (1995, p. 7) conceitua sociedade como toda a forma de coordenação das atividades humanas objetivando um determinado fim e regulada por um conjunto de normas. Quanto ao Direito, de forma simples, pode-se dizer que é a ciência das normas obrigatórias que disciplinam as relações dos homens em sociedade. Tal fato torna-o dinâmico, pois a sociedade evolui no tempo e no espaço, exigindo que ele, à cada época, acompanhe os anseios e interesses da sociedade para o qual foi criado.

---

1 Delegada da Polícia Civil do Rio Grande do Sul. Pós-graduada em Direito do Estado pela UNIRITTER. Mestre em Ciências Jurídicas pela Universidade Autónoma de Lisboa.

2 Escrivão de Polícia do Rio Grande do Sul. Graduado em Engenharia Mecânica pela Universidade Federal de Campina Grande. Pós-graduado em Gestão de Projetos pela Esalq – USP.

3 Delegado de Polícia Civil do Rio Grande do Sul. Delegado de Polícia Regional de Canoas/RS. Ex-Diretor do Gabinete de Inteligência e Assuntos Estratégicos da Polícia Civil do Rio Grande do Sul e ex-Diretor do Departamento de Inteligência de Segurança Pública da Secretaria Estadual de Segurança Pública do Rio Grande do Sul. Especialista em Direito Processual pela Universidade do Sul de Santa Catarina – UNISUL.

Nesse contexto, Paulo Nader (1987, p. 23) refere essa constante mutação, afirmando que

> *As instituições jurídicas são inventos humanos, que sofrem variações no tempo e no espaço. Como processo de adaptação social, o direito deve estar sempre se refazendo, em face da mobilidade social. A necessidade de ordem, de paz, de segurança, que o direito visa a atender, exige procedimentos sempre novos. Se o direito se envelhecer deixa de ser um processo de adaptação, pois passa a não exercer a função para o qual foi criado. Não basta, portanto, o ser do direito na sociedade, é indispensável o ser atuante, o ser atualizado. Os processos de adaptação devem-se renovar, pois somente assim o direito será um instrumento eficaz na garantia do equilíbrio e harmonia social.*

Indo um pouco mais além e no ponto onde se quer chegar, sabe-se que a sociedade propicia acontecimentos muitas vezes ilícitos e criminosos. O crime é um fato normal da sociedade, portanto, onde a sociedade estiver mais, haverá mais crimes. Se pensarmos no contexto atual, de uma sociedade mais virtual, o crime, consequentemente, estará mais concentrado lá.

Essa afirmativa fica ainda evidente quando analisamos o período da pandemia e pós-pandemia, quando a utilização da internet cresceu 40%, com 152 milhões de usuários, o que corresponde a 81% da população do nosso país com 10 anos ou mais.

Com o aumento do uso da internet e com a modificação das necessidades formais, como teleaulas, *home office*, reuniões de negócios por videoconferência ou mesmo o uso para lazer, a criminalidade vislumbrou um terreno fértil para ataques ciberpiratas e crimes cibernéticos.

Assistimos então, como telespectadores, a um crescimento estrondoso dos crimes virtuais, especialmente nos últimos dois anos.

De acordo com uma reportagem da Febraban Tech (REDAÇÃO, 2023), em 2022 o Brasil atingiu o segundo lugar entre os países que mais sofreram ataques virtuais criminosos na América Latina e no Caribe, com 103,16 bilhões de tentativas de ataques, perfazendo um aumento de 16% com relação ao ano de 2021 (88,5 bilhões).

No mundo, o Brasil ocupa a quinta posição de país mais afetado pelo cibercrime (SCHAEFFER, 2022): conforme *ranking* da empresa de segurança McAfee, nosso país teve US$ 22,5 bilhões em prejuízos causados por esse tipo de delito. Conforme a publicação, os números são de 2017, devendo considerar que hoje o prejuízo pode ultrapassar US$ 50 bilhões, com base na expansão da internet e dos *smartphones*.

A razão principal dessa migração, segundo especialistas, é o baixo custo desses crimes para os delinquentes, que, utilizando-se do anonimato, possuem na internet uma gama de possibilidades disponíveis gratuitamente, podendo ampliar as atividades ilícitas sem aumento de despesa, atingindo milhares de vítimas ao mesmo tempo em qualquer lugar do planeta e, o mais importante, cientes da dificuldade das autoridades em investigá-los, processá-los e puni-los.

Retomando o que foi dito inicialmente, essa nova realidade jurídica, ou seja, o surgimento de novos comportamentos lesivos a bens jurídicos e a modificação na forma de praticar crimes ditos tradicionais, como, por exemplo, os crimes de extorsão e estelionato, abriu portas para regularizações na área do Direito Penal e Processual Penal.

Em que pese essas alterações não terem evoluído juntamente com a criatividade criminosa e ainda, na nossa opinião, não suprirem algumas lacunas, temos visto, desde 2008, um esforço do legislador na tentativa de acompanhar o crescimento vertiginoso do uso da internet e da prática de crimes virtuais.

Para entendermos a evolução legislativa na seara do direito penal, é importante lembrar que em 2008 a Lei nº 11.829 alterou o Estatuto da Criança e do Adolescente, introduzindo artigos cujo objetivo era aprimorar o combate à pornografia infantil.

Somente no ano de 2012 surgiu a primeira lei criada exclusivamente para a tipificação de crimes virtuais e delitos informáticos, intitulada Lei Carolina Dieckmann, que acrescentou os crimes dos artigos 154- A e 154 -B ao Código Penal, além de modificar os artigos 266 e 298 do mesmo diploma[4]. Tal lei tratou da invasão de computadores por *hackers* e inicialmente previa uma pena máxima de reclusão de seis meses a dois anos, além de multa, atraindo, assim, todas as benesses da Lei nº 9.099/1995.

No mesmo ano de 2012, a Lei nº 12.735 determinou a estruturação e especialização das polícias judiciárias, modificando a Lei do Racismo (Lei nº 7.716/89), através

[4] A Lei nº 12.737 introduziu no ordenamento jurídico três tipificações penais no Código Penal: o art. 154-A, que versa sobre invasão de dispositivo informático alheio, o art. 266, §§ 1 e 2, que fala sobre a interrupção ou perturbação de serviço telefônico, telegráfico, informático ou de informação de utilidade pública, e o art. 298, § único, que tipifica a falsificação de cartão de crédito ou débito (MAUES; DUARTE; CARDOSO, 2018, p. 173).

do inciso II do § 3º de seu artigo 20, objetivando a cessação de transmissões radiofônicas, televisivas, eletrônicas ou publicações por qualquer meio da prática, indução ou incitação de discriminação de raça, cor, etnia, religião ou procedência nacional.

No ano de 2014 foi publicada a Lei nº 12.965, chamada Marco Civil da Internet, estabelecendo garantias, princípios, direitos e deveres para a utilização da internet em território nacional, envolvendo provedores de conexão, de aplicação e usuários, bem como a responsabilidade dos provedores. Tratou também da guarda e proteção de dados por provedores de conexão e de aplicação, além de apontar medidas de transparência na requisição de dados cadastrais para a administração pública e parâmetros para a apuração e fiscalização de infrações (MAUES; DUARTE; CARDOSO, 2018, p. 176).

Tal lei não é isenta de críticas, pois, ao prever proteção especial aos dados dos usuários, acabou deixando os aspectos criminais das relações na internet descobertos de maior proteção. O tempo de guarda dos dados pelos provedores (de um ano, no caso do registro de conexões, e seis meses quando se tratar de aplicações de internet) é um prazo muito aquém daquele necessário à investigação de crimes virtuais.

A mudança mais significativa na seara criminal foi a aprovação da Lei nº 14.155, que trouxe o endurecimento das penas do crime de violação de dispositivo informático, a introdução de uma modalidade qualificada para o crime de furto e ainda positivou o estelionato cometido de forma eletrônica ou pela internet, publicada bem no auge da pandemia de COVID- 19, no momento em que os crimes cibernéticos já eram tranquilamente a maior parte das ocorrências registradas nas delegacias do país.

No que se refere ao crime de estelionato eletrônico, objeto do presente estudo, lembramos que ele já havia passado por modificações com o pacote anticrime (Lei nº 13.967), transformando-se em um crime de ação penal pública condicionada a representação. Com a Lei nº 14.155, de 2021, criou-se a figura qualificada da fraude eletrônica, com pena de reclusão de quatro a oito anos. De acordo com o disposto no § 2-A, ocorrerá o crime quando a fraude empregada pelo agente "é cometida com a utilização de informações fornecidas pela vítima ou por terceiro induzido a erro por meio de redes sociais, contatos telefônicos ou envio de correio eletrônico fraudulento, ou por qualquer outro meio fraudulento análogo" (FIGUEIREDO, s.d., p. 16).

Diferentemente do crime de furto mediante fraude, onde o agente pratica a fraude para, diretamente ou não, subtrair a coisa, no estelionato eletrônico o criminoso engana a vítima com emprego de artifício, ardil ou qualquer outro meio fraudulento, fazendo com que ela lhe entregue livremente a vantagem ilícita.

Assim, pratica estelionato eletrônico quem, por exemplo, fingindo tratar-se de funcionário de estabelecimento bancário, solicita à vítima que forneça seus dados, como senhas e autorizações, a fim de realizar verificações de segurança, como ocorreu na presente investigação. Note como, nessas situações, a pessoa ofendida entrega o bem da vida (dinheiro) de bom grado ao delinquente.

Importante ressaltar também que o legislador previu duas majorantes para o crime de estelionato eletrônico, cujas previsões encontram-se nos § 2-B e § 4 do art. 171 do Código Penal, prevendo aumento de pena quando o crime for praticado com a utilização de servidor mantido fora do território nacional e quando for praticado contra idoso ou contra vulnerável, mudanças importantes.

Essas modificações legislativas, como mencionado, vieram em boa hora, especialmente para fundamentar pedidos de cautelares junto ao Poder Judiciário.

Contudo, ainda há muito a ser feito, pois a investigação do crime cibernético é extremamente especializada e complexa, exigindo do policial a utilização dos recursos técnicos adequados para se chegar à elucidação do crime.

A presente investigação mostrará como se chegou à autoria e materialidade do crime de estelionato e associação criminosa pelo já conhecido golpe da "Central 0800", cujo núcleo encontrava-se no Estado de São Paulo e vitimava gaúchos, preferencialmente idosos, domiciliados nos mais diversos cantos do Estado.

2. O golpe

O golpe da "Central 0800" consiste em adquirir uma central telefônica com capacidade de configuração de atendimento *on-line*, com o intuito de simular os serviços de uma instituição bancária.

Inicialmente os golpistas realizam o *phishing* por meio de SMSs, que são encaminhados a clientes de instituições financeiras, informando-os acerca de uma falsa compra em seu cartão de crédito ou transferência bancária e fornecendo um 0800 para contato. Ao entrar em contato com o referido número, o cliente depara com um atendimento virtual cujas opções o direcionam a um atendente que, de forma convincente, solicita informações pessoais e de segurança que o permitirão realizar a instalação do aplicativo bancário em dispositivo telefônico diverso, muitas vezes encaminhando a vítima a um caixa eletrônico para realização do procedimento de liberação de acesso via dispositivo eletrônico. Com a garantia do acesso, os estelionatários realizam transferências Pix e pagamentos de boletos bancários.

Para que o golpe seja mais convincente, os criminosos também usam softwares para alterar o número do telefone. Eles mascaram o número real através de plataformas eletrônicas e, assim, as vítimas acreditam que é de fato a sua instituição financeira que está entrando em contato, pois o número é o mesmo que consta no canal oficial do seu banco.

3. Investigação preliminar

A investigação policial teve origem em notícias de crimes oriundas das mais diversas fontes, sendo a mais comum o registro de ocorrência policial por parte das vítimas.

A primeira medida que a equipe adotou foi compilar as ocorrências registradas na região, a fim de verificar o *modus operandi* dos criminosos. Como já mencionado, observou-se que parcela significativa das vítimas possuía idade avançada e pouco hábito na utilização de dispositivos informáticos.

Após, a equipe separou as ocorrências já compiladas em dois grupos: aqueles com detalhamento de informações, ou seja, com dados fidedignos, e aqueles com informações insuficientes, sem comprovantes de transferências e sem qualquer outro dado relevante para contribuir com a investigação. Essa primeira providência foi elementar para a determinação das próximas diligências a serem realizadas.

Apresentados os comprovantes bancários e o número discado, realizou-se contato com o 0800 informado, verificando-se que, efetivamente, tratava-se de uma gravação idêntica àquela utilizada pelos bancos, com o repasse da ligação para um atendente falso.

É natural, em investigações que envolvam o ambiente virtual, pensar em transferência de dados e endereços IP dessas transmissões. Portanto, esse foi o segundo passo, isto é, solicitar os dados cadastrais do titular da linha 0800, onde constatou-se a utilização de documentos falsos para aquisição do serviço, prática usual de cibercriminosos.

Importante ressaltar que esses dados cadastrais presentes em bancos de dados de órgãos e empresas públicas ou privadas apresentam um nível de sigilo disponível aos órgãos de Polícia Judiciária, de forma que sua privacidade é resguardada até o momento em que uma suspeita de envolvimento em crime é constatada.

O próximo passo foi solicitar as informações das contas bancárias utilizadas pelos golpistas para recebimento dos valores ilícitos. Esses dados mostraram que indivíduos não condizentes com a sofisticação da tecnologia utilizada no crime em tela estavam figurando como "laranjas" de um grande esquema criminoso comandado por pessoas altamente capacitadas. Esses indivíduos, os "laranjas", eram beneficiários de quantias significativas de dinheiro proveniente dos golpes. Indivíduos com antecedentes policiais, sem ensino básico, que possuíam, inclusive, histórico de mendicância e condição social precária, eram os titulares de contas bancárias em mais de sete instituições distintas e realizavam operações em estabelecimentos comerciais diversos. Salienta-se que as fotos fornecidas pelos bancos, quando dos cadastros digitais, foram tiradas no interior de carros e os "laranjas" utilizavam coletes reflexivos.

Com o apurado, percebeu-se, nesse momento, que estávamos diante de uma associação criminosa organizada, com acesso a bancos de dados de instituições financeiras e também com conhecimento em telemarketing e no funcionamento do sistema bancário.

4. Interestadualidade

É indiscutível o papel relevante da tecnologia nos setores de comunicação, de transporte, de bancos, de saúde e nas demais áreas, facilitando a comunicação e a troca de informações. Tecnologias são implementadas e podem ser utilizadas por qualquer indivíduo interessado em sua facilidade.

Em função dessa "facilidade", outra característica dos crimes cibernéticos deve ser ressaltada: sua capacidade de ocorrer em local distinto da localização onde o estelionatário se encontra. Nesse caso específico, como referido, as vítimas encontravam-se no Rio Grande do Sul, enquanto os titulares das contas bancárias encontravam-se no Estado de São Paulo, de acordo com os dados cadastrais oriundos das instituições financeiras.

Posteriormente ao cumprimento das cautelares, ficou nítida a escolha de Estados diversos da residência dos golpistas em virtude do conhecimento, por parte deles, de que a atribuição para investigação do crime de estelionato é, após modificação legislativa, do domicílio da vítima, dificultando, sobremaneira, a realização de diligências para a apuração da autoria dos crimes investigados.

5. Sigilos de dados

A investigação teve início com a representação pelo afastamento do sigilo telefônico e telemático do número 0800 disponibilizado pelos criminosos, momento em que foi verificado o agrupamento de serviços de telefonia por uma empresa que possui outras três como fornecedoras: empresa A adquire o serviço de central telefônica da empresa B, fornecimento de internet da empresa C e envio de SMS da empresa D, e vende para o consumidor, de forma que a empresa responsável pela linha telefônica é a empresa B, mas quem possui os dados cadastrais e as informações acerca do cliente final é a empresa A. A ramificação dos serviços causa um obstáculo na obtenção desses dados, tendo em vista que diligências sequenciais são necessárias, e, em alguns momentos, empresas terceirizadas são contratadas para o arquivamento dos *logs* de acesso dos serviços.

Em posse dos dados referentes ao cliente que contratou o serviço, documentos falsos foram apresentados, não resultando em dados relevantes à investigação.

O registro dos IPs utilizados nas chamadas VoIP foi disponibilizado, porém, na tecnologia IPv4. O armazenamento da porta utilizada é extremamente necessário, procedimento não realizado pela empresa. Sem essa informação não foi possível individualizar o titular dos modems de internet, ou linhas telefônicas, responsáveis pelas chamadas. Ressalta-se que, no padrão IPv6, a ser implementado, a simples informação do IP permite a individualização, garantindo a identificação do endereço em que o modem está instalado.

Somado a esses fatos, verificou-se que uma parcela dos IPs era de propriedade de empresa estrangeira, dos EUA, cuja atividade-fim é "alugar" endereços e redirecionar pacotes de dados, a fim de não permitir a identificação de sua origem.

Ao avaliar o histórico de chamadas recebidas pela central telefônica, foram constatadas mais de 1.700 ligações ao longo do período em que a linha esteve ativa, de 04 a 11 de janeiro de 2022.

Em contato com a empresa responsável pelo fornecimento da linha 0800, foi verificado que a empresa contratante já possuía sete outras linhas bloqueadas por decisões judiciais. Ao questionar qual o contato utilizado pela empresa para solicitar novas linhas, foi fornecido o dado solicitado e uma interceptação telefônica foi realizada. Por meio desta, foi possível identificar a usuária da linha, uma vez que estava cadastrada em nome de um terceiro que não possuía ciência de que seus documentos estavam sendo utilizados – fato este que resultou na finalização da interceptação a partir do momento em que soube da existência da linha em seu nome em virtude de consulta em estabelecimento comercial para aquisição de uma linha móvel. Outros sete números também foram interceptados posteriormente e revelaram uma rede de contatos que englobava funcionários de telemarketing cooptados para atuar como "atendentes", gerentes de agências bancárias que forneciam bancos de dados para captação de vítimas, técnicos em telefonia/informática que forneciam instruções sobre a utilização das centrais telefônicas e aplicativos de acesso remoto para controle do celular e dos computadores das vítimas.

6. Sigilo bancário

Em paralelo às interceptações, realizamos a análise financeira, que resultou em uma rede de contas bancárias que movimentaram cerca de 4 milhões de reais, sendo seus titulares usuários de drogas ou moradores de rua de Estado distinto.

Com o afastamento de sigilo bancário do beneficiário, responsável pela emissão do boleto pago pela vítima, foi possível constatar que sua conta bancária encontrava-se bloqueada por determinação judicial e os valores recebidos haviam sido repassados a outros quatro CPFs distintos e contas diversas.

Em seus dados cadastrais havia um e-mail, número de telefone e endereço.

Conforme imagem obtida em sistemas abertos, o endereço não existia, estando entre outras duas casas com numerações inferior e superior, de forma que esta foi considerada a casa apontada nas representações policiais.

A partir desse primeiro nível de afastamento de sigilo bancário, uma segunda representação foi realizada e deferida, dessa vez com os quatro indivíduos que receberam as quantias a partir da conta inicial.

Percebeu-se que os endereços de cadastro dos indivíduos beneficiários das quantias movimentadas a partir da conta da vítima eram próximos, localizados no mesmo logradouro, e até mesmo coincidentes. Essa situação foi um indicativo de que os golpistas utilizaram documentos e dados de terceiros para a abertura de contas, apenas indicando seus endereços para recebimento dos cartões, ou, possivelmente, a residência de terceiros próximos.

Salienta-se ainda o fato de que os titulares das contas bancárias apresentavam características que indicavam condição socioeconômica precária, o que reduz a probabilidade de que estes sejam os reais usuários das contas. Inferiu-se, a partir da necessidade da utilização de dispositivos móveis, desenvoltura para passar-se por atendentes de centrais de atendimento bancário e até mesmo familiaridade com os procedimentos a serem realizados nas agências e caixas eletrônicos.

O indivíduo que utilizou uma das contas em nome de um dos mendicantes, por exemplo, possuía o hábito de adquirir peças automotivas e realizar o pagamento de estacionamento de shopping center em uma região que concentrava endereços e pagamentos identificados nos extratos bancários.

Foi nítida a intenção dos golpistas de obter dados de terceiros para realização de cadastro e inibir o rastreio das informações cadastrais.

Importante ressaltar que as chaves Pix utilizadas pelos indivíduos nas contas que se relacionaram com os golpistas, em uma parcela significativa, remetiam a nomes de instituições bancárias (atendimento."nome da instituição bancária"@provedor.com).

Em contato com a Polícia Civil do Estado de residência dos investigados, solicitadas suas ocorrências e antecedentes, foi verificado que os indivíduos apresentavam antecedentes e que os endereços declarados no registro das ocorrências coincidiam com uma parcela dos utilizados para cadastro nas instituições bancárias.

7. Medidas cautelares

Como visto, restou evidente que o grupo era bem articulado e que seus integrantes se inter-relacionavam com frequência e de maneira permanente, especialmente pela rede mundial de computadores, utilizando as redes sociais para ampliar sua área de atuação, recrutando novos membros e se valendo de meios cada vez mais sofisticados para a aplicação dos golpes.

A facilidade de comunicação possibilitou rapidez no esvaziamento das provas, na ocultação dos vestígios e até mesmo na fuga de parte desses identificados. Foram solicitadas medidas cautelares a serem implementadas e cumpridas em conjunto, uma vez que seu cumprimento de forma isolada, como dito, poderia frustrar toda a investigação.

Assim, a equipe deslocou-se até o Estado de São Paulo, onde cumpriu 36 mandados de busca e apreensão e 12 prisões temporárias, cujo resultado foi a confissão de diversos participantes da associação criminosa, apreensão de dinheiro, cartões e extratos bancários, telefones celulares, automóvel e uma moto aquática.

8. Considerações finais

A atividade desempenhada pela polícia judiciária, especificamente a investigação criminal dos delitos cibernéticos, apresenta muitas peculiaridades, pois a criminalidade virtual é demasiadamente ampla, criativa e adaptável.

Temos visto, na prática, que os "golpes" ganham rapidamente um grau de sofisticação cada vez maior, sendo necessário, dessa forma, que o profissional da área da segurança se adapte e possua a capacidade de ir além dos meios tradicionais de investigação. É imprescindível, como primeiro ponto, que as agências contem com servidores com conhecimento em informática, em segurança da informação, em tecnologia e áreas afins, para melhor entender a dinâmica de um crime virtual, podendo constituir, como pontapé inicial, a inclusão dessa temática nos cursos de formação profissional.

Outro aspecto já comentado é a dificuldade de identificar o autor desses delitos, pois a internet permite o anonimato ao indivíduo, possibilitando a sua atuação em espaço diverso daquele em que se encontra, causando a necessidade de troca de informações entre os órgãos policiais dos mais diversos Estados da Federação. Como os sistemas não são unificados, os policiais precisam contar com *networking*, muitas vezes restrito apenas a um grupo de agentes.

Também identificamos a necessidade de uma cooperação cada vez maior com provedores de serviço ou aplicação (Gmail, Google, Facebook, Instagram), pois é por meio do acesso aos dados dos servidores que conseguimos localizar os criminosos através do endereço IP, que, como se sabe, no nosso país sequer é individualizado quando a empresa não realiza o registro das portas lógicas utilizadas na conexão.

Quanto aos aspectos positivos, pode-se afirmar que a atuação conjunta das secretarias de segurança dos Estados envolvidos foi crucial para o excelente desempenho operacional, com cumprimento de diversas medidas cautelares, dentre elas prisões temporárias, mandados de busca e apreensões e bloqueio de valores.

O cumprimento de parte dessas medidas no interior de presídios garantiu também a obtenção de provas de materialidade dos crimes investigados.

Por fim, vislumbramos, após a deflagração da Operação Linha Cruzada e sua divulgação, uma diminuição significativa das notícias desse tipo de crime na nossa região.

Referências

DALLARI, D. de A. **Elementos de Teoria Geral do Estado.** São Paulo: Saraiva, 1995.

FIGUEIREDO, R. **Crimes eletrônicos e Lei 14.155/2021.** Disponível em: <https://www.mpba.mp.br/sites/default/files/biblioteca/criminal/artigos/codigo_penal_-_parte_especial/crimes_eletronicos_e_lei_14.155-2021.pdf>. Acesso em: 30 ago. 2023.

MAUES, G. B. K.; DUARTE, K. C.; CARDOSO, W. R. da S. Crimes virtuais: uma análise sobre a adequação da legislação penal brasileira. **Revista Científica da Fasete**, 2018.1. 2018. Disponível em: <https://egov.ufsc.br/portal/sites/default/files/crimes_virtuais_2.pdf>. Acesso em: 30 ago. 2023.

NADER, P. **Introdução ao Estudo do Direito.** 4.ed. Rio de Janeiro: Forense, 1987.

REDAÇÃO. Brasil é o segundo país mais atingido por ciberataques na América Latina, diz relatório. **Febraban Tech**, 21 mar. 2023. Disponível em: <https://febrabantech.febraban.org.br/temas/seguranca/brasil-e-segundo-pais-mais-atingido-por-ciberataques-na-america-latina-diz-relatorio>. Acesso em: 30 ago. 2023.

SCHAEFFER, C. Brasil é o 5º país mais afetado pelo cibercrime no mundo. **Tecmasters**, 17 out. 2022. Disponível em: <https://tecmasters.com.br/brasil-5-pais-mais-afetado-cibercrime-no-mundo/>. Acesso em: 07 nov. 2023.

Operação Véritas: uma análise sobre o combate às fraudes bancárias e à lavagem de dinheiro e a recuperação de ativos

Renata Silva Montenegro[1]
Gabriel Poiava Martins[2]

1. Introdução

Diante do crescimento das transações virtuais e do aumento do uso de meios digitais durante a pandemia de coronavírus, pôde ser constatado um significativo aumento de fraudes envolvendo transações bancárias. Pelos impactos gerados na economia e pelos danos que causam aos cidadãos, essas fraudes são as que mais preocupam as autoridades reguladoras e os *stakeholders* em geral. Apesar de normas e princípios emanados por parte das entidades que lutam para contenção de fraudes, elas ocorrem e surpreendem as autoridades, os investidores e os demais usuários.

Analisando esse quadro, é relevante apontar as ferramentas utilizadas para identificar fraudes praticadas por organizações criminosas (Orcrims) contra instituições bancárias, realizando-se uma análise dos crimes eletrônicos que envolvem as referidas transações financeiras e seu respectivo impacto na economia brasileira. Após, serão tratadas as técnicas investigativas adotadas e os resultados obtidos com a persecução patrimonial (recuperação dos ativos) na Operação Véritas.

---

[1] Delegada de Polícia Civil do Estado do Rio de Janeiro desde o ano de 2008. Coordenadora do Gabinete de Recuperação de Ativos do Departamento Geral de Combate à Corrupção, ao Crime Organizado e à Lavagem de Dinheiro/SEPOL desde 2020. Palestrante e conteudista na criação do Curso de Enfrentamento às Organizações Criminosas do Ministério da Justiça e Segurança Pública – MJSP, na disciplina Recuperação de Ativos – Aspectos Teóricos e Práticos. Presidente da Comissão Permanente de Avaliação e Alienação de Bens do Estado/SENAD/MJSP.

[2] Delegado de Polícia Civil do Estado do Rio de Janeiro. Delegado da Delegacia de Combate ao Crime Organizado e Lavagem de Dinheiro – DCOC-LD. Professor da Academia de Polícia Silvio Terra.

Entretanto, preliminarmente é importante fazermos a seguinte indagação sobre o aparente aumento do número de organizações criminosas (OLIVEIRA, 2015): a percepção de crescimento do crime organizado no Brasil está relacionada a um maior enfrentamento pela polícia? Certamente há uma inquietação sobre tal indagação. Merece ser consignado que o simples aumento populacional acarreta o crescimento do crime organizado[3]. Porém, a par disso, não há dúvidas de que o Brasil atravessa um momento de maior enfrentamento ao crime organizado, não só pela evolução legislativa (que nos trouxe novas ferramentas investigativas), mas também por um melhor aparelhamento das polícias, em que pese ainda estarmos longe do que seria o ideal.

É preciso, ademais, considerar a globalização da economia, que em muito tem beneficiado as organizações criminosas, em vista do livre comércio, do desenvolvimento das telecomunicações, do sistema financeiro internacional etc. Esses fatores facilitam a formação dessas organizações pelas boas condições de manipulação financeira e de comunicação, bem como a lavagem de dinheiro que pode ser desenvolvida através de empresas com fachada legal, tais como instituições de caridade, fundações sem fins lucrativos, escritórios imobiliários, agências de turismo e viagens, escritórios jurídicos e de assessoria.

Nessa esteira, as instituições financeiras passaram a ser um dos principais alvos das organizações criminosas para suas ações. As instituições bancárias, através de políticas de segurança corporativa, utilizam técnicas para prevenir essas fraudes, que basicamente são norteadas pelos seguintes fatores: a. relação espacial e temporal quantitativamente desses crimes por meio de métodos estatísticos; b. planos de melhoria no processo de tomada de decisão; c. levantamento de dados de instituições financeiras bancárias com relação aos crimes de fraudes eletrônicas; d. campanhas educativas com a listagem dos golpes mais aplicados no Brasil e dicas de como preveni-los.

Um estudo realizado pela Febraban (Federação Brasileira de Bancos) (2021) demonstra um crescimento de 165% nos golpes de engenharia social no primeiro semestre de 2021 em comparação com o semestre anterior. Tal fato se deve à maior permanência das pessoas em casa, devido ao COVID-19, e ao crescimento exponencial de transações digitais para aplicar golpes na população.

---

3 <https://www.maxwell.vrac.puc-rio.br/21215/21215_3.PDF>.

Já o Relatório Anual de 2013 da Febraban[4] (2014, p. 54) aponta um investimento anual das instituições financeiras de R$ 2 bilhões em tecnologia para segurança da informação, bem como o registro de 77.646 invasões, das quais 56.192 foram em contas de pessoas físicas e 21.454 em contas jurídicas, totalizando perdas no valor de R$ 270,3 milhões. Já no ano de 2016, segundo o relatório gerado pela CPI dos Crimes Cibernéticos da Câmara dos Deputados[5], foi apontado um prejuízo de R$ 615,4 milhões para os principais bancos.

Percebe-se, assim, que as políticas de segurança corporativa adotadas pelas instituições financeiras não se mostraram suficientes para evitar a ocorrência de ilícitos criminais, sendo também fundamental para a redução desses números que as polícias judiciárias estejam tecnicamente preparadas para esse tipo de investigação, não só com o escopo de desarticular os organizações criminosas, mas também efetivamente promover a responsabilização pelo crime de lavagem de dinheiro e a sua respectiva recuperação de ativos. Observa-se claramente que houve, nos últimos anos, um incremento das polícias judiciárias, seja através da aquisição de ferramentas tecnológicas, como também por intermédio da capacitação do seu efetivo, no que se refere ao combate ao crime organizado e à lavagem de dinheiro praticada contra instituições bancárias.

2. Breve histórico da Operação Véritas

A Operação Véritas iniciou-se no ano de 2020 pela Delegacia de Combate às Organizações Criminosas e à Lavagem de Dinheiro (DCOC-LD) e teve como objetivo investigar uma grandiosa organização criminosa que atuava no Estado do Rio de Janeiro, voltada ao cometimento de inúmeros delitos, em especial crimes de estelionato em face de instituições bancárias, falsificação de documentos e lavagem de capitais.

Verificou-se que os autores dos crimes eram pessoas com alto grau de expertise nesse tipo de fraude bancária, o que possibilitava trazer, em um curto período de tempo, um robusto retorno financeiro, atraindo, dessa forma, cada vez mais novos integrantes para a organização criminosa.

---

[4] O Relatório Anual da Febraban é um canal através do qual a entidade presta contas de suas atividades, iniciadas em 1993. Publicado anualmente, o relatório tem como objetivo apresentar, às diferentes partes interessadas, o desempenho da entidade e suas principais ações na busca de um sistema financeiro saudável, ético, eficiente e sustentável.

[5] <https://www2.camara.leg.br/atividade-legislativa/comissoes/comissoes-temporarias/parlamentar-de-inquerito/55a-legislatura/cpi-crimes-ciberneticos>.

O primeiro passo da investigação foi dado com a análise de informações trazidas pelas agências de inteligência. Foi iniciada uma investigação preliminar com a confecção de um Relatório de Informações e Análise de Vínculos (RIAV), onde foram relacionados registros policiais de diversos crimes atribuídos aos investigados, bem como a vinculação subjetiva entre eles.

Desde o início já restou comprovado o crime antecedente perpetrado pelos investigados, elemento este essencial para a configuração do delito de lavagem de dinheiro, uma vez que os 15 nacionais inicialmente investigados no presente inquérito policial foram presos em flagrante delito após uma empreitada criminosa (fraude bancária com cartões clonados, desvio de dinheiro e fraudes em caixas eletrônicos) ocorrida no Estado de Minas Gerais, com um prejuízo estimado em R$ 224.000,00 só na referida ocorrência, porém que poderia ter ultrapassado a quantia de R$ 2 milhões se somadas a outras ações fraudulentas identificadas pelas autoridades de segurança à época. Os investigados apresentavam, ainda, patrimônio incompatível com seus rendimentos, uma vez que não possuíam vínculo empregatício lícito, tampouco registro de participação societária compatível com ganhos capazes de justificar o alto padrão de luxo ostentado em suas redes sociais.

Através de técnicas investigativas e quebras de sigilos deferidos pela autoridade judiciária competente, foi possível confirmar as informações inicialmente levantadas, sendo demonstrado que a presente organização criminosa utilizava-se de um sofisticado e muito bem elaborado sistema para a realização de fraudes envolvendo emissão de cheques, cartões de crédito e outras fraudes bancárias, com participação de funcionários de instituições financeiras, assim como grande circulação de dinheiro em espécie, além de aquisição de diversos bens como veículos, criptomoedas, joias, pedras preciosas e casas.

Com o avançar das investigações, e principalmente com a quebra do sigilo deferido judicialmente, identificaram-se dois grupos atuando em harmonia nas fraudes bancárias. O elo dos referidos grupos era o líder dessa Orcrim, cujos documentos obtidos digitalmente demonstraram a posição de hierarquia, com a cooptação de novos integrantes para a organização criminosa e de funcionários dos bancos para a consecução das fraudes. Ele também figurava como destinatário final de vários desses valores obtidos ilicitamente. Além disso, se destacava por dar ordens aos demais integrantes e por exercer voz de comando em todas as fases das fraudes perpetradas.

Foram obtidas, através da medida cautelar, conversas em aplicativo de relacionamento, fotografias de comprovantes bancários, agendas telefônicas, dentre outros elementos informativos.

Assim, foram identificadas duas principais modalidades de fraude bancária:

1) Na modalidade **fraude com cheque**, a organização criminosa consegue, com auxílio de funcionários dos bancos, interceptar talonários enviados aos clientes por via postal e, de posse das respectivas folhas, realizar a compensação mediante o preenchimento dos valores desejados e falsificação das assinaturas dos clientes. Além disso, os fraudadores "clonam" (através da participação de funcionários das operadoras de telefonia) o número de telefone pessoal do cliente para que no momento da confirmação dos dados para a compensação outros integrantes da quadrilha se passem pelo cliente e assim induzam o caixa ao erro.

Durante os cumprimentos dos mandados de prisão e de busca e apreensão, os policiais civis conseguiram localizar o equipamento utilizado pela Orcrim para falsificar as assinaturas das vítimas. Tratava-se de uma impressora "cutting plotter", adaptada para que no lugar da lâmina de precisão fosse colocada uma caneta. Com isso, reproduziam fielmente a assinatura das vítimas.

Figura 30. Impressora *cutting plotter* adaptada para falsificação de assinaturas. Fonte: inquérito policial.

A audácia dessa Orcrim foi tamanha que seus membros confeccionaram um boletim de ocorrência onde "simulam" terem sido vítimas do golpe que aplicam em suas vítimas. Na ocasião, detalharam o que se apurou tratar-se, com exatidão, do seu próprio *modus operandi* nessa modalidade de fraude. O objetivo da confecção desse boletim de ocorrência era saber como a Polícia Civil e os bancos atuavam quando tomavam conhecimento da existência de uma fraude bancária, pois assim eles poderiam sofisticar ainda mais a sua empreitada criminosa para inviabilizar as investigações.

2) Na modalidade **fraude com cartões de crédito**, a investigação demonstrou que o grupo possivelmente simulava transações comerciais inexistentes por meio de máquinas instaladas e cartões clonados em seu escritório montado exclusivamente para a consecução de tais crimes.

Outro fator que chamou bastante atenção foi que o "escritório" utilizado pela Orcrim para a execução das fraudes era demasiadamente precário. Apesar dos integrantes do bando processarem os dados das vítimas em computadores de última geração, estes o faziam sentados em cadeiras de praia, com muitos fios soltos e pouca estrutura formalmente constituída, o que leva a indicar a possibilidade de rápida mudança e facilidade em uma eventual fuga.

Observa-se, ainda, que as lideranças dessa organização criminosa, com o intuito cada vez maior de aumentar os seus rendimentos e diminuir o risco de serem surpreendidas pelas autoridades policiais, passaram a investir boa parte do capital arrecadado no aliciamento de novos integrantes para o grupo. Os principais alvos desse aliciamento eram pessoas com formação técnica para manuseio de softwares de última geração, assim como funcionários dos bancos, que em sua maioria eram gerentes com alto poder de decisão dentro das instituições financeiras. Analisando as provas colhidas nos autos, verificou-se que essas pessoas eram remuneradas com altos "salários", assim como uma porcentagem sobre determinados golpes consumados pelo grupo criminoso.

Além disso, identificou-se que a presente organização criminosa colocava alguns de seus integrantes para participar de processos seletivos nos bancos com o objetivo de integrar os seus quadros de funcionários. Dessa maneira, eles conseguiam ter membros da Orcrim "infiltrados" em quase todos os principais bancos.

Ao final das investigações, apurou-se que o presente grupo criminoso teria, em aproximadamente um ano, gerado um faturamento criminoso na ordem de R$ 13 milhões, além da compra de inúmeras pedras preciosas, investimento em criptoativos, carros de luxo e imóveis em regiões nobres da cidade.

Figura 31. Pedras preciosas adquiridas pelos criminosos.
Fonte: inquérito policial.

Essa investigação resultou no indiciamento de 32 investigados, sendo que 14 foram presos preventivamente, além da expedição das ordens de bloqueio de bens e valores.

3. Técnicas utilizadas

A evolução dos meios utilizados pelos criminosos para a consecução de seus crimes demanda atualização constante das técnicas de investigação e análise. Nesse contexto, o uso dos meios tecnológicos mais avançados disponíveis teve papel de grande relevo para garantir certa "vantagem de armas" em prol da segurança pública.

Dessa forma, foram eleitos e efetivamente executados os respectivos meios:

- **Análise de vínculos**, com a identificação dos vínculos de parentesco e afinidade entre os investigados e pessoas próximas, que num primeiro momento poderiam estar sendo utilizadas para movimentar ativos ilícitos e/ou dissimular operações fraudulentas de forma a viabilizar parte do ciclo da lavagem de dinheiro.
- **Análise das redes sociais dos investigados**, o que serviu de orientação para delimitar a matriz objetiva para enquadramento dos então suspeitos como elementos de interesse para investigação de lavagem de dinheiro, tendo em vista o conhecimento do crime patrimonial gerador de riquezas anterior e a não existência de vínculo empregatício lícito ou atividade empresária capaz de justificar vida de luxo e ostentação.
- **Interceptação do fluxo de dados telemáticos, contas de e-mail e redes sociais autorizada judicialmente**, o que no presente caso foi a mais importante técnica especial de investigação, posto que a grande maioria dos indiciados só se comunicava por meio de aplicativos de mensagens, trocando constantemente imagens de suas telas com diálogos envolvendo os crimes; assim como imagens de comprovantes de extratos bancários que indicavam remetentes e destinatários de transações fraudulentas, bem como o vulto dos valores subtraídos, datas, instituições lesadas, perfis de vítimas eleitas como de "maior interesse", convite a outros integrantes da Orcrim, divisão do produto do ilícito e o *modus operandi* em cada uma das fraudes. O trabalho tecnológico de interceptação telemática possibilitou a obtenção de dados armazenados em nuvem, revelando a participação de gerentes das agências bancárias cooptados pelos líderes da Orcrim, que recebiam um percentual do produto das fraudes e auxiliavam na identificação das vítimas e na própria realização das fraudes, assim como a participação de agentes públicos policiais, que no mais das vezes faziam a escolta armada dos demais integrantes responsáveis pelos saques das vultosas quantias obtidas e pela consulta em sistemas policiais acerca dos

dados de algumas das vítimas, bem como monitoramento acerca da existência de eventuais investigações em desfavor dos integrantes do bando.

- **Interceptação telefônica**, que, não obstante a cada vez mais escassa utilização de tal meio pelos criminosos, justamente pelo receio de serem descobertos, possibilita sua identificação, deslocamento e posicionamento em locais onde os ilícitos se realizaram, o que se revelou como indício de grande relevo para ser coligido com os demais elementos e levar à formação da convicção sobre grande parte dos crimes.
- **Diligências de campo**, que trouxeram informações importantes como identificação de bens móveis e imóveis, estabelecimentos comerciais em funcionamento ou como de potencial uso de fachada, além de pessoas envolvidas e relacionadas a orientar os rumos da investigação.
- **Identificação das vítimas e coleta de seus depoimentos**, com o fornecimento de detalhes sobre os crimes sofridos, norteando assim algumas das demais ações em curso de forma a melhor delimitar a coleta de elementos da maior relevância para o êxito da inquisa, bem como a redução a termo das representações exigidas pela norma processual penal vigente, como atendimento necessário de uma condição de procedibilidade para a investigação dos crimes de estelionato.
- Por fim, **diligência de cumprimento de mandados de busca e apreensão nos endereços residenciais e empresariais dos investigados**, o que retornou resultado exitoso a partir da localização de bens adquiridos com os produtos das infrações penais antecedentes, assim como documentos, comprovantes de transações bancárias e seus respectivos valores e destinatário; e com maior relevância a arrecadação e apreensão dos telefones celulares do indiciados, cuja extração dos dados autorizada judicialmente possibilitou a descoberta de elementos subjetivos e objetivos até então desconhecidos, além de confirmar a hipótese levantada no início da investigação acerca do crime parasitário perquirido pelo departamento de lavagem de dinheiro.

Não há dúvidas de que lavagem de dinheiro e criminalidade organizada são temas umbilicalmente ligados, pois o objetivo último de qualquer organização criminosa é a legitimação de valores derivados de suas práticas ilícitas, com ou sem lucro. Os delitos que geram vultosas somas de dinheiro ilícito precisam ser reciclados e introduzidos na economia formal ou utilizados (KOSAK, 2017), com aparência de legitimidade, pelos beneficiários finais de tais esquemas criminosos. Obtida a vantagem ilícita, torna-se necessário desvinculá-la de sua origem criminosa.

A ocultação ou a dissimulação desse dinheiro se dá mediante práticas de lavagem de dinheiro, que passam pela colocação, pela dissimulação e pela integração dos capitais sujos em atividades empresariais de fachada ou para a aquisição de bens e serviços, quase sempre de alto valor, para os membros da associação criminosa.

Percebe-se que algumas organizações criminosas reciclam seus próprios ativos; nelas há agentes especializados na dissimulação da origem de tais capitais ilícitos. Já outras Orcrim "terceirizam" suas operações de lavagem de dinheiro, ao contratarem contadores, advogados, consultores tributários e operadores do mercado de capitais que se ocupam das tarefas de dissimulação e integração. Esse segundo caminho tem se tornado cada vez mais comum, pois a referida atividade de lavagem de capitais demanda tempo, dinheiro e expertise.

Existem diversas maneiras de operacionalizar a transformação do "dinheiro sujo" em "dinheiro aparentemente limpo", que são denominadas de "tipologias de lavagem de dinheiro". Tais tipologias envolvem múltiplas operações financeiras e comerciais realizadas de forma articulada pelas Orcrim.

Na Operação Véritas foram identificadas as seguintes tipologias para a lavagem de dinheiro:

- **Aluguel de contas bancárias**, que se dava na utilização da conta bancária de terceiro, conhecedor ou não das fraudes, mediante o pagamento de porcentagem de cerca de 5%. Os valores recebidos eram repassados às demais contas em prática de *smurfing* até o saque final.
- **Aquisição de imóveis e veículos em nome de terceiros.**
- **Investimento em criptoativos e pedras preciosas.**
- **Constituição de empresas de "fachada"**, que se configura por uma empresa constituída apenas documentalmente (somente no papel). Diferentemente da empresa de fachada, a empresa fictícia não tem nenhuma atividade econômica e é utilizada para contabilizar recursos provenientes do crime.
- **Constituição de "laranjas"**, intermediários que "emprestam" seus nomes, ocultando a identidade do real agente ou beneficiário. O "laranja" geralmente tem ciência de que está sendo utilizado e é, inclusive, remunerado pela "prestação dos serviços".
- **Estruturação**, que consiste no fracionamento do dinheiro oriundo do crime em valores inferiores ao limite estabelecido pelos órgãos reguladores para a comunicação da operação.

Durante o cumprimento da busca e apreensão realizada no decurso da Operação Véritas, foram encontrados equipamentos utilizados para a mineração de criptomoedas, compra de joias e pedras preciosas. A mineração de criptomoedas exige um investimento inicial alto e a compra de diversas criptomoedas localizadas em *exchanges*, aliadas à utilização de bancos digitais e estrangeiros, tinha o intuito de dificultar e/ou anular a possibilidade de comunicação pelos órgãos obrigados junto ao Coaf.

A aquisição de imóveis e veículos de luxo servia não só como proveito do crime, mas também como forma de justificar socialmente o sucesso dos negócios de "fachada", uma vez que as lideranças da presente Orcrim viviam uma vida de luxo, onde ostentavam seus bens livremente nas redes sociais. Muitos frequentavam ambientes com jogadores de futebol famosos, além de atores e celebridades.

4. Recuperação de ativos

Recuperação de ativos é uma expressão ampla que remete a todo o processo de retorno dos ativos ilícitos obtidos com o cometimento de uma infração penal geradora de lucros. Engloba desde a investigação e localização dos ativos, passando pelo bloqueio e efetivo confisco, até, finalmente, o retorno à vítima e ao Estado.

Já há alguns anos, a perda das vantagens do crime constitui parte de uma agenda internacional de combate à criminalidade organizada, representando ferramenta primordial nessa luta[6].

A Convenção da ONU sobre o tráfico ilícito de entorpecentes (Convenção de Viena), em 1988, trouxe para a pauta mundial a necessidade de adoção pelos países signatários, em suas legislações, de medidas para o confisco de bens – não somente de materiais e instrumentos destinados à prática do crime, mas também o confisco do produto do crime. Outros documentos internacionais como a Convenção contra o crime organizado transnacional (Convenção de Palermo), a Convenção contra a corrupção (Convenção de Mérida) e as 40 + 9 Recomendações do Grupo de Ação Financeira Internacional (GAFI) também tratam da temática.

É através da recuperação de ativos que o antigo adágio "o crime não compensa" ganha vida, incidindo de forma transversal nas esferas da prevenção geral e da prevenção especial. A retirada do proveito econômico da prática criminosa, nas infrações que visam o lucro, torna-a desinteressante para seus autores. Ademais, não se pode

---

[6] Em 2002, Peter Aldridge já apontava para o protagonismo da recuperação de ativos no âmbito do sistema criminal: "both confiscation and forfeiture are moving from the wings of the criminal justice system to centre stage" (ALDRIDGE, 2002, p. 782).

olvidar que um Estado Democrático de Direito tem como dever resguardar que, nos seus domínios, o crime não compense.

Dessa forma, tem-se que "o enfrentamento efetivo ao crime organizado não prescinde do ataque primário ao patrimônio da organização e às suas fontes de custeio. Só minguando o fluxo de capitais que o financia e confiscando os bens já convertidos em ativos lícitos pelos procedimentos de lavagem é que se pode pensar em verdadeira desidratação da atividade econômica ilegal" (MPF, 2017).

A pena de prisão, por si só, mostra-se ineficaz para a desarticulação dessas estruturas. Assim, tanto o perdimento de bens quanto a pena privativa de liberdade são essenciais ao combate à criminalidade econômica organizada e, portanto, estratégias complementares.

O pontapé inicial da recuperação de ativos é a **investigação patrimonial** (*asset confiscation investigation*), que tem o escopo primordial de identificar os ativos obtidos pelos criminosos, diretamente ou através de interpostas pessoas, por meio da atividade delituosa.

Quanto mais qualificada for a investigação patrimonial, maior a possibilidade de êxito na identificação e localização de bens que serão objetos de medidas assecuratórias e futuro confisco – e, consequentemente, mais efetivos serão o combate às organizações criminosas, a descapitalização e o retorno dos ativos à vítima e aos cofres públicos.

Na Operação Véritas, deu-se início à persecução patrimonial através da construção de um perfil econômico-financeiro dos principais investigados nas fraudes, bem como daqueles a estes associados pela movimentação, posse, custódia do produto ou proveito do fato criminoso.

Importante mencionar, por oportuno, que os alvos de uma investigação patrimonial não necessariamente serão todos os constantes da investigação do crime correlato que gerou as vantagens econômicas.

Em seguida, como é intuitivo, passou-se à consulta a bancos de dados, públicos e privados, e a sistemas aos quais os investigadores dispunham de acesso imediato, tais como Portal de Segurança do Estado do Rio de Janeiro, Rede Sinesp do Ministério da Justiça e Censec do Colégio Notarial do Brasil. A pesquisa direta junto aos Cartórios Notariais e de Imóveis foi evitada em um primeiro momento até que a investigação fosse externalizada (fase ostensiva), através do cumprimento das medidas cautelares, em função da possibilidade do envolvimento de funcionários em auxílio à Orcrim.

Merece registro que o resultado fornecido pelos bancos de dados que abarcam as informações sobre imóveis no Brasil não se mostrou exato. Ficou evidenciada a inexatidão da consulta fornecida pelo Censec, vez que não englobava todos os cartórios e não acompanhava a velocidade de transação dos integrantes das Orcrims, sem contar o uso de instrumentos como contratos de gaveta, artifício para a ocultação da real propriedade. Apesar disso, os dados apresentados trouxeram histórico de transações imobiliárias sem lastro à época de sua feitura.

A pesquisa através de redes sociais como o Instagram demonstrou o estilo de vida ostentado pelos investigados, que faziam questão de exteriorizar riqueza, postando fotos e vídeos em veículos de luxo e restaurantes. Verificou-se que os bens visualizados nas redes sociais não tinham como propriedade legal os alvos em questão, os quais se utilizavam de pessoas interpostas para ocultar patrimônio. Há de se destacar que em todo o período da investigação os alvos trocavam de veículo com enorme constância, dificultando o trabalho de monitoramento.

A análise de dados telemáticos trouxe à investigação elementos que agregaram substancialmente a descoberta de patrimônio dos alvos da investigação patrimonial na Operação Véritas.

Foi possível encontrar imagens de telas de telefones celulares em que os criminosos exibiam extratos de operações envolvendo criptomoedas, com a indicação de *exchange*, valores, data e titularidade; imagens de veículos de luxo com as respectivas placas, bem como mensagens em que os criminosos informavam uns aos outros sobre data da aquisição, valores, forma de pagamento e demais detalhes que levaram ao mais exato arrolamento de tais bens para fins de futura despatrimonialização; imagens de expressivo volume de dinheiro em espécie com a informação de valores e até mesmo indicação clara da localização do cofre ou esconderijo; imagens da declaração de Imposto de Renda enviada do alvo para seu gerente bancário, com detalhes sobre os bens e valores na tentativa de realizar negócios lícitos; imagens de telas dos telefones celulares dos alvos exibindo o acesso a programas de milhagens aéreas, o que possibilitou conhecer detalhes de gastos e quantidade expressiva de milhas aéreas geradas; imagens de pedras preciosas e barras de ouro em contexto de diálogo sobre a origem criminosa dos recursos obtidos e a clara intenção de fugir à fiscalização apor meio de tais ativos *in natura*.

Assim, identificados os ativos passíveis de futura medida assecuratória, se iniciou, já nesse momento, o planejamento da gestão desses bens que potencialmente seriam constritos de forma cautelar.

O planejamento de gestão de bens pode e deve ser iniciado antes mesmo da formulação dos pedidos de cautelares patrimoniais à Justiça, em razão da grande diversidade de ativos passíveis de constrição e das muitas dificuldades na sua administração.

Perguntas como: qual local abrigará os veículos, como fazer a gestão de criptoativos, como se dará a administração dos imóveis etc. já devem ser levantadas e respondidas antes da concretização das cautelares patrimoniais.

O planejamento estratégico para gestão de ativos na Polícia Civil do Rio de Janeiro, desde o ano de 2019, pode ser realizado pelo Gabinete de Recuperação de Ativos (GRA), que possui, dentre suas atribuições, "identificar, localizar, apreender e gerir bens ou produtos relacionados a crimes, em âmbito estadual, procedendo investigação financeira e/ou patrimonial"[7].

O GRA é estrutura integrante do Departamento Geral de Combate à Corrupção, ao Crime Organizado e à Lavagem de Dinheiro (DGCOR-LD), atendendo a toda a Polícia Civil nas demandas atinentes ao processo de recuperação de ativos.

Questão interessante, e que merece destaque quanto à gestão de ativos na Operação Véritas, foi a atuação do Núcleo de Operações com Criptoativos (NOC) do Ministério da Justiça e Segurança Pública em apoio à unidade policial do Rio de Janeiro. Tão logo identificada na investigação patrimonial a aquisição de criptoativos pelos investigados, foi realizado contato com o NOC, para que, em sendo exitoso o seu efetivo "encontro", o núcleo em referência atuasse em conjunto com a Polícia Civil, oferecendo suporte técnico operacional, o que, de fato, ocorreu após o cumprimento da medida de busca e apreensão, quando foi localizada na casa de um dos investigados uma *wallet* que abrigava as criptomoedas e sua respectiva *seed*.

Nota-se com esse exemplo concreto a importância da realização de um planejamento prévio de gestão dos ativos.

Identificados, nesse primeiro momento, os ativos pertencentes aos integrantes da organização criminosa, representou-se ao juízo criminal, presentes os requisitos legais, pelo deferimento de medidas assecuratórias.

---

[7] Decreto Estadual nº 46.601/2019.

As medidas assecuratórias são instrumentos essenciais da persecução patrimonial, resguardando as consequências econômicas do crime previstas nos artigos 91 e 91-A do Código Penal.

Com a deflagração da Operação Véritas (fase ostensiva), foram cumpridas ordens de sequestro e bloqueio de ativos, busca e apreensão de bens, materializando-se o que até então era demonstrado na persecução patrimonial.

A fase de gestão dos ativos constritos cautelarmente tem, então, seu início, apresentando como objetivo primordial a conservação do valor econômico desses bens.

O sucesso do processo de recuperação de ativos exige uma bem-sucedida gestão dos bens constritos, permitindo-se que ao final de todo o trâmite judicial, em regra após longos anos, seja preservado o resultado patrimonial útil de eventual sentença penal condenatória.

Como maneira de organizar e indexar os ativos constritos quando das operações policiais do DGCOR-LD, a unidade policial responsável pela operação deflagrada deverá preencher formulário intitulado "Inventário Patrimonial", o qual contém informações essenciais sobre os bens, entregando-o ao GRA no prazo máximo de 15 dias após a operação policial.

De posse do Inventário Patrimonial, decisões sobre a melhor maneira de gerir esses bens são tomadas. Analisam-se as possibilidades de **alienação antecipada**, nos casos em que o bem está sujeito a qualquer grau de deterioração ou depreciação, ou, ainda, quando houver dificuldade para sua manutenção; de nomeação de Administrador Judicial, bem como de autorização de uso dos bens.

A alienação antecipada, prevista no artigo 144-A do CPP, no artigo 4º, parágrafo 1º da Lei nº 9.613/98, artigo 61 da Lei nº 11.343/06, é tema da Resolução nº 356 do Conselho Nacional de Justiça, que normatiza os procedimentos para a alienação antecipada de bens apreendidos, sequestrados ou arrestados em procedimentos criminais, determinando, entre outras coisas, que os juízes decidam, no prazo de trinta dias a contar da constrição do bem, sobre o cabimento do referido instituto.

Quanto ao tema gestão de ativos, não se pode deixar de fazer referência à Secretaria Nacional de Política sobre Drogas (SENAD), do Ministério da Justiça e Segurança Pública, que vem despontando no cenário nacional como verdadeira agência de gestão de ativos no tocante aos bens relacionados a investigações de infrações penais que tenham previsão de perdimento para a União.

Alterações legislativas foram promovidas e processos operacionais foram reformulados para permitir que a SENAD pudesse atuar de forma eficiente na gestão de bens. Em seu portfólio da gestão de ativos[8] estão, entre outros, a venda de ativos biológicos, o projeto *Check In*, gestão e alienação judicial de empresas.

Por fim, como última etapa no sistema de recuperação de ativos, tem-se o perdimento de bens, com previsão em diversos dispositivos legais – artigo 91 e 91-A do Código Penal, artigo 7º da Lei nº 9.613/98 e artigo 63 da Lei nº 11.343/06.

5. Considerações finais

A Operação Véritas trouxe resultados financeiros de recuperação de ativos extremamente positivos, sendo considerado um marco no Estado do Rio de Janeiro no que se refere ao combate às organizações criminosas que atuam em fraudes bancárias. Foi responsável por desarticular um grandioso grupo criminoso que já vinha atuando por alguns anos em diversos Estados da Federação e que tinha a participação de policiais e gerentes de bancos, o que os tornava cada vez mais audaciosos.

A exposição desse *leading case* traz as entranhas de um grandioso esquema de fraudes financeiras e seu desdobramento na lavagem de dinheiro, com diversas tipologias de branqueamento de capital adotadas pela Orcrim.

O número de técnicas investigativas utilizadas demonstra a complexidade desse tipo de trabalho. Apesar disso, barreiras foram sendo transpostas no decorrer da persecução penal e velhos paradigmas derrubados, especialmente quanto à crença enraizada de que as grandes investigações devem ser voltadas aos crimes violentos.

Por fim, em que pese a grande evolução, esse tipo de defrontação ainda é carente de investimentos na aquisição de ferramentas e de capacitação de policiais. Nota-se, ademais, para um enfrentamento mais efetivo a essa modalidade criminosa, a necessidade de uma difusão de conhecimento em torno da temática de combate às fraudes bancárias e à lavagem de dinheiro, que para muitos ainda é um tema obscuro.

---

8 <https://www.gov.br/mj/pt-br/assuntos/sua-protecao/politicas-sobre-drogas/portfolio-da-dga/portifolio-da-gestao-de-ativos>.

Referências

ALDRIDGE, P. Smuggling, Confiscation and Forfeiture. **The Modern Law Review**, 65, 2002.

ANSELMO, M. A. **Lavagem de dinheiro e cooperação jurídica internacional.** São Paulo: Saraiva, 2013.

CÂMARA DOS DEPUTADOS. **CPI – Crimes Cibernéticos.** Disponível em: <https://www2.camara.leg.br/atividade-legislativa/comissoes/comissoes-temporarias/parlamentar-de-inquerito/55a-legislatura/cpi-crimes-ciberneticos>. Acesso em: 31 ago. 2023.

COMPLOIER, M. **Bens apreendidos no processo penal:** gestão e destinação. Curitiba: Juruá, 2018.

FEBRABAN. **Crescem golpes envolvendo manipulação de vítimas para roubo de informações pessoais.** 29 out. 2021. Disponível em: <https://portal.febraban.org.br/noticia/3704/pt-br/>. Acesso em: 07 nov. 2023.

FEBRABAN. **Relatório anual 2013.** Federação Brasileira de Bancos, 2013. Disponível em: <https://www.febraban.org.br/7Rof7SWg6qmyvwJcFwF7I0aSDf9jyV/sitefebraban/Relat%F3rio%20Anual%20FEBRABAN_2013.pdf>. Acesso em: 07 nov. 2023.

GIACOMET JÚNIOR, I. A. **Os Crimes Econômicos e sua Regulamentação pelo Sistema Financeiro Nacional.** Rio de Janeiro: Lumen Juris, 2016.

KOSAK, A. P. As três fases do crime de Lavagem de Dinheiro. **Jusbrasil**, 26 set. 2017. Disponível em: <https://canalcienciascriminais.jusbrasil.com.br/artigos/502922014/as-tres-fases-do-crime-de-lavagem-de-dinheiro>. Acesso em: 31 ago. 2023.

MINISTÉRIO DA JUSTIÇA E DA SEGURANÇA PÚBLICA. **Portfólio da Gestão de Ativos.** Disponível em: <https://www.gov.br/mj/pt-br/assuntos/sua-protecao/politicas-sobre-drogas/portfolio-da-dga/portifolio-da-gestao-de-ativos>. Acesso em: 31 ago. 2023.

MPF. **Roteiro de atuação – persecução patrimonial e administração de bens.** Brasília: Ministério Público Federal, 2017. Disponível em: <https://www.mpf.mp.br/atuacao-tematica/ccr2/publicacoes/roteiro-atuacoes>. Acesso em: 30 ago. 2023.

OLIVEIRA, C. V. L. de. Organizações criminosas: contexto histórico, evolução e criação do conceito legal. **Jus.com.br**, 01 jun. 2015. Disponível em: <https://jus.com.br/artigos/39693/organizacoes-criminosas-contexto-historico-evolucao-e-criacao-do-conceito-legal>. Acesso em: 30 ago. 2023.

SUPERIOR TRIBUNAL DE JUSTIÇA. STJ – AGRAVO REGIMENTAL NO CONFLITO DE COMPETÊNCIA AgRg no CC 151973 MG 2017/0091297-2 (STJ).

TEIXEIRA, A. **Perda das vantagens do crime no direito penal:** confisco alargado e confisco sem condenação. São Paulo, SP: Marcial Pons, 2020.

Operação Babilônia – Contra tudo e contra todos

Daniel Araújo [1]

> *Babilônia, a joia dos reinos, o esplendor do orgulho dos babilônios, será destruída por Deus, à semelhança de Sodoma e Gomorra. Nunca mais será repovoada, nem habitada, de geração em geração; o árabe não armará ali a sua tenda e o pastor não fará descansar ali o seu rebanho (ISAIAS 13:19-20).* [2]

1. Introdução

Esta é a historiografia, análise de caso, da Operação Babilônia – uma investigação de lavagem de bens e capitais conduzida pela 3ª Delegacia Especializada de Combate ao Narcotráfico (DENARC/MG), que culminou na prisão preventiva de 13 investigados, em 23 mandados de busca e apreensão, no sequestro de 87 veículos e no bloqueio de mais de R$ 1 milhão nas contas de 27 pessoas físicas e jurídicas investigadas. Na deflagração da fase ostensiva da operação, foram mobilizados aproximadamente 200 policiais civis de Minas Gerais, oriundos de diversos departamentos especializados e do interior do Estado.

Objetiva-se analisar essa operação pelo fato de ela ser considerada um divisor de águas no modelo de combate ao narcotráfico desenvolvido pelo DENARC/PCMG e por fazer parte da nova cultura de enfrentamento às organizações criminosas, tendo como premissa básica o enfraquecimento patrimonial e financeiro, independentemente da constrição de liberdade, como forma infinitamente mais eficaz de

---

1 Daniel Moraes Cançado de Araújo é Delegado de Polícia Civil de Minas Gerais, lotado no Departamento Especializado de Combate ao Narcotráfico – DENARC/MG.

2 Essa foi a resposta de Sauley Bruno, Investigador de Polícia, coordenador de análise da investigação, quando foi questionado na reunião preparatória para a fase ostensiva da Operação acerca do nome para batizá-la.

– qualificadamente – reprimir o crime organizado e prevenir a reincidência criminosa daquela "empresa do crime".

Não obstante, aproveita-se a oportunidade para homenagear todos os policiais que participaram da investigação, pois dificilmente haverá a reunião de tantos profissionais capacitados e motivados, desde os policiais diretamente envolvidos na investigação até os mais altos cargos de Chefia da Polícia, bem como membros e servidores do Ministério Público e Judiciário. Todos realmente investidos do *munus publico* de servir à sociedade, despidos de vaidade e buscando o mesmo fim. Foi como um eclipse que só acontece de anos em anos.

2. Da formação da equipe e recebimento das informações

No início de 2019 começava um novo governo em Minas Gerais, e, como é de praxe em ocasiões de renovação política, a troca de comando na cúpula da Polícia Civil teve início. Descendo pela escala hierárquica, mudanças foram feitas nas chefias dos departamentos, levando o Dr. Júlio Wilke de volta ao DENARC (Departamento Especializado de Combate ao Narcotráfico), onde anteriormente titularizou uma das delegacias por cinco anos, agora para chefiar.

A partir de seu convite, o autor deste artigo veio para integrar a equipe do departamento, e foram estabelecidas metas, além daquelas institucionais (traduzidas em estatísticas de procedimentos), pactuadas internamente pelas delegacias do departamento, na intenção de destacar o DENARC dentro da Polícia Civil de Minas Gerais. A meta principal estabelecida *ab initio* era de apreensões de grandes volumes de droga, o que era chamado de "peso".

Iniciados os trabalhos, durante todo o decorrer de 2019 foram reunidas informações direcionadas àquele objetivo, e, durante aquele exercício, novas "contratações" foram chegando para reforçar o "time" da 3ª DENARC. No segundo semestre, foram recebidos três investigadores muito experientes oriundos do DEPATRI (Crimes contra o Patrimônio), dentre eles Daniel Pires do Santos, que foi nomeado Subinspetor da 3ª Delegacia, completando a equipe de dez investigadores, cada um com uma habilidade específica, tendo sido iniciada a colheita dos frutos pretendidos.

Em outubro de 2019 foi efetuada a primeira apreensão de mais de uma tonelada, o que repercutiu muito bem no meio policial, inclusive levando ao contato entre o time e a agência americana DEA (*Drug Enforcement Administration*), o que reforçou a sensação de estarmos no caminho certo.

Ocorre que, em meados de 2020, já tinham sido "acertadas" quatro apreensões de mais de uma tonelada. A parede estava repleta de quadros[3], porém era possível notar que aquele modelo de trabalho, além de repercutir cada vez menos para o Departamento, dava a nítida sensação de se estar "secando gelo".

Então, de meados para o fim daquele ano, o Chefe do Departamento já dizia nas reuniões que a partir de 2021 as metas internas não estariam mais atreladas ao volume de apreensão de droga. Segundo ele, a forma eficaz de combater o narcotráfico era estrangular a organização criminosa pela apreensão legítima do seu capital e bens.

Era consenso na equipe que o Dr. Júlio pretendia promover a mudança da cultura investigativa do DENARC, que até então trabalhava com o hábito secular de apreender o máximo de droga possível, retirando mercadoria e traficantes "de circulação", para levar à técnica mais moderna, que se pode resumir como *follow the money*[4].

Observando a mudança de cenário, a equipe da 3ª DENARC vislumbrou que o próximo trabalho de relevo deveria ser uma operação estruturada na investigação de lavagem de capitais, através da qual fosse possível promover não só a restrição da liberdade dos criminosos como a constrição do patrimônio adquirido com proveito da atividade ilícita e o bloqueio dos valores utilizados como capital de giro do negócio ilegítimo.

A Operação Babilônia começou pela reunião de informações em nível de inteligência, através da qual a equipe descobriu que "MICHAEL" (nome fictício, assim como o de todos os investigados doravante mencionados), traficante de renome da região oeste da capital mineira, havia expandido seus negócios e não era apenas mais um *drug dealer*[5]. Segundo as informações reunidas, ele havia estabelecido conexões no exterior para adquirir drogas direto do produtor, em grandes quantidades, "contrabandeá-las" pela fronteira (*drug smuggler*)[6] e abastecer não só a sua organização criminosa,

---

[3] Foi criada uma tradição: cada apreensão de mais de uma tonelada de droga merecia uma fotografia com toda a equipe posando com a droga, que era moldurada e pendurada na parede do Chefe de Departamento, uma forma de criar uma competição saudável e motivar as equipes. Naquele momento, havia, na parede, um quadro da equipe do Dr. Júlio, da época em que titularizou delegacia no departamento, e quatro quadros da 3ª DENARC.

[4] Tradução literal: siga o dinheiro. Bordão da língua inglesa que sugere que, em um esquema criminoso, o dinheiro deixa rastros que levam aos altos escalões da organização criminosa. A intenção é perseguir os recursos ilícitos para revertê-los ao Estado e, ao mesmo tempo, impedi-los de reingressar na economia regular, com isso enfraquecendo financeiramente a organização criminosa.

[5] Tradução literal: "negociador de drogas".

[6] Tradução literal: "contrabandista de drogas".

destinada ao comércio de drogas naquela região da cidade, como também outras Orcrims associadas que vendiam em outras regiões de Belo Horizonte.

Nessa altura do texto cumpre fazer duas ressalvas: uma sobre os antecedentes criminais de MICHAEL; e outra para explicar ao leitor a referência às expressões da doutrina americana.

Os primeiros registros de envolvimento de MICHAEL com o tráfico de drogas começam a surgir no sistema de boletins de ocorrências mineiro em 2012, época em que ele parecia estar iniciando no "ofício". De maneira muito rápida, galgou postos mais elevados na organização criminosa da região oeste de Belo Horizonte, inclusive praticando crimes violentos como roubo e homicídio, tendo sido indiciado como executor de um assassinato em 2014, motivo do seu primeiro mandado de prisão expedido pela Justiça e cumprido.

A partir de então, MICHAEL adquiriu experiência criminosa e estabeleceu contatos no exterior, iniciando a mencionada transição da atividade de *drug dealer* para *drug smuggler*.

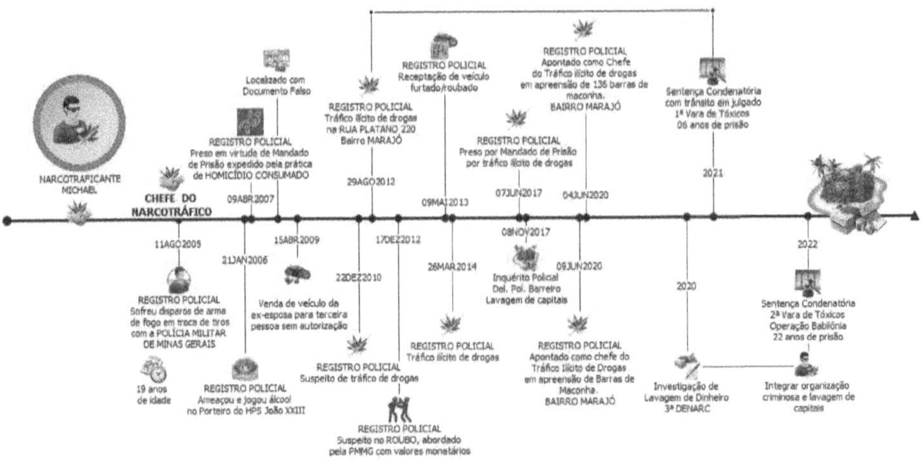

Figura 32. Imagem original do inquérito e do processo, apenas com os nomes verdadeiros suprimidos ou substituídos.
Fonte: inquérito policial.

Sobre a menção a expressões em inglês, na doutrina nacional, o adjetivo que se atribui ao indivíduo que pratica qualquer dos 18 verbos-núcleo do tipo penal previstos no artigo 33 da Lei nº 11.343/06 (importar, exportar, remeter, preparar, produzir, fabricar, adquirir, vender, expor à venda, oferecer, ter em depósito, transportar, trazer consigo, guardar, prescrever, ministrar, entregar a consumo ou fornecer drogas, ainda que gratuitamente, sem autorização ou em desacordo com determinação legal ou regulamentar) é traficante.

Ocorre que empiricamente a distinção entre as diversas atividades embutidas no adjetivo "traficante" é necessária para se estabelecer com que tipo de atividade a polícia está lidando e escolher os métodos de inteligência, investigação e ação policial que serão utilizados para neutralizar a ação delitiva e levar os autores à Justiça.

O traficante que domina o comércio de drogas em uma região da cidade, adquirindo seu produto ilícito de algum fornecedor e repassando através de seus "funcionários" (ou "vapores") ao usuário final, é um "varejista" da droga e não desempenha a mesma atividade que o traficante que estabelece uma conexão no país vizinho, reúne o capital de investidores dos diversos "donos de boca", adquire um grande carregamento de maconha no Paraguai, remete o dinheiro ao exterior em pagamento, transporta a droga, descarrega e, finalmente, distribui para as diversas organizações criminosas que dominam o varejo do tráfico em diferentes regiões da cidade, como um "fornecedor" de droga[7].

Continuando sobre a Operação, diante da mencionada informação, iniciou-se a realização de diligências preliminares (artigo 5º, § 3º do CPP), tais como a solicitação dos relatórios de inteligência financeira de MICHAEL e indivíduos a ele relacionados, bem como a qualificação de investigados, levantamento de seus locais e veículos, estabelecimento de vínculos entre eles, dentre outras verificações preliminares.

Nesse ínterim, em 04 de junho de 2020, a equipe da 2ª DENARC, sob o comando do Delegado Rodolpho Machado, efetuou a prisão em flagrante de quatro membros da organização criminosa de MICHAEL, dentre eles o "gerente" responsável pela distribuição da droga "contrabandeada" do Paraguai, no exato momento em que eles entregavam 136 barras de maconha para um *drug dealer* de outra região da cidade. Este último, caso tivesse tido sucesso na transação, iria realizar o fracionamento e a distribuição aos usuários finais. Naquela ocasião, o membro da equipe autuou em

[7] Ao leitor que não é especialista da área, é importante nivelá-lo com a informação de que o Brasil não é um grande produtor de droga. A grande maioria da droga que passa pelo país para ser remetida à Europa, bem como a droga que aqui é consumida, é produzida nos países ao leste do país, especialmente Colômbia, Bolívia e Peru (cocaína) e Paraguai (maconha). Essa geopolítica da droga demanda aos traficantes nacionais que busquem seu "produto" no exterior, o que torna necessário contrabandear pela fronteira e transportar aos Estados com consumo significativo (RJ e SP), quase sempre se servindo de MG como entreposto, e, claro, "espalhando" o entorpecente por todo o caminho que passa.

flagrante os quatro integrantes da Orcrim e apreendeu três veículos que transportavam as drogas e os autuados.

O gerente VICTORIO já era alvo da investigação preliminar, e a sua prisão em flagrante trouxe a confirmação de que a informação em apuração era "quente", fornecendo o sinal necessário para a formalização da investigação pela instauração de inquérito policial, que foi distribuído por dependência aos Autos da Prisão em Flagrante feita pela 2ª DENARC, à segunda das cinco varas de Tóxicos, Organização Criminosa e Lavagem de Bens e Valores de Belo Horizonte/MG[8].

3. Da investigação

Com a informação de que MICHAEL havia se transformado em um "contrabandista" internacional de drogas, veio a notícia de que ele havia se associado a um empresário do ramo de varejo no norte de Minas Gerais, que seria seu sócio nos investimentos para o "contrabando" da droga e fazia sua própria distribuição na região do Vale do Jequitinhonha.

DILLON é filho de um empresário que fundou uma rede de lojas de eletrodomésticos no norte de Minas e foi assassinado a tiros em Porto Seguro/BA. Na ocasião do homicídio, poucos minutos antes dos disparos DILLON se fazia presente e havia acabado de descer do veículo onde seu pai foi alvejado, tendo sido investigado como mandante do homicídio pelos colegas da PCBA, com quem foi feito contato. Foram repassadas as informações colhidas acerca deste fato durante a deflagração da Operação.

Para verificar a informação da ligação entre MICHAEL e DILLON, enviou-se uma equipe chefiada pelo investigador Wanderson Silva até a região. Na diligência eles puderam constatar que a esposa de DILLON fazia uso de um veículo Mercedes-Benz blindado[9], de propriedade de MICHAEL, confirmando o vínculo entre ambos.

---

[8] Há pouco tempo, o TJMG possuía quatro Varas de Competência em razão da matéria especializada em tóxicos e em razão territorial adstrita à capital mineira, porém, no mesmo fluxo de mudança da perspectiva de combate ao tráfico de drogas e organizações criminosas, recentemente o Egrégio Tribunal criou a 5ª Vara e ampliou a matéria para além de tóxicos, organização criminosa e lavagem de bens e capitais, ampliando ainda o território, estendendo para toda a região metropolitana de Belo Horizonte.

[9] Atualmente, o mencionado veículo é de uso do Secretário de Justiça e Segurança Pública do Estado de Minas Gerais, depositado pela MMa. Juíza da 2ª Vara de Tóxicos, Organização Criminosa e Lavagem de Bens e Valores, nos termos do artigo 62 da Lei nº 11.343/06.

O mencionado veículo já tinha sua busca e apreensão decretada em outro processo a que MICHAEL respondia, informação essa repassada para a PCMG local, que realizou a apreensão em 27 de agosto de 2020, com o competente registro do fato, que foi levado aos autos da investigação para demonstrar o vínculo entre os investigados.

DILLON herdou de seu pai assassinado uma pequena rede de lojas varejistas que atendia o norte de Minas Gerais. Não se sabe se o que o motivou foi crise ou ganância, mas fato é que ele adentrou o mundo do tráfico e se associou a MICHAEL, tendo misturado seus negócios lícitos com o tráfico de drogas, chegando inclusive a registrar uma "empresa de fachada", que nominou de ANGOLA, em nome de um "funcionário laranja" chamado JOSEPH ANGOLA, que era administrada pelo operador financeiro da organização criminosa e registrava intenso fluxo de operações financeiras do tráfico em suas contas bancárias.

DERICK era o operador financeiro da organização criminosa. Ele era o *link* entre os núcleos da "Caipira" e "Capital", um liderado por DILLON e o outro por MICHAEL.

Em resumo, o funcionamento da organização criminosa era o seguinte: MICHAEL recebia dinheiro em espécie de diversos pontos de tráfico da capital, sendo um deles dominado por ele próprio, e outros por traficantes varejistas que viam nele um fornecedor.

DILLON recebia dinheiro em espécie de diversas cidades do Vale do Jequitinhonha mineiro, sendo que ele mesmo dominava o tráfico na região da pequena cidade do norte de Minas – de onde é natural. Já as demais cidades daquela região eram dominadas por outros traficantes varejistas que viam nele um fornecedor.

Recebido o dinheiro em espécie, MICHAEL e DILLON providenciavam o ingresso do papel moeda no sistema financeiro através da utilização de "laranjas", que efetuavam o depósito nas contas das "empresas de fachada" de ambos. No caso de MICHAEL, a fachada eram alguns CNPJs relacionados a um pequeno desmanche de veículos para revenda de peças usadas, ao qual ele confere aparência de licitude para alegar que é sua atividade principal e tentar justificar a movimentação de dinheiro em espécie. No caso de DILLON, a fachada era a ANGOLA Ltda., CNPJ constituído através do nome do laranja JOSEPH, com endereço registrado no mesmo imóvel do seu varejo de eletros inicialmente legítimo e administrada pelo operador DERICK através de procuração lavrada em cartório por JOSEPH, a mando de DILLON, constituindo DERICK para representar o CNPJ perante instituições financeiras.

Através dos contatos estabelecidos por MICHAEL no exterior, ele e DILLON remetiam o dinheiro do "consórcio"[10] para a região de fronteira, especialmente na divisa do Mato Grosso do Sul, onde a retirada do sistema financeiro e nova transformação em espécie eram providenciadas por criminosos de lá, os quais, em troca do capital remetido, enviavam grandes quantidades de droga produzida nos países vizinhos para ser distribuída em Minas Gerais.

Durante a logística da droga, ela precisa escapar das fiscalizações da PRF, das abordagens da PM e de eventual flagrante fruto de investigação das PCs e da PF[11][12], ser descarregada em algum dos pontos utilizados pela organização criminosa como "porto seco" e, posteriormente, distribuída aos diversos traficantes consorciados para o fracionamento e a venda direta ao usuário-consumidor final. Esse ciclo se retroalimentava e gerava enormes lucros que precisavam ser "lavados"[13]. Era aí que DERICK entrava.

Figura 33. Imagem obtida através da extração judicialmente autorizada pelo Juízo, do aparelho celular de DERICK, apreendido durante o cumprimento da busca e apreensão/prisão preventiva. Fonte: inquérito policial.

---

[10] A polícia nomeou de "consórcio do tráfico" o fenômeno segundo o qual diversos traficantes varejistas reúnem seu capital e entregam a um outro traficante, que remete o capital de todos para a região da fronteira e adquire um carregamento grande de drogas. Adquirida a droga, ela é contrabandeada de volta para o local de origem do capital através de um grande carregamento, que depois é distribuído para diversos varejistas, que fracionam sua parte e revendem ao usuário final.

[11] Caso a carga seja interceptada por qualquer das polícias, o que acontece é que o motorista é preso em flagrante, a droga apreendida, e a Orcrim passa ilesa, porque um motorista e uma carreta são facilmente substituídos por outro caminhoneiro disposto a se arriscar por pouco dinheiro. E o prejuízo financeiro pouco importa, diante das gigantescas margens de lucro do *bussiness* tráfico de drogas.

[12] As Polícias Civis e Federal costumam conduzir investigações durante um longo período, através das quais reúnem "provas" de que um "bando" de indivíduos é traficante, mas precisa materializar o crime, através da apreensão de droga e ligação dela aos autores, o que demanda na maioria das vezes a prisão em flagrante de autores em contato direto com a droga, mas não resume a responsabilidade criminal apenas a estes.

[13] Em termos leigos, lavagem de bens e capitais consiste em ocultá-los ou conferir aparência de licitude.

Ele era o homem que conferia aparência de legalidade ao produto de crime do tráfico e assumia o personagem de empresário bem-sucedido, conduzindo veículos de luxo e ostentando viagens nas redes sociais.

Na verdade, DERICK era um "funcionário" de MICHAEL e DILLON, recebendo ordens de ambos para movimentação do capital e do patrimônio, às vezes utilizados (ambos, capital e patrimônio) para pagamento de "mercadoria" (droga) adquirida perante os produtores, às vezes ocultando lucros que eram realizados e não mais iriam servir de "investimento" na "firma".

Somado a tudo isso, segundo ele próprio, autoproclamado especialista em obtenção de crédito perante instituições financeiras, ele movimentava o dinheiro da organização criminosa entre diversas contas relacionadas às "empresas de fachada" e aos "laranjas", aumentando o *score* dessas pessoas físicas e jurídicas perante as instituições financeiras, para depois obter crédito para aquisição de patrimônio que ele não tinha a menor intenção de quitar.

DERICK geria as finanças do pequeno desmanche de MICHAEL, da loja de varejo de fachada de DILLON e dos diversos "laranjas" manipulados por ambos (p. ex.: JOSEPH ANGOLA), fazendo o fluxo do capital passar por diversas contas bancárias até chegar à região da fronteira, no Mato Grosso do Sul.

Com isso, além de operar o dinheiro do tráfico, ele obtinha os mencionados *scores* para obtenção do crédito e adquiria diversos automóveis, que negociava para terceiros sem a menor pretensão de honrar o financiamento.

Não obstante, a investigação obteve acesso à citada procuração pública que dava poderes a DERICK para administrar a ANGOLA Ltda., o que foi uma incontestável evidência da ligação entre eles. A equipe também teve acesso à escritura e ao registro de pelo menos três imóveis adquiridos por MICHAEL em nome de seus familiares, cujo respectivo pagamento foi efetuado com dinheiro em espécie, constante da escritura pública de compra e venda, o que prova a intenção de ocultar o patrimônio adquirido com recursos ilícitos em nome de terceiros.

4. Das ferramentas utilizadas

Neste tópico, pretende-se explicar superficialmente ao leitor como se inicia e se desenvolve uma investigação dessa natureza. Neste caso, de maneira muito sumária, recebe-se a informação de um colaborador, que permanece anônimo, noticiando que MICHAEL, velho conhecido da polícia, estava agora associado a DILLON, empresário do norte de Minas, e que os dois estavam "importando" droga da fronteira e distribuindo por todo o estado.

A partir desse ponto, a equipe se mobilizou e começou a realizar diversas diligências no intuito de verificar a verossimilhança da informação recebida e o potencial que ela tinha de produzir uma investigação relevante. Essa fase é importante porque a investigação demanda diversos recursos (humanos, logísticos e financeiros) absolutamente escassos na polícia e que precisam ser empregados da maneira mais eficaz possível.

As diversas diligências da Operação Babilônia consistiram em qualificar os outros 11 membros da organização criminosa presos ao final, além dos dois líderes[14], estabelecer a ligação entre eles e demonstrar ordenação estrutural e divisão de tarefas da "empresa do crime", assim como provar que o seu fim era a obtenção direta e indireta de vantagem econômica através do tráfico de drogas.

No presente caso, utilizou-se bastante a ferramenta do Relatório de Inteligência Financeira[15] (RIF), produzido pelo Conselho de Controle de Atividades Financeiras do Banco Central (Coaf). Analisando a informação de inteligência financeira à luz dos demais elementos objetivos e subjetivos de informação reunidos acerca de lavagem dos bens e capital da organização criminosa, entende-se que o afastamento do sigilo bancário levaria muito tempo e poderia levar (como levou) ao mesmo resultado prático que as demais evidências reunidas levariam, sem o tempo e esforço adicionais de análise que a mencionada quebra de sigilo demandaria.

Paralelo a isso, a equipe de investigação decidiu representar pelo afastamento cautelar do sigilo telefônico dos investigados para promover a interceptação telefônica dos membros da organização criminosa. Diferentemente do que se pode imaginar de início, a intenção ia além de reunir indícios de autoria de tráfico de drogas, mas também reunir provas sobre a formação da organização criminosa e lavagem de dinheiro.

---

[14] MICHAEL estava foragido até o dia da conclusão deste texto, e a inteligência aponta que existem evidências de que ele está escondido em uma comunidade do Rio de Janeiro, associado a outra organização criminosa sediada lá, em local de difícil acesso à polícia para sua captura, em virtude do poderio bélico criminoso e da geografia do local.

[15] O RIF (Relatório de Inteligência Financeira) é informação produzida pelas instituições financeiras e enviada ao Banco Central, informando que por algum motivo suspeitou-se daquela operação e que, tratada por técnicos do Coaf, é enviada às forças de segurança quando solicitada. Não tem caráter probatório, não serve de prova na Justiça, mas orienta os investigadores para o rumo de onde devem buscar as evidências pretendidas – *follow the money*.

Um grande profissional da DPF costuma dizer que em casos como este a interceptação serve para "mapear" a organização criminosa, como, por exemplo: qualificar outros membros que não estavam qualificados e que estabelecem contato com outros investigados que estavam interceptados; levantamento de eventual endereço, que, apesar de não constar das fontes abertas e fechadas de consulta policial, vem sendo utilizado por determinado investigado; acompanhamento das Estações Rádio Base (ERBs)[16] dos investigados para permitir identificar bens adquiridos com o dinheiro ilícito obtido através do tráfico e posterior apreensão e reversão ao Estado etc.

Não obstante, muitas vezes certos diálogos causavam à equipe certo espanto e permitiam uma maior noção de como o crime organizado tem a possibilidade de estender seus "tentáculos" até as esferas do poder. Em 20 minutos de diálogo, DILLON revela como manipulava partidos políticos do pequeno município e demonstra seu desrespeito pelas forças de segurança e pelo sistema de justiça:

> *... esta ligação deve estar sendo gravada é pela Federal, pela Civil, ou por quem quer que seja. Dinheiro respeita dinheiro. Ética respeita ética. Pau respeita pau. Existe uma questão hierárquica na vida: soldado tem que prestar respeito ao soldado, o soldado ao cabo, o cabo ao sargento, o sargento ao tenente, o tenente ao major, o major ao coronel. E assim vai. São hierarquias dentro de qualquer sistema. Desembargador, Juiz, Advogado. Esses caras mexeram na casa de vespeiro...*
>
> *... Esses caras ligaram para mim. Eu não ia me envolver com política. Eu tava quietinho. Agora já mandei Yago fazer é 40 mil santinhos, 300 adesivos de carro. [...]. Eu vou é fazer uma campanha para vereador, que nem deputado nunca fez. Pode escancarar: DILLON é 23!!! Vou colocar adesivo em meu carro, vou colocar carro de som na rua. Vou fazer o c*r*lho...*

5. Da deflagração da fase ostensiva

A deflagração da fase ostensiva da operação é o exato instante em que a investigação deixa de ser sigilosa, e os investigados tomam conhecimento dela através do cumprimento das medidas cautelares pela polícia.

---

[16] ERB significa "Estação Radio Base". É o equipamento fixo que faz a conexão entre os telefones celulares e a companhia telefônica. Uma vez afastado o sigilo telefônico do investigado, a ERB permite delimitar uma área aproximada de onde está aquele aparelho telefônico.

Essa é a fase em que os investigadores deixam suas roupas comuns em casa, estacionam as viaturas descaracterizadas e saem de madrugada vestindo uniforme da Polícia Civil, em viaturas ostensivas e de sirene ligada e luzes acesas, para dar cumprimento aos mandados de prisão e busca e apreensão decretados pela justiça.

Essa ressalva é importante porque a grande maioria das pessoas que toma conhecimento, através da imprensa, da deflagração de uma operação policial não imagina que aquilo é uma pequenina ponta de um enorme iceberg de trabalho investigativo, desenvolvido ao longo de meses a fio, como neste caso, com longas viagens ao norte de Minas, usando os poucos veículos oriundos de depósito judicial, extremamente precários e sem nenhuma manutenção do Estado, arriscando suas vidas em estradas e na maioria das vezes sem pagamento de diárias e sequer sem combustível, simplesmente porque a equipe está imbuída de espírito de cumprir sua missão.

Quem vê na TV os policiais de preto derrubando portas e trazendo os presos para a delegacia não imagina as horas que a equipe passou sentada, analisando os inúmeros documentos, expedindo centenas de ofícios, colhendo vários depoimentos, produzindo longos relatórios, para demonstrar à justiça os indícios de que aquelas pessoas são "delinquentes" e que, em liberdade, constituem risco para a investigação e para sociedade.

Tudo isso em computadores com mais de dez anos de uso, em salas absolutamente insalubres, por diversos meses com salários atrasados, sempre muito mal pagos, exclusivamente porque vestiram a camisa do justo contra o errado.

Figura 34. Imagem extraída da cobertura da imprensa durante a deflagração da fase ostensiva da Operação Babilônia – 24 de fevereiro de 2021.
Fonte: Operação (2021b).

Após mais de um ano de investigação, várias horas de interceptação telefônica degravadas, milhares de documentos analisados, inúmeras viagens realizadas para o norte de Minas, produção de minucioso relatório de investigação, representação por afastamento cautelar de diversas garantias constitucionais dos investigados, parecer favorável da ilustre Promotora de Justiça atuante no inquérito e no processo cautelar, a MMa. Juíza decretou 13 prisões preventivas, 19 mandados de busca e apreensão, 87 medidas cautelares de sequestro de veículos e o bloqueio de até R$ 10 milhões nas contas dos CPFs e CNPJs investigados.

A deflagração foi um desafio porque demandou o cumprimento simultâneo de medidas cautelares em diversos municípios, uma vez que, a partir do cumprimento de qualquer uma delas, a investigação não seria mais sigilosa e eventualmente permitiria que alguns deles fugissem ou ocultassem documentos e bens, frustrando a prisão ou impedindo a apreensão pela polícia.

A organização criminosa foi dividida em dois núcleos: núcleo capital, vinculado ao líder MICHAEL, onde seriam cumpridos nove mandados de prisão e 15 mandados de busca e apreensão; e o núcleo denominado caipira, onde seriam cumpridos quatro mandados de prisão e oito mandados de busca e apreensão.

Todo o DENARC/MG foi mobilizado e foi designada uma equipe chefiada pelo inspetor-geral do DENARC à época, Rogério Antônio da Silva, para coordenar a deflagração referente ao núcleo caipira (norte de Minas Gerais). Ele foi recebido pelo Delegado Thiago de Carvalho Passos e por vários policiais do departamento local, convocados a apoiar o cumprimento das medidas – e que desempenharam seu mister com perfeição.

O restante dos policiais ficou em Belo Horizonte e foi "guia" dos aproximadamente 200 Policiais Civis da capital, que prestaram o mesmo tipo de apoio e a quem são rendidas as mesmas homenagens de gratidão neste artigo.

As 24 horas que antecedem o dia D da deflagração são o que o autor deste artigo denomina de "fase do arrependimento". Inclusive, é comum que os policiais, e também o autor deste artigo, se perguntem o motivo de fazerem aquilo, se exporem aos riscos, a si próprio e à equipe, passando por cansaços extremos, riscos de acidentes etc. Muitas vezes o sentimento é de que não há reconhecimento, incentivo ou proteção. Daí vem a frase tão falada pela equipe: "contra tudo e contra todos". A sensação é que a equipe só pode contar consigo mesma, que não poderia ser socorrida por mais ninguém.

Ser policial não é profissão, ser policial é missão. É por aceitar a missão que tudo isso é feito: não é por dinheiro, não é por obrigação, é simplesmente porque precisa ser feito. Se não for feito pelos policiais, não será por mais ninguém. O esforço sempre é o de proteger a sociedade.

Em 23 de fevereiro de 2021, às cinco horas da manhã, foi deflagrada com sucesso a Operação Babilônia, cumprindo 11 dos 13 mandados de prisão preventiva, bloqueio de mais de R$ 1 milhão e lançamento de impedimento judicial em 87 veículos, dentre eles 22 efetivamente apreendidos e que o DENARC planejava ser autorizado a fazer uso deles nas investigações futuras.

A Operação Babilônia teve ampla cobertura da imprensa, e o autor deste artigo acompanhou, juntamente com o então Chefe de Departamento Dr. Júlio, o cumprimento dos mandados de prisão e busca e apreensão de DERICK em um edifício de apartamentos de alto padrão. A CORE (Coordenadoria de Recursos Especiais) da PCMG logrou êxito em prender o investigado e arrecadar diversos documentos comprobatórios, somados a um veículo de alto luxo utilizado por ele.

Deflagrada a fase ostensiva, é como se disparasse um cronômetro, com tempo muito apertado, para conclusão da investigação, uma vez que a partir desse dia os investigados estavam presos preventivamente e urgiam o oferecimento da denúncia e o início do processo criminal.

6. Da fase judicial

Os autos foram remetidos à justiça, e, em 29 de abril de 2021, a Promotora de Justiça, investida de atribuição, ofereceu a denúncia em desfavor de 14 investigados, um a mais que o indiciamento.

Isso aconteceu porque, em virtude da mencionada limitação de recursos, não foi possível prolongar a investigação para além das fronteiras de Minas Gerais, deixando de se aprofundar sobre o destino do dinheiro no Estado do Mato Grosso do Sul.

Certamente, há lá um braço da organização criminosa que recebe os valores enviados de Minas, retira novamente do sistema financeiro, leva até o país vizinho e envia o carregamento de drogas para o Brasil.

Aqui cumpre pontuar que, caso se soubesse – àquela época da existência – do projeto M.O.S.A.I.C.O. da SEOPI (Secretaria de Operações Integradas) do Ministério da Justiça e Segurança Pública, que promove a integração operacional entre as Polícias Civis, o fim para esses membros da Orcrim sediados no Mato Grosso do Sul seria outro, o que revela que o Estado precisa – e tem se esforçado em – encontrar mecanismos para vencer essa barreira da atribuição estatal das PCs, uma vez que o crime organizado não respeita fronteiras. Naquele momento, em virtude da escassez de recursos, decidiu-se limitar a investigação ao alcance da PCMG, não obstante o *parquet* tenha entendido que já tinha elementos suficientes para oferecer denúncia em desfavor de um deles.

A denúncia foi devidamente oferecida e o processo instruído até a audiência de instrução e julgamento. Nessa ocasião, o autor deste artigo, Sauley Bruno e o investigador Luiz Eduardo Rossi foram arrolados como as principais testemunhas de acusação, sendo todos impiedosamente sabatinados pelos 14 advogados de defesa que representavam os então réus, quase todos presos.

Findada a instrução, a MMa. Juíza da 2ª Vara de Tóxicos, Organização Criminosa e Lavagem de Bens e Capitais de Belo Horizonte condenou nove dos 14 denunciados, sendo que MICHAEL foi condenado a um total de 22 anos e cinco dias de reclusão, regime inicialmente fechado, e ainda está foragido; já DILLON foi condenado a 15 anos e nove meses de reclusão em regime inicialmente fechado e está preso, assim como DERICK, que foi condenado a oito anos de reclusão em regime inicialmente fechado, ambos sem o direito de recorrer em liberdade.

A história da Operação Babilônia foi relatada aqui, e faz-se importante lembrar neste momento do ponto de vista do Delegado de Polícia que presidiu as investigações, que estava ciente de que toda história sobre algo que aconteceu possui várias versões. Também cabe ressaltar os protestos de elevada estima e distinta consideração, obviamente, a todos os integrantes da equipe da 3ª DENARC, a todos os policiais do DENARC e em especial à Promotoria e ao Judiciário, pela dedicação ímpar a essa investigação e processo, que, pela extensão e complexidade, exigiu um trabalho extraordinário.

7. Aspectos relevantes

Um ponto que merece comentário é que, dentre os pedidos ministeriais da denúncia, a I.RMP requereu

> *a fixação de valor mínimo para reparação do dano moral coletivo decorrente do tráfico ilícito de drogas no importe entre R$ 50.000.000,00 (cinquenta milhões*

> *de reais) a ser revertido em benefício do Fundo Penitenciário do Estado de Minas Gerais, [...], para que possa ser destinado à construção, à manutenção, reforma e à ampliação de unidades penitenciárias e de cumprimento de medidas socioeducativas de internação.*

O artigo 7º da Lei nº 9.613 de 1998 – "Lei de lavagem de bens e capitais" – dispõe em seu inciso II do § 1º que a União e os Estados, no âmbito de suas competências, regulamentarão a forma de destinação dos bens, direitos e valores cuja perda houver sido declarada, assegurada [...] a sua utilização pelos órgãos encarregados da prevenção, do combate, da ação penal e do julgamento dos crimes previstos nesta lei.

Através do 2º Curso de Enfrentamento às Organizações Criminosas e Recuperação de Criptoativos, promovido pelo Ministério da Justiça e Segurança Pública, a equipe teve a oportunidade de ouvir diversos atores envolvidos com o tema da recuperação e destinação de ativos oriundos de condenações de tráfico de drogas e lavagem de dinheiro, tais como o Diretor de Gestão de Ativos da SENAD (destinação de bens oriundos de condenação por tráfico), o coordenador-geral de operações do Coaf, além de delegados das Polícias Civis de várias unidades da Federação envolvidos com o tema. Tomou-se conhecimento de que diversas Polícias Civis do Brasil vêm utilizando o mencionado dispositivo, conjugado com a legislação estadual, para reaparelhar sua estrutura.

A título de exemplo, no Rio Grande do Sul, o Decreto nº 53.332/16 criou o "fundo estadual destinado ao reaparelhamento da Polícia Civil", destinando 100% dos recursos oriundos de condenação por lavagem de capitais para ele. Em Santa Catarina, o Decreto nº 1.714/18 criou o "Fundo de Melhoria da Polícia Civil" (FUMPC), destinando 100% dos recursos oriundos de condenação por lavagem de capitais para ele. No Distrito Federal, o Decreto nº 39.872/19 criou o "Fundo de Modernização e Reequipamento da Polícia Civil do Distrito Federal" (FUNPCDF), destinando 100% dos recursos oriundos de condenação por lavagem de capitais para ele. No Rio de Janeiro, foi criado pelo Decreto Estadual nº 46.601/19 o GRA (Gabinete de Recuperação de Ativos), exclusivamente destinado a recuperar ativos objetos de condenação por tráfico de drogas e lavagem de capitais e se certificar de que os valores atribuídos por lei à PCERJ serão devidamente destinados ao fundo estadual específico.

Em Minas Gerais, o nosso governador promulgou a Lei nº 23.560/20, que, visando regulamentar o mencionado artigo 7º, inciso II, § 1º, da Lei Federal nº 9.613/98, destinou em seu artigo 1º os bens oriundos de ilícitos penais aos "órgãos de segurança pública do Estado".

Como bem disse a Delegada Renata Silva Montenegro, coordenadora do gabinete de recuperação de ativos (GRA) da PCERJ, o decreto mineiro é bastante vago, praticamente repete o texto da Lei de Lavagem de Dinheiro, e, diferentemente das leis estaduais que versaram sobre o tema nos demais Estados, não faz justiça – agora na opinião do autor deste artigo – à Polícia Civil de Minas Gerais, que é o órgão que desenvolve a investigação, responsabiliza criminalmente os autores, arrecada os bens adquiridos através do crime e entrega ambos à Justiça.

É inevitável a sensação de injustiça com a Instituição quando todos os meses de heroicos esforços da equipe da Polícia Civil são destinados a outros órgãos do poder público. Primeiro porque a legislação não criou um fundo específico para destinação deste recurso à Polícia Civil; e, segundo, porque a destinação prevista na lei estadual – caso existisse o fundo – pulverizaria os recursos por diversos órgãos que sequer tomaram conhecimento da investigação que os "criou" e já são destinatários de abundantes recursos oriundos da Fazenda.

Vale também um outro comentário: o autor deste artigo possui 13 anos de carreira, e, neste caso, pela primeira vez pareceu a ele que o Delegado de Polícia presidente da investigação deveria ter capacidade recursal na mesma medida em que possui capacidade processual para representar perante o juízo criminal por medidas cautelares em inquérito policial e processo cautelar.

Na ocasião da deflagração da fase ostensiva da Operação Babilônia, houve diligências em diversas cidades do Estado de Minas para efetivamente apreender 22 veículos dos 87 pertencentes à Orcrim e que tinham busca e apreensão decretada, com vistas a obter o depósito judicial previsto no artigo 62 da Lei nº 11.343, que prevê que "comprovado o interesse público na utilização de quaisquer dos bens (instrumento ou objeto de tráfico, apreendido), os órgãos de Polícia Judiciária, militar e rodoviária poderão deles fazer uso, sob sua responsabilidade [...]".

Ciente da escassez de recursos e informado da necessidade de "disfarce" que a polícia tem, o legislador autorizou que os órgãos de Segurança Pública fizessem uso de bens apreendidos dos criminosos, especialmente veículos, aeronaves e embarcações, para que, se valendo dessas ferramentas, estivessem mais aptos a desenvolver novos trabalhos que levassem a novas apreensões, em um ciclo virtuoso.

Ocorre que, com a reforma do texto da lei que foi apresentada inicialmente por medida provisória de autoria do então Ministro da Justiça Sergio Moro, o que se sentiu na lida diária, com as cinco varas de tóxicos, organização criminosa e lavagem de bens e valores de Belo Horizonte, é que foi formado um entendimento de que o interesse público atual é prioritariamente a alienação antecipada.

Parece que essa interpretação, *data vênia*, não é a melhor. A mudança do *caput* do artigo 62 estendeu a possibilidade de utilização dos bens a todas as forças de segurança, diferentemente do texto anterior, que limitava à autoridade de Polícia Judiciária, mantendo a imperatividade do verbo "poderão" quando versa sobre o uso e estabelecendo apenas a comprovação do interesse público como única condição. Nesta esteira, o § 1º – A do mesmo artigo 62 estabelece que o juízo deve cientificar o órgão da FUNAD para que em dez dias avalie o mencionado interesse público.

No mesmo curso de enfrentamento às organizações criminosas mencionado alhures, após a brilhante exposição do atual Diretor de Gestão de Ativos da SENAD, Giovanni Magliano Júnior, a questão foi apresentada pelo autor deste artigo e outros colegas delegados de polícia de outras partes do Brasil, e ele foi direto em afirmar que não é pretensão da Secretaria, destinatária final dos bens perdidos após o trânsito em julgado da condenação, que os órgãos de segurança pública que tenham interesse no uso de veículos apreendidos sejam privados em detrimento da alienação, haja vista que o destino dos recursos oriundos da venda daqueles ativos é exatamente os mesmos órgãos de segurança que pretendem utilizar aquele bem.

Segundo o Diretor, a única dificuldade da SENAD é responder em tempo hábil a todas as demandas recebidas para manifestação do interesse público nos termos do § 1º – A do artigo 62 da Lei nº 11.343/06 (quando efetivamente "cientificado" o órgão pelo juízo para manifestar, o que muitas vezes nem acontece), e que a recomendação de que seja deferida a autorização para uso dos bens apreendidos quando for interesse da polícia está explícita no site da Secretaria.

O mesmo vale para o § 1º – B, que estabelece que têm prioridade os órgãos que participaram das ações de investigação e repressão ao crime que levou à apreensão do bem. Por vezes – e não foi diferente na ocasião desta operação – *rogata venia* não se concordou com a decisão judicial sobre o tema; carece-se da capacidade de buscar pelo duplo grau de jurisdição na matéria.

Resumindo: assim como sentimos que não há justiça no destino dos recursos oriundos das condenações de tráfico de drogas e lavagem de capitais, no primeiro caso por um vazio legislativo estadual, nesse outro fica a mesma sensação de injustiça, dessa vez não pela carência de lei, mas por uma interpretação com a qual não se concorda. O desejo é buscar uma decisão colegiada.

8. Considerações finais

A Operação Babilônia rompeu com o paradigma no DENARC/MG como forma de *latu sensu* combater o narcotráfico, que nada mais é do que um mercado de duas *commodities* agrícolas, produzidas em larga escala por países sul-americanos vizinhos e amplamente consumidas no Brasil e em todo o mundo.

Por questões históricas e de saúde pública, os produtos derivados do cultivo da maconha e da coca que têm propriedades entorpecentes são ilícitos. E num Estado de Direito que se diz democrático, em tese, renuncia-se à liberdade plena para respeitar regras eleitas pela sociedade, em favor dela.

Ocorre que no mundo contemporâneo e no Direito Positivo esta mercadoria é proibida, e não cabe ao usuário desrespeitar a lei porque não concorda com ela. Em virtude da ilicitude, o comércio de substâncias entorpecentes não recolhe tributo e não se socorre do direito para solução de conflitos, por isso faz uso da força violenta para garantir seu "mercado" e enriquece absurdamente, em detrimento da sociedade e gerando consequências nefastas.

Pelo exposto, cabe ao Estado, através da polícia, combater este mercado, e, na medida em que ele se especializa em suas técnicas de produção, processamento, transporte, distribuição e venda de sua mercadoria ilícita, forças de segurança ao redor do mundo também melhoram suas técnicas de persuasão, através da captura do produto, da restrição da liberdade dos praticantes e, por fim, da subtração do patrimônio e dos valores obtidos pelo comércio ilícito.

O nosso país é uma enorme democracia que, apesar de possuir bastantes problemas, é sólida e estável, ainda mais quando a análise é feita à luz do seu tempo de existência. Quando a coletividade entender majoritariamente que as mencionadas práticas precisam deixar de ser ilícitas, a sociedade irá manifestar seu desejo através de seus congressistas. Enquanto isso não acontece, a polícia está a serviço da sociedade para combater a prática como crime, enquanto ela for tipificada assim.

O problema reside na forma como a polícia é tratada e estruturada. Pode parecer um clichê, mas a sociedade, os poderes constituídos, legisladores, executivo e justiça clamam por resultados de segurança diferentes, mas não superam a crença limitante de que a polícia é um órgão inferior, de gente menos capacitada do que eles e que *ultima ratio* é apenas o para-choque entre a nobreza e os plebeus.

Quando a violência bate à porta da sociedade, quem imediatamente a socorre – e posteriormente é criticada pelo fenômeno – é a polícia, porém, na hora de fornecer o que é necessário para evitar que isso aconteça, o Estado não confere as ferramentas que a instituição precisa nem tampouco a valorização e as garantias que os profissionais merecem.

Conclui-se acreditando que, ao menos no que toca especificamente ao destino dos bens e valores oriundos da lavagem de dinheiro, o legislador e a justiça já possuem mecanismos para fazer a inserção e distribuição desse patrimônio de maneira mais justa e eficaz, no sentido de devolver em forma de ferramentas o patrimônio que foi buscado na esfera do autor de crimes, na intenção de permitir que esse ciclo se renove. Enfim, não deixar a quem desenvolveu o trabalho essa sensação de que está sozinho, **contra tudo e contra todos.**

Referências

DECISÃO determina prisões e apreensões por tráfico. **Tribunal de Justiça do Estado de Minas Gerais**, 23 fev. 2021. Atualizado em 24 fev. 2021. Disponível em: <https://www.tjmg.jus.br/portal-tjmg/noticias/decisao-determina-prisoes-e-apreensoes-por-trafico.htm#.ZDf-ivbMLrc>. Acesso em: 31 ago. 2023.

FREITAS, R. Justiça condena integrantes de organização criminosa acusada de tráfico de drogas e lavagem de dinheiro em MG. **G1 Minas Gerais**, 01 fev. 2022. Disponível em: <https://g1.globo.com/mg/minas-gerais/noticia/2022/02/01/justica-condena-integrantes-de-organizacao-criminosa-acusada-de-trafico-de-drogas-e-lavagem-de-dinheiro-em-mg.ghtml>. Acesso em: 31 ago. 2023.

MELLO, R.; ZUBA, F. Operação Babilônia da Polícia Civil prende suspeitos de tráfico e lavagem de dinheiro em MG. **G1 Minas Gerais**, 23 fev. 2021. Disponível em: <https://g1.globo.com/mg/minas-gerais/noticia/2021/02/23/operacao-babilonia-da-policia-civil-prende-suspeitos-de-trafico-e-lavagem-de-dinheiro-em-mg.ghtml>. Acesso em: 31 ago. 2023.

MPMG obtém condenação de nove integrantes de organização criminosa alvo da Operação Babilônia e dedicada ao tráfico de drogas em BH. **Ministério Público do Estado de Minas Gerais**, 02 fev. 2022. Disponível em: <https://www.mpmg.mp.br/portal/menu/comunicacao/noticias/mpmg-obtem-condenacao-de-nove-integrantes-de-organizacao-criminosa-alvo-da-operacao-babilonia-dedicada-ao-trafico-de-drogas-em-bh-8A9480677DC8F680017EBC45008B47EA-00.shtml>. Acesso em: 31 ago. 2023.

OPERAÇÃO Babilônia combate tráfico e lavagem de dinheiro em Minas. **Estado de Minas**, 23 fev. 2021a. Disponível em: <https://www.em.com.br/app/noticia/gerais/2021/02/23/interna_gerais,1239988/operacao-babilonia-combate-trafico-e-lavagem-de-dinheiro-em-minas.shtml>. Acesso em: 31 ago. 2023.

OPERAÇÃO Babilônia da Polícia Civil prende suspeitos de tráfico e lavagem de dinheiro – 24/02/2021. **Globoplay**, 24 fev. 2021b. Disponível em: <https://globoplay.globo.com/v/9293358/>. Acesso em: 31 ago. 2023.

Operação Stellio – abordagem sobre a investigação de lavagem de dinheiro e a importância dos métodos tradicionais de investigação

Daniel Azevedo Batista[1]
Marcos Tadeu de Brito Brandão[2]

1. Considerações iniciais

A "prevenção e repressão à lavagem de dinheiro" é assunto de primeira ordem para as instituições de segurança pública, visto que é prática comum a dissimulação dos ganhos ilícitos advindos dos delitos praticados pelos criminosos, sejam eles organizados ou não. Os casos concretos revelam as circunstâncias dos crimes antecedentes, a forma de obtenção de vantagens e produtos financeiros provenientes, processos realizados para distanciamento da natureza ilícita e posterior integração dos ativos reciclados na economia.

O objetivo do presente trabalho é expor a importância do desenvolvimento das investigações de lavagem de dinheiro para desenvolvimento das unidades policiais e fortalecimento da Polícia Judiciária. Para tanto, sem perder de vista a necessidade de compreensão de todos os aspectos penais e processuais penais sobre a lavagem de dinheiro, a compreensão do presente estudo demanda enfoque em questões relacionadas à atividade investigativa.

Busca-se descrever as atividades investigativas que culminaram na deflagração da Operação Stellio, em meados de 2020, pela Polícia Civil de Minas Gerais. O caso é emblemático, pois evoluiu da prisão em flagrante de suspeito pela prática de estelionato para descobrimento de elementos estruturais de criminalidade organizada e a consequente prática de lavagem de dinheiro.

---

1 Delegado de Polícia Civil em Minas Gerais.
2 Delegado de Polícia Civil em Minas Gerais.

Almejamos demonstrar como se desenvolveu tal investigação e a importância dos métodos tradicionais de obtenção de provas, em especial a exploração de fontes humanas, para consubstanciar elementos de informação em contexto de investigação de organizações criminosas e a sua prática de lavagem de dinheiro. O escopo concorrente visa demonstrar as dificuldades operacionais e os resultados práticos, apontando não apenas os êxitos, mas também as barreiras encontradas durante o processo investigativo.

2. Lavagem de dinheiro – aspectos relevantes

2.1. Sobre a incriminação da lavagem de dinheiro

O Brasil é signatário das Convenções das Nações Unidas (Viena, 1988), contra o tráfico ilícito de entorpecentes e substâncias psicotrópicas, incorporada no ordenamento doméstico através do Decreto nº 157 de 1991, de Palermo (2000), contra o crime organizado transnacional, promulgada pelo Decreto nº 5.015 de 2004 e de Mérida (2003), em vigor desde a promulgação do Decreto nº 5.687 de 2006. A análise do direito comparado demonstra a importância da lavagem de dinheiro para a repressão dos delitos complexos, e é fruto da preocupação da comunidade internacional (ANSELMO, 2017).

A normatização do enfrentamento da lavagem de dinheiro e, consequentemente, a tipificação do delito ocorrem no ano de 1998, com a promulgação da Lei nº 9.613/98, posteriormente reformada pela Lei nº 12.683/12. A doutrina classifica as legislações de enfrentamento da lavagem de dinheiro, com base na previsão do rol de crimes antecedentes, em leis de primeira geração, cujo objetivo é o enfretamento da lavagem oriunda dos crimes de tráfico de drogas. As leis de segunda geração estabelecem um rol de crimes antecedentes, com base na gravidade dos delitos. Por fim, as leis de terceira geração correspondem àquelas que ampliam a lavagem de dinheiro para todas as infrações penais, dentre as quais se encontra a legislação brasileira (LIMA, 2016).

Diante dos contornos legais previstos na legislação pátria, podemos delimitar o delito de "lavagem de dinheiro" como a prática de condutas típicas que abrangem procedimentos, simples ou complexos, para ocultação ou dissimulação da origem, localização, disposição, movimentação ou propriedade, atos de conversão, aquisição, recebimento, troca, negociação, recebimento em garantia, depósito, movimentação e transferência, de bens, direitos ou valores provenientes, direta ou indiretamente, de infração penal, importação ou exportação de bens com valores irreais, bem como utilização de qualquer destes em atividades econômicas ou financeiras.

2.2. Das fases da lavagem de dinheiro

Estudos realizados por organismos internacionais e pela doutrina apontam que a lavagem de dinheiro é um processo que, geralmente, se desenvolve em fases sucessivas, mas não obrigatórias. O principal modelo é o trifásico, estabelecido pelo GAFI[3]. Nesse modelo, preconiza-se o caminho do dinheiro, para que se permita rastrear o produto da lavagem, buscando-se sua origem. São diversas as conceituações de cada fase, mas, para o presente estudo, para simplificar a compreensão, as designamos de acordo com as expressões mais comuns (FILLIPETO, 2011, p. 107).

A primeira fase é representada pela "ocultação ou colocação", que é mais próxima da infração penal antecedente, consistente com condutas adotadas para transformação da qualidade. O segundo estágio representa a "dissimulação ou estratificação", pela qual se busca realização de operações sucessivas para afastar o produto da lavagem de sua origem. Por fim, a última fase representa a "integração", que é a inserção dos valores em atividades legais (NUCCI, 2017).

Sobre a **ocultação**, a doutrina aponta que é a fase mais aproximada do delito antecedente, portanto, em que o criminoso está mais vulnerável. É a fase embrionária, cujo objetivo é separar o dinheiro da ilegalidade. O criminoso precisa colocar os produtos financeiros oriundos do crime em algum processo, para possibilitar a posterior dissimulação dos valores. Há preocupação da separação entre o dinheiro ilícito e a figura dos criminosos, para evitar que seja confiscado pelas agências de repressão (CALEGARI; WEBER, 2014, p. 12).

Realizada a colocação do dinheiro sujo no sistema, os criminosos precisam afastá-lo ainda mais de sua origem e iniciam a segunda fase consistente na **dissimulação**, reveladora de métodos necessários para dificultar o rastreio dos bens e valores, provenientes da infração criminal, e aplicar diversas operações com os recursos criminosos para camuflar sua origem.

A última fase apontada pela doutrina é a da **integração**, a qual representa o aproveitamento dos recursos já reciclados, em atividades lícitas. Corresponde aos atos

---

[3] Grupo de Ação Financeira Internacional (GAFI), cuja origem em 1989 decorreu de ação dos países mais industrializados, compostos pelo G7 e posteriormente expandido para outros países, dentre os quais o Brasil. O grupo atua para monitorar e analisar as práticas de lavagem de dinheiro e o financiamento do terrorismo, compilando as informações na expedição de recomendações. As recomendações não são vinculantes, todavia constituem importantes meios para a adoção de medidas administrativas e legislativas para prevenir e reprimir a lavagem de dinheiro. Recomendações do GAFI em português estão disponíveis em: <https://www.gov.br/coaf/pt-br/centrais-de-conteudo/publicacoes/publicacoes-do-coaf-1>.

destinados à utilização dos recursos ilícitos na economia formal, para que gerem frutos decorrentes de atividades legítimas. A última fase, pela própria característica, é a de mais difícil comprovação, visto que há necessidade de demonstrar como os valores, bens e direitos, são inseridos na economia, separando-os das partes lícitas da atividade econômica (BADARÓ; BOTINI, 2012, p. 26).

O modelo de fases é uma construção doutrinária para facilitar a análise dos métodos utilizados para realização da lavagem, mas não é necessário, para configuração do delito, que sejam superados os três estágios. O STF já decidiu que não se exige de forma cabal que sejam realizadas condutas engenhosas e complexas. No HC 80816/SP, reconheceu-se que o "tipo penal não reclama nem o êxito definitivo da ocultação, visado pelo agente, nem o vulto e a complexidade dos exemplos de requintada engenharia financeira transnacional com os quais se ocupa a literatura".

2.3. Sistema da investigação policial em vista das disposições sobre autonomia das investigações e suficiência da prova indiciária para recebimento da denúncia

A apuração da lavagem de dinheiro revela a busca do esclarecimento do crime, ou seja, demonstrar a existência do fato e indícios de autoria. A investigação deve seguir técnicas, táticas e procedimentos para a produção de provas necessárias para uma ação penal, ou seja, buscar a verdade a ser judicializada. Os destinatários do produto da investigação são os atores do sistema de justiça criminal. Discute-se cada vez mais a relevância do inquérito nos sistemas de persecução criminal, o qual tem assumido contornos robustos para a produção das provas cautelares e não repetíveis, devendo-se ter em mente que é instrumento não apenas produtor de peças informativas, mas de provas, que devem seguir estritamente os limites constitucionais e legais, com foco na preservação dos direitos fundamentais do cidadão (PERAZZONI *et al*, 2015, p. 139).

Portanto, a conduta de lavagem de dinheiro pode assumir contornos complexos, como na hipótese de utilização de *shell companies, fintechs* e criptomoedas, visto que a lavagem de dinheiro não reconhece nem respeita as fronteiras políticas tradicionais e utiliza-se de pessoas e operações situadas em mais de um país para sua prática, inclusive adaptando estruturas formais lícitas inerentes aos mercados de capitais globalizados para a viabilização do mascaramento dos valores provenientes de infrações criminais (SOUZA; COELHO, 2020).

Em relação à complexidade da conduta, tudo vai depender das características individuais dos autores, dos contornos da conduta antecedente, se o crime é praticado por organização criminosa, da natureza dos bens, direitos e valores, bem como o vulto a ser lavado. Isso nos leva a concluir que não é possível estabelecer padrão hermético para a condução da investigação. Ao contrário, a capacidade de adaptação de diversas formas de produção e salvaguarda de informações e das provas é uma característica fundamental para o sucesso da investigação de lavagem de dinheiro.

O processo e julgamento e, leia-se, a investigação dos crimes de lavagem de dinheiro independem do processo e julgamento das infrações penais antecedentes, conforme disposto no art. 2º, II, da Lei nº 9.613/98, o qual consagra a autonomia relativa do processo. As razões de política criminal para a autonomia dos processos foram estabelecidas na exposição de motivos da lei, afetas à possibilidade de o delito antecedente estar afeto à jurisdição estrangeira e a segunda, por razões de segurança e justiça, para equalizar as forças do Estado com a dos criminosos que lavam dinheiro (LIMA, 2016, p. 360).

O crime de lavagem de dinheiro é acessório e depende da existência de um crime antecedente. Mas o sistema jurídico internacional, e a própria lei, estabeleceram que bastam indícios (art. 2, § 1º) do crime antecedente para a abertura da investigação do crime antecedente, condução das principais medidas cautelares, oferecimento e recebimento da denúncia. O dispositivo consagrou a acessoriedade limitada, tendo em vista que o crime estará configurado mesmo que desconhecido ou isento de pena o autor do crime antecedente (BADARÓ; BOTINI, 2012, p. 89).

Destarte, os métodos investigativos devem ser escolhidos de acordo com as circunstâncias do caso concreto, não havendo a necessidade de sempre instaurar inquéritos apartados. Nada impede que a investigação da lavagem de dinheiro seja instrumentalizada no mesmo inquérito que apura os crimes antecedentes. Essas questões estão diretamente relacionadas à natureza acessória do crime de lavagem de dinheiro, da autonomia processual e da atividade probatória. A prova indiciária tem um papel fundamental para a formação da convicção do órgão julgador e pode ser valorada através de padrões científicos (DALLAGNOL, 2018, p. 283).

Na prática, as condutas que podem ser tipificadas como lavagem de dinheiro chegam ao conhecimento da autoridade policial de duas formas: pelas evidências decorrentes da investigação do crime antecedente ou por informações relacionadas a "condutas suspeitas" ou características que revelam a possibilidade da ocorrência de mascaramento de capitais, sem vinculação direta com o crime antecedente específico. Nessa hipótese, a principal fonte de informações são relatórios de inteligência financeira

(RIF), elaborados pelo Coaf[4] (Conselho de Controle de Atividade Financeira), unidade de inteligência financeira responsável pelo recebimento de informações, processamento e disseminação de inteligência financeira necessária para o enfrentamento da lavagem de dinheiro.

Por conseguinte, é possível que a investigação da lavagem de dinheiro e a do crime antecedente se desenvolvam em inquéritos apartados, de forma simultânea ou sucessiva, que é a hipótese mais comum. A depender das circunstâncias do caso concreto, a investigação da lavagem pode ocorrer no mesmo inquérito policial instaurado para apuração do delito antecedente. Nessa hipótese, uma vantagem é o aproveitamento das diligências para a produção, preservação e documentação das provas, o que atende aos imperativos de eficiência e economia processual. Cabe à Polícia Judiciária delinear as circunstâncias dos casos de lavagem de dinheiro, respeitando-se imperativos de produção da prova científica e garantias fundamentais.

2.4. Da importância da investigação financeira e patrimonial e da possibilidade de utilização dos bens

Um dos aspectos fundamentais da investigação dos crimes de lavagem de dinheiro é possibilitar a recuperação de ativos para o Estado e realizar a constrição do patrimônio ilícito dos investigados. A Lei nº 9.613 de 1998, com suas respectivas alterações, estabeleceu no art. 4º a modelagem do sistema de medidas assecuratórias necessárias pela natureza real, para promoção de construção cautelar do patrimônio, visando possibilitar, no caso de eventual condenação, que seja efetivo o confisco dos bens. A lei remeteu às medidas cautelares do Código de Processo Penal, sem estabelecer novidades sobre os seus requisitos, impondo regime para a preservação dos bens pela alienação antecipada (NUCCI, 2017, p. 609).

A investigação financeira e patrimonial é fundamental não apenas para demonstrar a quantia dos bens a serem constritos, mas também para consignar as circunstâncias de como os criminosos realizam a lavagem de dinheiro. Para o propósito do presente trabalho focaremos na possibilidade da utilização dos bens apreendidos ou sequestrados. As medidas assecuratórias têm o condão de impedir que o capital produzido pela organização criminosa seja reinvestido e alimente o círculo vicioso que sustenta a "criminalidade reditícia" e servem para desestimular a reincidência (LINHARES, 2020).

4 As atribuições do Coaf foram reformuladas pela Lei nº 13974/20 – Art. 3º; Lei nº 9.613 de 1998, arts. 14 e 15. Atualmente é vinculado ao Banco Central (COAF, 2022).

O art. 133-A do CPP, inserido pela reforma processual penal operada pela Lei nº 13.964/19, regulamentou a autorização de uso dos bens apreendidos e sujeitos a qualquer das medidas assecuratórias, desde que constatado interesse público, pelos órgãos de segurança envolvidos na investigação. Ciente das dificuldades financeiras que ultrapassam os Estados, o legislador consagrou importante medida para permitir o perdimento de bens que podem ser utilizados pelos órgãos investigativos no desempenho de suas funções, não mais sendo necessário aguardar o trânsito em julgado da sentença condenatória.

A inovação legislativa é sensível à situação de guarda e conservação dos bens, os quais muitas vezes deterioraram-se à espera do trânsito em julgado da condenação. A autorização de uso de bens apreendidos ou sequestrados era uma prática comum, todavia, realizada sem a previsão legal, o que poderia levar a situações de insegurança jurídica (NUCCI, 2020, p. 68).

3. Operação Stellio

A operação Stellio representa um caso de superação das dificuldades operacionais e estruturais, para solução de um caso com excelência pela Polícia Judiciária. Foram realizadas diligências simultâneas, com provas e elementos de informação suficientes para solução do caso, desvendando diversas fraudes, estabelecendo os contornos da organização criminosa e das condutas de lavagem de dinheiro e recuperando ativos, na condução de um único inquérito policial.

3.1. Prisão do suspeito nº 01 – o início das investigações[5]

A notícia de crime chegou ao conhecimento da Polícia Civil de Minas Gerais, através da prisão em flagrante do **suspeito nº 01**, realizada por policiais militares que atenderam à solicitação da **vítima nº 01**, que procurou a polícia militar para noticiar ter sofrido diversos prejuízos, pois uma pessoa desconhecida, utilizando expediente fraudulento, conseguiu solicitar a segunda via de seu cartão de crédito junto à instituição financeira, **vítima nº 02**. O suposto criminoso realizou compras em diversas lojas físicas e pela internet, obtendo vantagem indevida inclusive no dia da comunicação.

Os policiais compareceram no endereço do **suspeito nº 01**, que começou a jogar diversos objetos em edifícios vizinhos, nitidamente para destruir provas e ocultar ilícitos. Ao adentrarem na unidade habitacional, os policiais depararam com diversos equipamentos eletroeletrônicos, tudo possivelmente adquirido com os proveitos

---

[5] Vilela (2020).

das infrações criminais, supostamente cometidas pelo **suspeito nº 01,** bem como diversos cartões de crédito, supostamente obtidos fraudulentamente em desfavor de instituições financeiras variadas, inclusive da **vítima nº 02**. Dentre esses, estava o cartão pertencente à **vítima nº 01**. Também foram localizados documentos falsificados e os instrumentos utilizados pelos criminosos para a falsificação. Na garagem do *flat*, segundo os funcionários, estava estacionado um veículo automotor avaliado em aproximadamente R$170 mil, o qual pertenceria ao **suspeito nº 01.**

Após ratificação da voz de prisão em flagrante, foi representado pela expedição de mandado de apreensão dos objetos que interessavam à prova e o sequestro dos eventuais proventos do crime, além do afastamento do sigilo telemático, para acesso aos dados armazenados nos computadores do investigado. A justiça pública local acatou a representação.

3.2. A evolução das investigações – identificação de elementos que apontavam para existência de padrões de criminalidade organizada

Descobriu-se que em outra unidade policial fora instaurado inquérito policial através da representação da **vítima nº 03**, a qual relatou em ocorrência policial que pessoa desconhecida falsificou seus documentos e solicitou um cartão de crédito junto à instituição financeira, **vítima nº 02**. Revelou-se semelhança da conduta praticada pelo **suspeito nº 01**. No segundo inquérito foram identificados os **suspeitos 02** e **03**. No processo de cruzamento de dados do primeiro fato com o segundo, revelou-se fundamental a análise de redes sociais dos investigados, o que permitiu relacionar através de fotografias e publicações os **suspeitos 01, 02 e 03.**

A pesquisa em fontes abertas revelou ainda que os **suspeitos 01 e 02** ostentavam luxuoso padrão de vida. Cruzando os dados dos suspeitos com informações da Receita Federal no INFOSEG, foi possível demonstrar que nenhum destes possuía vínculo empregatício. Todavia, ambos tinham empresas individuais registradas em seus nomes. Determinou-se levantamentos de campo e descobriu-se que se tratava de empresas fictícias, sem sede física, as quais foram registradas em imóveis habitacionais.

3.3. A segunda fase: cumprimentos de busca e apreensão e realização de interrogatórios necessários em tempo hábil

Após a identificação dos contornos de uma associação criminosa para cometer fraudes, foi possível juntar elementos suficientes para a decretação da prisão temporária e expedição de mandados de busca e apreensão em desfavor dos **suspeitos 02** e **03**.

Os mandados foram obtidos de forma célere e oportuna, e as diligências para cumprimento das ordens judiciais foram realizadas de forma concentrada, buscando abranger simultaneamente os endereços onde os alvos poderiam ser encontrados. As buscas revelaram que os criminosos obtinham vultosos lucros com os proveitos das infrações, mas utilizavam sistema rudimentares para o mascaramento dos capitais. Durante as buscas, foram apreendidos documentos falsificados com fotografias da **suspeita nº 04**, esposa do **suspeito nº 02**.

Durante o processo investigativo, foi identificada uma ex-namorada do **suspeito nº 01**, cujas evidências revelaram que não participara do esquema criminoso. Ela foi arrolada como testemunha, visando estabelecer, principalmente, os contornos do perfil econômico do investigado, se ele exercia atividade laboral, demonstrar os exageros nos gastos, dentre outros aspectos relevantes. Ela também detalhou o relacionamento existente entre aquele e o **suspeito nº 02**. Ela confirmou que foi beneficiada pelo esquema com presentes e viagens. A investigada devolveu os bens que foram adquiridos pelo **suspeito nº 01**, os quais foram apreendidos e constituíram um importante passo para a comprovação da materialidade delitiva.

Identificou-se que o **suspeito nº 02** utilizava máquinas de cartões de crédito registradas em empresas de fachada e também de empresas de seus familiares e amigos para realizar compras fantasmas e receber o dinheiro oriundo das fraudes.

Os suspeitos foram interrogados e confessaram todas as infrações, fornecendo informações para detalhar o esquema: o grupo criminoso mantinha relacionamento com divisão de tarefas e auxílio mútuo para praticar crimes de estelionato e ocultar a origem dos valores obtidos com as fraudes.

Consoante à explicação do **suspeito nº 02**, o grupo criminoso descobriu um "esquema" na instituição financeira, uma falha operacional para aprovação das alterações dos dados cadastrais e gerar novos cartões, possibilitando a fraude de forma mais efetiva. O responsável por descobrir e disseminar o esquema foi o **suspeito nº 05.**

Por conseguinte, **suspeito nº 02** confessou que utilizava a conta corrente de sua empresa individual, a qual era uma empresa de fachada, com o objetivo de dar aparência de legitimidade ao dinheiro apreendido. Isso lhe foi ensinado pelo investigado **suspeito nº 01**, o qual também possuía uma empresa e a utilizava para recebimento de valores.

Para corroborar as informações, o **suspeito nº 02** reconheceu as fotografias dos demais integrantes da organização criminosa, auxiliou na identificação de seus números de telefones, endereços de e-mail e perfis de redes sociais e forneceu a senha do aparelho telefônico apreendido em seu poder, cujos dados extraídos permitiram corroborar todas as informações extraídas durante o interrogatório. Identificou-se que a organização criminosa era composta por mais cinco integrantes, dentre os quais um adolescente.

3.4. Fase ostensiva da operação

A fase ostensiva da operação Stellio foi deflagrada para cumprimento de mandados de buscas e apreensões, sequestros de bens e prisões em Uberlândia e na região metropolitana de Belo Horizonte. Interessante destacar que as informações obtidas junto a testemunhas e suspeitos interrogados anteriormente foram imprescindíveis para possibilitar uma ação pontual, com vistas à apreensão de instrumentos dos delitos, de provas, de proveitos das infrações criminais e de produtos financeiros dos crimes, os quais foram submetidos ao processo de lavagem (MANDADOS, 2020; QUADRILHA, s.d.; DRUMMOND, 2020).

Após realizar a operação, um dos principais aspectos foi a preservação da cadeia de custódia e, novamente, a realização dos interrogatórios dos suspeitos presos e demais envolvidos identificados. Cruzando os dados obtidos na investigação, foi possível delinear as seguintes circunstâncias:

a. Os suspeitos mantinham comunicação por redes sociais e aplicativos de comunicação, principalmente Facebook e WhatsApp, onde obtinham os dados das vítimas em grupos de estelionatários que vendem tais serviços para os integrantes.
b. Para tratar diretamente sobre fraudes e repasses de dinheiro, os integrantes da organização criminosa criaram grupos fechados, cujas comunicações diretas eram realizadas em ***chats* de jogos de videogames**, para impedir monitoramento da conversa.
c. Eles se auxiliavam mutuamente, liderados pelo **suspeito nº 01**, o qual era o mentor e líder do esquema, com a devida divisão de tarefas de seus membros. Além do proveito do crime, cada um dos criminosos arcava com o valor mensal de R$ 320,00 para manutenção da empresa de fachada instituída pelo **suspeito nº 01**.
d. Em seguida, os investigados captavam terceiras pessoas para servir de recebedores dos cartões de créditos, em endereços aleatoriamente obtidos. O principal captador de endereços era o investigado **suspeito nº 02**.
e. Os suspeitos utilizavam aplicativos editores de imagem para falsificar documentos de identificação dos suspeitos, fraudando carteiras de identidade com fotografias dos membros da organização e de laranjas.

f. Para o sucesso da operação, os suspeitos cadastravam endereços fictícios e/ou de pessoas que participavam do esquema, para encaminhamento dos cartões físicos.
g. Em posse dos cartões de crédito, os suspeitos utilizavam expediente fraudulento e realizavam pagamentos em nome das empresas próprias ou de amigos, a exemplo dos investigados **suspeitos 05, 06 e 07**. Eles forjavam compras e recebiam quantias em espécie de pequeno valor.
h. Para dificultar o rastreamento, os investigados trocavam entre si os cartões que recebiam. Após a prática da fraude, os suspeitos enviavam os cartões de crédito para o **suspeito nº 01**, o qual utilizava sistemas de diversas operadoras de pagamentos digitais com dados da empresa fictícia para obtenção de vantagens indevidas, descontava 25% dos valores e repassava o restante para os demais investigados em contas correntes aleatórias **(primeira fase – colocação)**.
i. Recebidos os valores nas contas cadastradas nas empresas administradoras de cartões de crédito, os suspeitos realizavam fracionamento dos valores em pequenas quantias, com transferências sucessivas entre contas, inclusive de interpostas pessoas, para possibilitar saques e gerar créditos em sistemas de pagamentos **(segunda fase – dissimulação)**.
j. O **suspeito nº 01** orientou todos os demais investigados a registrar empresas fictícias em seus nomes para dar aparência de legalidade ao dinheiro produto de crime e desviar a atenção de amigos e familiares. Cada um dos investigados registrou uma empresa fictícia.
k. Os investigados converteram os valores já lavados em veículos de luxo e equipamentos eletrônicos. As compras dos bens nem sempre eram diretas; às vezes eram realizadas em nome de interpostas pessoas. Antes de adquirir os bens, os suspeitos dissimulavam as origens dos valores.
l. Além da aquisição de inúmeros bens de valor, os suspeitos ostentavam vida luxuosa. O **suspeito nº 01** viajou para vários países do mundo, pagou jantares para jogadores de futebol e alugou ranchos para passar isolamento social no período de pandemia. Dentre as extravagâncias, adquiriu animais raros, comprou suvenires e fez toda forma de gasto. O mesmo padrão se repetia para o **suspeito nº 02**. Os investigados que residiam em Belo Horizonte chegaram a alugar um helicóptero para viajar para o Rio de Janeiro, onde passaram um fim de semana.

O fracionamento dos valores realizados pelos investigados foi tão preciso que conseguiram se desvencilhar das suspeitas das instituições bancárias. Solicitamos informações ao Coaf sobre atividades suspeitas, todavia, a resposta da unidade de inteligência financeira foi negativa para todos os investigados.

Após a deflagração da fase ostensiva da operação, foram presos sete integrantes do esquema criminoso. Em todos os locais de busca foram apreendidas provas que confirmavam o esquema citado. Os suspeitos mantinham nos computadores comprovantes de transferências recíprocas das contas e planilhas dos gastos e ganhos, o que confirmou a prática da lavagem de dinheiro.

4. Observações importantes sobre a condução das investigações

4.1. Da importância das fontes humanas para a investigação da lavagem de dinheiro

"Fonte humana" representa a pessoa como produtora direta do dado de interesse da investigação. É o ser humano considerado em si mesmo como gerador primário da informação, produtor e gerador do dado a ser preservado e documentado. A extração de dados de fontes humanas pode ser realizada através de entrevistas e interrogatórios dos suspeitos, inquirições de vítimas e testemunhas, acareações, reconhecimento de pessoas e de coisas, bem como da colaboração premiada. O policial deve ser capaz de avaliar a competência e a motivação da fonte, para estabelecer a validade da informação para a investigação.

Quando o objeto da investigação revela crimes cuja característica fundamental é a atuação dos criminosos para ocultar os resultados delitivos, para evitar a incriminação e também para garantir o proveito do delito, a formalização e a documentação dos dados extraídos de fontes humanas são essenciais para delimitar os contornos da investigação.

Muitas vezes, em investigações que envolvem a persecução de organizações criminosas e a lavagem de dinheiro, subjuga-se o papel das entrevistas, inquirições e interrogatórios. Todavia, os envolvidos no crime são detentores de conhecimentos essenciais para a compreensão do crime antecedente e para o processo de ocultação e dissimulação do proveito do crime.

A **vítima nº 01** teve papel fundamental no início das investigações. Como a vítima tinha um vasto conhecimento, foi fundamental a realização de sua inquirição de forma detalhada, buscando informações e detalhes que levassem à compreensão da fraude, dos prejuízos sofridos e da vantagem obtida pelo criminoso. Percebeu-se que a vítima tinha identificado que os suspeitos solicitaram cartões adicionais à instituição financeira, com a alteração de endereço para o devido recebimento. O suposto estelionatário contava com mais de trinta dias para fazer compras que atingissem o limite fornecido pela instituição financeira até a fraude ser descoberta.

4.2. A colaboração do investigado – art. 1º, § 5º, da Lei nº 9.613 de 1998

Para evitar rastreamento de suas conversas, os suspeitos realizavam reuniões utilizando *chats* de jogos para se comunicar e combinar as fraudes, o que tornou inócua a operacionalização de interceptação telefônica. No que tange à interceptação telemática, muito pouco revelaria sobre as práticas delitivas, pois a transferência das informações era realizada em contas falsas, que não eram de conhecimento da equipe de investigadores.

Os interrogatórios dos suspeitos foram fundamentais para entendimento da dinâmica do delito e para a identificação de todos os integrantes da organização criminosa. Como os investigados movimentavam dinheiro em inúmeras contas bancárias mediante utilização de documentos falsificados, restou inviável a realização do afastamento do sigilo bancário, visto que sequer foi possível identificar todas as contas utilizadas. Todavia, como os suspeitos utilizavam computadores para realizar a contrafação dos documentos, bem como para transmitir entre si os resultados das fraudes, foi possível delinear o montante estimado que obtiveram com a prática dos delitos.

Embora o contexto investigativo tenha evidenciado a prática dos delitos por organização criminosa, os suspeitos que colaboraram com as investigações não entenderam necessário entabular o acordo formal, nos termos do art. 3º da Lei nº 12.850 de 2013. Nos próprios interrogatórios, os suspeitos cumpriram todos os requisitos estabelecidos no art. 1º, § 5º, da Lei nº 9613 de 1998, colaborando com as investigações através da identificação de outros criminosos e com a recuperação dos produtos e proveitos do crime. A lei de lavagem de dinheiro não estabelece a necessidade de documentar a formalização do acordo jurídico, nem mesmo que este seja homologado. A apresentação dos benefícios para os suspeitos foi fundamental para convencê-los a colaborar com as investigações.

Observada a colaboração (e seus efeitos), caberá ao juiz analisar no momento da sentença se os requisitos foram cumpridos para possibilitar a concessão dos benefícios legais. Todavia, há que se destacar que, como não foi formalizado o acordo nos termos da Lei nº 12.850 de 2013, a colaboração premiada que é realizada com base apenas nos requisitos da Lei nº 9.613 de 1998, produzirá efeitos apenas em relação ao delito de lavagem de dinheiro. Isso porque o julgador não pode combinar as leis para a aplicação dos benefícios (NUCCI, 2017, p. 601).

4.3 Dificuldades operacionais

4.3.1. Primeira dificuldade operacional: extração de dados telemáticos

Realizada a apreensão dos objetos que interessavam à prova, nos termos do art. 6º do CPP, representamos pelo afastamento do sigilo das comunicações telemáticas e de dados, bem como afastamento das garantias fundamentais da privacidade, para ter acesso ao conteúdo armazenado nos computadores e *smartphones* do **suspeito nº 01**. Após autorização judicial, surgiu a primeira dificuldade operacional, qual seja, a necessidade de extração dos dados e preservação do conteúdo e da cadeia de custódia digital.

As perícias informáticas são realizadas em setores especializados e, ante as deficiências estruturais do estado, muitas vezes chegam a demorar anos. Para vencer esse obstáculo, policiais com curso superior na área foram designados para realizar a extração e preservação dos dados, com foco na preservação das evidências e da cadeia de custódia. Foi utilizado o software forense FTK IMAGER[6] para realizar as imagens forenses dos dispositivos de armazenamentos (HDs, SSDs e demais mídias de armazenamento). O uso dessa ferramenta preserva os discos de armazenamento, que se mantêm íntegros. As análises técnicas de conteúdo serão realizadas posteriormente nas imagens forenses criadas.

Após preservação dos dados, a análise foi realizada utilizando o software forense gratuito IPED – Indexador e Processador de Evidências Digitais[7], desenvolvido pelo Departamento de Polícia Federal e utilizado na Operação Lava Jato.

O acesso aos dados armazenados no computador permitiu identificar, preliminarmente, que o **suspeito nº 01** não agia sozinho. Ele contava com os outros investigados para realizar as fraudes e obter as vantagens indevidas. Nesse processo, foi possível identificar um dos comparsas, o qual também era investigado por praticar estelionatos em inquérito policial diverso. Este seria o início da identificação da existência de elementos associativos que permitiriam ampliar a investigação, visando, assim, prender mais criminosos e recuperar ativos.

---

6 <https://accessdata.com/product-download/ftk-imager-version-4-5>.

7 <https://academiadeforensedigital.com.br/sistema-iped-forense/>.

4.3.2. Segunda dificuldade operacional: identificação do prejuízo da vítima e necessidade de representação

O estelionato é um crime que exige duplo resultado, pois a conduta do suspeito deve ser direcionada para induzir ou manter a vítima em erro e obter vantagem ilícita em prejuízo alheio. Portanto, a conduta do estelionatário deve ser suficiente para alterar a percepção da vítima sobre a realidade ou, meramente, mantê-la em erro para obtenção de qualquer vantagem ilícita de cunho patrimonial. Assim, é necessário que o autor experimente um acréscimo patrimonial, em detrimento da diminuição do patrimônio alheio (BITENCOURT, 2012, p. 673).

No caso em apreciação, os criminosos utilizaram os dados das vítimas, pessoas físicas, para induzir e manter a instituição financeira em erro. A obtenção da vantagem indevida ocorre com acréscimo patrimonial para o estelionatário, mas não há prejuízo para a vítima pessoa física, visto que as instituições financeiras são obrigadas a ressarcir os prejuízos em virtude da relação consumerista. Assim, quem experimenta o prejuízo é a instituição financeira, que deverá necessariamente ser arguida se deseja representar contra o autor.

Se a vítima pessoa física não identificar as compras e chegar a pagar as faturas com as despesas realizadas pelos estelionatários, mesmo que seja posteriormente ressarcida, haverá a diminuição do patrimônio e consequente consumação do delito. Nesse caso, em nosso entendimento, não é necessária a representação da instituição financeira, bastando a representação da pessoa física.

Todavia, esta não foi a hipótese da investigação, pois a vítima não pagou as faturas e contestou os valores, os quais foram ressarcidos pela instituição financeira. Se, na hipótese, a instituição financeira não ofertar a representação, surge uma incongruência, visto que não estará satisfeito o segundo resultado exigido pelo tipo penal para sua conformação.

As instituições financeiras não orientam os gerentes e diretores sobre como proceder nas hipóteses de fraudes. Procuramos diversos gerentes das agências bancárias, os quais sempre diziam que precisavam encaminhar os fatos para o setor jurídico, para saber como proceder. Não é preciso esforço para concluir que essa conduta atrapalha a investigação em uma de suas principais características, oportunidade para a produção probatória e identificação dos autores. Percebemos que a instituição financeira tinha conhecimento dos problemas, mas não sabia como resolvê-los. Após alguns dias, a instituição financeira vítima ofertou representação através de representante legal e colaborou com as investigações.

4.3.3. Terceira dificuldade operacional: volume de movimentações bancárias e dificuldade para afastamento do sigilo bancário

Conforme delineamos na descrição do caso concreto, os investigados realizavam diversas movimentações bancárias, pulverizadas em contas com utilização de documentos falsos, meios de pagamentos digitais e uso de contas de terceiros, captados para recebimento dos valores e repasse entre as outras contas bancárias.

Embora a utilização de ferramentas tecnológicas possibilite a realização de sucessivas cautelares de rastreamento do dinheiro, visando demonstrar a movimentação dos valores até chegar em sua origem criminosa, no caso concreto foi possível obter essas informações com a utilização dos métodos tradicionais de investigação. O sistema jurídico brasileiro não adota um sistema tarifário, ou legal, de provas (LIMA, 2016). Portanto, desde que o arcabouço probatório seja robusto, deve-se pautar pela produção do meio de obtenção de prova mais simples, oportuno e que dispenda menores gastos com os recursos públicos, os quais são tão escassos.

4.4. Dos resultados da operação: da prisão dos investigados, da constrição dos bens e da autorização de uso

Após deflagrar a operação, os investigadores catalogaram, descreveram e fotografaram todos os bens apreendidos em poder dos suspeitos, todos estes com possibilidade de utilização em investigações policiais. Elaborou-se um relatório circunstanciado com a descrição de cada item e a importância destes para as investigações.

Os computadores que eram utilizados pelos estelionatários tinham configurações que superam as dos dispositivos existentes na unidade policial. Aparelhos telefônicos, televisores, monitores, impressoras, máquinas de plastificar e até mobiliários foram apreendidos em poder dos investigados.

Durante a investigação, sempre nos preocupamos em demonstrar o descompasso entre a capacidade financeira dos investigados e seus familiares em relação aos bens obtidos. Chamou-nos a atenção que todos os investigados eram jovens, sem passagens policiais e de famílias muito humildes. Alguns, antes da prática dos delitos, residiam em comunidades periféricas. A análise das redes sociais foi fundamental para demonstrar a evolução patrimonial.

Os bens constritos durante a operação eram instrumentos utilizados para a prática do delito, o armazenamento de dados e também de proveitos diretos e indiretos obtidos com a fraude. Como vimos, os suspeitos realizaram a lavagem de dinheiro de forma rudimentar, todavia, tinham a ciência da ilicitude das condutas. A visão dos suspeitos durante os interrogatórios demonstrou uma apreciação quase romântica sobre suas condutas. Todos confessaram seus crimes e justificaram suas ações alegando que não estavam causando prejuízos às vítimas, mas às instituições financeiras.

A autoridade judicial, com a manifestação favorável do Ministério Público, acatou integralmente a representação pela autorização de uso dos bens, os quais foram devidamente catalogados e incorporados ao patrimônio da unidade policial. Estes são utilizados em novas investigações, contribuindo sobremaneira para a melhoria das condições de trabalho dos investigadores e uma maior efetividade do trabalho investigativo.

Após a conclusão das investigações, 11 suspeitos foram indiciados pela prática dos delitos descritos no presente relatório. As prisões preventivas de oito investigados foram decretadas. Dois dos investigados não foram localizados e os respectivos mandados de prisão encontram-se abertos no sistema. A denúncia do Ministério Público convergiu com as conclusões do inquérito policial e apontou que todos os suspeitos indiciados integravam a organização criminosa.

5. Considerações finais

Muitos são os obstáculos enfrentados pelas polícias judiciárias, especialmente no interior dos Estados, para o desenvolvimento de investigações complexas, em especial as que possuem enfoque financeiro. Dentre estes, alguns são endógenos à estrutura das instituições, dentre os quais os mais recorrentes são ausências de recursos humanos, acúmulo de atribuições, falta de estrutura física, acúmulo de investigações com consequente sobrecarga de trabalho, ausência de especialização e conhecimentos técnicos para desempenhar investigações, e desconhecimento das tecnologias necessárias para processamento de informações.

Um dos principais entraves para a persecução penal financeira é a dificuldade em operacionalizar as quebras de sigilo bancário e fiscal, as quais, devido ao grande volume de dados, demandam conhecimentos especializados e técnicas operacionais avançadas com auxílio de softwares caríssimos para uma análise pertinente e que produza evidências suficientes para responsabilização criminal dos investigados. Outro obstáculo é a ausência de policiais com conhecimentos técnicos especializados para analisar as informações obtidas em fontes abertas e através de afastamento cautelar dos sigilos constitucionais.

Além dos fatores endógenos, há fatores exógenos que são entraves para a repressão dos aspectos financeiros relacionados à criminalidade nos rincões de nosso país. Os praticantes da lavagem de dinheiro, como outros criminosos, utilizam seus direitos fundamentais, notadamente a inviolabilidade dos sigilos telefônico, bancário e fiscal, como escudos protetores das práticas ilícitas. Portanto, a produção da prova depende de medidas cautelares autorizadas judicialmente. Se a estrutura da justiça criminal não consegue absorver as demandas, consequentemente o trabalho da Polícia Judiciária não será efetivo para a sociedade.

Embora existam diversos fatores adversos, as investigações de lavagem de dinheiro representam importante instrumento para a segurança pública, tendo em vista que o conhecimento das fases e técnicas utilizadas pelos criminosos permitirá produzir provas que podem ser aproveitadas, inclusive, para a apuração dos delitos antecedentes, o que representará mais elementos para decretação de medidas cautelares, tanto de natureza pessoal quanto de natureza real. A investigação qualificada de lavagem de dinheiro com enfoque em levantamentos patrimoniais e nos fluxos financeiros do crime pode ser realizada com métodos tradicionais de investigação, notadamente a exploração dos dados obtidos através de fontes humanas.

A autorização judicial para utilização dos bens sujeitos a qualquer medida cautelar durante a investigação de lavagem de dinheiro representa consagração do esforço dos policiais e serve para a repressão da criminalidade, visto que os recursos dos criminosos serão utilizados para a continuidade dos trabalhos de combate à criminalidade, em especial a econômica e financeira, cujas ações demandam conhecimentos especializados e tecnologias que nem sempre estão disponíveis nas unidades policiais.

Referências

ANSELMO, M. A. Criminalização da lavagem de dinheiro no Brasil e no Direito Comparado. **RVMD**, Brasília, vol. 11, n. 1, jan.-jun. 2017, p. 18-42.

BADARÓ, G. H.; BOTINI, P. C. **Lavagem de Dinheiro:** aspectos penais e processuais penais: comentários à lei 9613 de 1998, com alteração pela lei 12683/2012. 2.ed. São Paulo: Revista dos Tribunais, 2012.

BITENCOURT, C. R. **Tratado de Direito Penal:** parte especial. Vol. 3. 16.ed. São Paulo: Saraiva, 2012.

BRASIL. **Conselho de Controle de Atividades Financeiras – Coaf.** Disponível em: <https://www.gov.br/coaf/pt-br/atuacao>. Acesso em: 31 ago. 2023.

BRASIL. **Lei nº 9.613, de 3 de março de 1998.** Dispõe sobre os crimes de "lavagem de dinheiro" ou ocultação de bens, direitos e valores; a prevenção da utilização do sistema financeiro para os ilícitos previstos nesta Lei; cria o Conselho de Controle de Atividades Financeiras – COAF, e dá outras providências. Disponível em: <http://www.planalto.gov.br/ccivil_03/leis/l9613.htm>. Acesso em: 31 ago. 2023.

BRASIL. **Publicações do Coaf.** 14 ago. 2020. Atualizado em 24 mar. 2023. Disponível em: <https://www.gov.br/coaf/pt-br/centrais-de-conteudo/publicacoes/publicacoes-do-coaf-1>. Acesso em: 31 ago. 2023.

CALEGARI, A. L.; WEBER, A. B. **Lavagem de Dinheiro.** São Paulo: Atlas, 2014.

COAF. **O que faz o Coaf?** Brasília, jan. 2022. Disponível em: <https://www.gov.br/coaf/pt-br/centrais-de-conteudo/publicacoes/publicacoes-do-coaf-1/o-que-faz-o-coaf-2022-01-24-publicado.pdf>. Acesso em: 31 ago. 2023.

DALLAGNOL, D. M. **As lógicas das provas no processo:** prova direta, indícios e presunções. Porto Alegre: Livraria do Advogado, 2018.

DRUMMOND, I. Polícia desmonta esquema de quadrilha de estelionatários. **Estado de Minas**, 14 jul. 2020. Disponível em: <https://www.em.com.br/app/noticia/gerais/2020/07/14/interna_gerais,1166884/policia-desmonta-esquema-de-quadrilha-de-estelionatarios.shtml>. Acesso em: 31 ago. 2023.

FILIPPETTO, R. **Lavagem de Dinheiro:** crime econômico da pós-modernidade. Rio de Janeiro: Lumen Juris, 2011.

LIEBERENZ, F. S. **A persecução penal da lavagem de dinheiro no sistema de justiça federal:** o fluxo no Distrito Federal. 2020. Dissertação (Mestrado em Direito) – Centro Universitário de Brasília, Brasília, 2020. Disponível em: <https://repositorio.uniceub.br/jspui/handle/prefix/15205>. Acesso em: 31 ago. 2023.

LIMA, R. B. de. **Legislação Criminal Especial Comentada:** volume único. 4.ed. Salvador: JusPodivm, 2016.

LINHARES, S. C. **Confisco Alargado de Bens:** uma medida penal com efeitos civis contra corrupção sistêmica. 2.ed. rev. atual. São Paulo: Revista dos Tribunais, 2020.

MANDADOS de busca e apreensão são cumpridos em Uberlândia durante Operação 'Stellio'. **G1 Triângulo e Alto Paranaíba**, 14 jul. 2020. Disponível em: <https://g1.globo.com/mg/triangulo-mineiro/noticia/2020/07/14/mandados-de-busca-e-apreensao-sao-cumpridos-em-uberlandia-durante-operacao-stellio.ghtml>. Acesso em: 31 ago. 2023.

MINISTÉRIO PÚBLICO FEDERAL. **Roteiros de Atuação.** Disponível em: <http://www.mpf.mp.br/atuação-temática/ccr2/publicações/roteiro-atuações>. Acesso em: 31 ago. 2023.

NUCCI, G. de S. **Leis Penais e Processuais Penais Comentadas.** 10.ed. Rio de Janeiro: Forense, 2017.

NUCCI, G. de S. **Pacote Anticrime Comentado.** 10.ed. Rio de Janeiro: Forense, 2020.

PERAZZONI, F. Da investigação e dos meios de obtenção de prova. *In*: PEREIRA, E. da S.; BARBOSA, E. S. (orgs). **Organizações Criminosas:** Teoria e Hermenêutica da Lei nº 12.850 de 2013. (Coleção Investigação Criminal, vol. V) Porto Alegre: Núria Fabris, 2015.

QUADRILHA suspeita de aplicar golpes em bancos é alvo da Operação Stellio em Uberlândia. **V9 Vitoriosa**, s.d. Disponível em: <https://painel.v9vitoriosa.com.br/policia/quadrilha-suspeita-de-aplicar-golpes-em-bancos-e-alvo-da-operacao-stellio-em-uberlandia/>. Acesso em: 31 ago. 2023.

SOUZA, A. de B. G.; COELHO, C. C. da S. Questões atuais na prevenção da lavagem de dinheiro. **Revista Brasileira de Ciências Criminais**, São Paulo, vol. 165, ano 28, mar. 2020, p. 41-69.

VILELA, C. Suspeito de estelionato é preso em flat no centro de Uberlândia com produtos avaliados em R$ 36 mil. **V9 Polícia**, 23 jun. 2020. Disponível em: <https://v9vitoriosa.com.br/policia/suspeito-de-estelionato-e-preso-em-flat-no-centro-de-uberlandia-com-produtos-avaliados-em-r-36-mil>. Acesso em: 31 ago. 2023.

O COMBATE À LAVAGEM DE DINHEIRO COMO INSTRUMENTO DE REPRESSÃO DA CORRUPÇÃO PELA POLÍCIA JUDICIÁRIA ESTADUAL À LUZ DAS TRATATIVAS INTERNACIONAIS: DOGMÁTICA JURÍDICA E CASOS DE REFERÊNCIA

Robinson Fernandes[1]

1. Introdução

No cenário atual, destaca-se a corrupção exacerbada que assola a sociedade brasileira. Os cidadãos encontram-se indignados e saturados com os índices de corrupção alcançados, clamando pelo emprego mais adequado dos recursos públicos, em conformidade com os anseios da sociedade e com os preceitos legais. Com isso, a Administração Pública é rotulada, de forma generalizada, como responsável pelo desfalque dos cofres públicos, além da consequente crise social e econômica que permeia o Brasil.

Os meios midiáticos, reiteradamente, revelam fatos que dizem respeito à Administração Pública, em sua grande maioria crimes praticados em detrimento do erário, através de conluio entre gestores econômicos e agentes públicos ou políticos, com destaque especial para os escândalos envolvendo práticas corruptivas, tornando-se grande preocupação nacional.

Não por acaso a Organização para a Cooperação e Desenvolvimento Econômico (OCDE) já proferiu diversas manifestações, recomendando ações de combate à corrupção, ao lado do *Financial Action Task Force* ou Grupo de Ação Financeira Internacional (FATF-GAFI), no tocante ao combate da lavagem de dinheiro e do financiamento do terrorismo.

---

[1] Delegado de Polícia da Polícia Civil do Estado de São Paulo. Pós-Doutorado em Ciências Jurídico-Políticas pela Faculdade de Direito da Universidade de Lisboa. Doutor, Mestre e Bacharel em Direito. Professor Universitário e da Academia de Polícia Dr. Coriolano Nogueira Cobra. Presidente da Comissão Anticorrupção, Lavagem de Dinheiro e *Compliance*, e Secretário-Geral da CONACATE. Foi Coordenador do LAB-LD, Divisionário da Administração do Departamento de Inteligência (DIPOL) e Corregedor na Polícia Civil do Estado de São Paulo. Instrutor para o PNLD pelo Ministério da Justiça e em Investigação de Lavagem de Dinheiro para *law enforcement agencies* pelo regional do GAFI, GIABA e pelo PNUD da ONU, na África Ocidental.

Por essas razões, mister se faz repensar a repressão da corrupção, à luz das principais tratativas e diretrizes internacionais, potencializada pelo combate à lavagem de dinheiro por meio do exercício da atividade de Polícia Judiciária estadual.

Antes, porém, de ilustrar tal atuação e casos de referência, importa contextualizar aspectos jurídicos e pragmáticos sobre a matéria.

2. Da repressão da lavagem de dinheiro, da cooperação jurídica internacional e do combate à corrupção

Em meio ao cenário contemporâneo capitalista e ao fenômeno conhecido por globalização, à vista da grande circulação de valores de forma transacional e internacional, da abertura das fronteiras e dos mercados e, por conseguinte, da interação entre criminosos de forma organizada e da criminalidade complexa por meio de práticas planejadas, estruturadas e elaboradas envolvendo diversas etapas, nuances e desdobramentos, insere-se a corrupção em sentido abrangente, emergindo a lavagem de dinheiro como ação criminosa tipificada com a proposta de conter a circulação de bens, direitos e valores oriundos da atividade ilícita, em reforço à persecução penal e ao sistema de justiça criminal.

No mesmo contexto, emerge a cooperação jurídica internacional ao lado das cartas rogatórias, das decisões judiciais homologadas e do *exequatur* para o cumprimento de pronunciamentos jurisdicionais. Trata-se do auxílio direto ou da assistência judicial mútua que a autoridade demandada venha a requerer perante o Poder Judiciário ou repartições pertinentes, em nome próprio, para atender a outrem do país demandante sem percorrer as vias diplomáticas, mas, sim, por intermédio das denominadas 'autoridades centrais'. Pode ocorrer também a cooperação direta por meio das unidades de inteligência e dos adidos policiais, das redes internacionais, antevendo-se e aprimorando-se, ante a capilaridade e internacionalização do fenômeno criminal, como forma de potencializar e dar celeridade à investigação e à persecução penal, que, tal qual o crime, passam a não possuir fronteiras.

Caracteriza-se a lavagem de dinheiro como um fenômeno criminal crescente em razão da transnacionalidade, da concorrência de mercado, da globalização, da abertura de fronteiras, dentre outros fatores, repercutindo diretamente na macrocriminalidade e, de modo indireto, na microcriminalidade[2], no financiamento dos ilícitos penais, dentre outras atuações delitivas de cunho patrimonial.

---

[2] Nessa linha, veja-se Monteiro (2012, p. 12 *et seq.*)

A título ilustrativo da relevância do problema, esclarece-se, em termos de proveito do crime onde se insere a corrupção, que a lavagem de dinheiro movimentaria[3] de 2% a 5% do Produto Interno Bruto (PIB) da economia mundial[4], chegando-se à estimativa de 13% nos últimos 20 anos, o que representa recursos que por vezes poderiam ser tributados[5] e/ou revertidos em benefício da saúde e da educação públicas, dentre outras áreas prioritárias, isso quando não consistirem em ativos desviados do próprio erário.

Destaque-se ainda a exacerbada percepção de corrupção, colocando o Brasil na 96ª posição do *ranking* mundial em 2021[6], ao lado da Argentina, da Indonésia, de Lesoto, da Sérvia e da Turquia, refletindo de certa forma bens, direitos e valores provenientes do erário ou adquiridos de outra forma indevida, prejudicando a qualidade de vida das pessoas, gerando má distribuição da renda, mau exemplo e outros percalços.

Nesse sentido, diversos mecanismos, como a criação do *Financial Action Task Force* (FATF) ou Grupo de Ação Financeira Internacional (GAFI), e outras tratativas internacionais[7] vão ao encontro de compelir os países a cooperar, incrementando a

---

[3] Segundo estimativas do FATF-GAFI para o ano de 2012.

[4] Veja-se: FATF (2012).

[5] Registre-se, contudo, que em dadas circunstâncias os lavadores de dinheiro propositadamente deixam incidir tributação sobre os ativos auferidos de modo ilícito para auxiliar na blindagem e na aparência lícita, pouco se importando os criminosos, visto que os recursos já não lhes pertenceriam dignamente. Nesses casos, estima-se que chegam a ocorrer "dispêndios" da ordem de 10% a 33% por meio do *quantum* tributado.

[6] Veja-se: Transparência Internacional Brasil (2022).

[7] Aqui vale citar, além dos principais tratados e acordos na área da prevenção e combate à lavagem de dinheiro e à corrupção, a Convenção contra o Tráfico Ilícito de Entorpecentes e Substâncias Psicotrópicas, em Viena, concluída em 20 de dezembro de 1988, conhecida por Convenção de Viena de 1988, promulgada pelo Decreto nº 154, de 26 de junho de 1991; a Convenção das Nações Unidas contra o Crime Organizado Transnacional, conhecida por Convenção de Palermo de 2000, promulgada pelo Decreto nº 5.015, de 12 de março de 2004; a Convenção das Nações Unidas contra a Corrupção, conhecida por Convenção de Mérida de 2003, promulgada pelo Decreto nº 5.687, de 31 de janeiro de 2006; as 40 Recomendações do FATF-GAFI e respectivas diretrizes correlatas, na mesma esteira, no âmbito europeu; a Diretiva nº 2015/849/CE, alterada pelas Diretivas nº 2018/843 e nº 2019/2177, do Parlamento Europeu e do Conselho, que, no nº 9 do artigo 3º, seguindo as mesmas diretrizes internacionalmente aceitas, trouxeram à baila a definição das denominadas "pessoas politicamente expostas" (*politically exposed persons*) para fins de prevenção à lavagem de dinheiro, entendendo-se por "[...] pessoas singulares a quem estão ou foram cometidas funções públicas proeminentes [...]", dentre chefes de Estado e de governo, membros de poder, executivos públicos, oficiais militares, carreiras de gerência e ordenadoras de despesas (que podem autorizar licitações e contratos), militantes em organismos internacionais, bem como os membros próximos da sua família ou pessoas conhecidas como a elas estreitamente associadas. Aspectos que, a despeito de a diretiva mencionada ter se operado com abrangência no cenário europeu, foram introjetados pelo ordenamento brasileiro. Vejam-se comentários sobre esses tratados e eventuais outros instrumentos aqui não mencionados em Masi (2013).

regulamentação do mercado, potencializando os meios repressivos, evitando que os ativos ilícitos, contexto em que se inserem aqueles provenientes da corrupção, circulem ou migrem para outras nações, perseguindo a higidez financeira na qual o mercado globalizado necessita se apoiar[8].

No Brasil, ao lado daquilo que genérica e popularmente denomina-se corrupção, dentre o previsto no tipo penal de corrupção ativa, passiva, concussão, peculato, quem sabe a extorsão envolvendo agentes públicos, encontram-se abrangidos também os crimes licitatórios e as respectivas fraudes aos procedimentos relacionados, tais como superfaturamento de obras públicas, infraestrutura, serviços, bens, aquisições de softwares, hardwares e demais itens de informática, muitas vezes de difícil mensuração, adquiridos acima do valor de mercado, em quantitativo superdimensionado ou com direcionamento de memorial descritivo, em seara de difícil identificação devido ao conhecimento técnico requerido, ou, ainda, com conluio prévio entre licitantes e agentes públicos. Isso sem falar das declarações de dispensas e inexigibilidades de licitação irregulares, subcontratações, entre outras tipologias.

Vale lembrar que a repulsa pelas práticas corruptivas, preceito basilar para a convivência harmônica e pacificação social, em vigor desde a Antiguidade, já se fazia presente entre os gregos (AMARAL, 1941, p. 671). No século V a.C. Aristóteles dizia que a "justiça comutativa" implicava o dever de reparar os danos provocados por uma pessoa a outra; posteriormente, aprimorada por meio dos jurisconsultos romanos, a ideia se consolidou nas compilações de Justiniano, no período de 529 a 534 d.C., no brocardo "Iuris praecepta sunt haec: honeste vivere, alterum non laedere, suum cuique tribuere" (MADEIRA, 2000, p. 19), na perspectiva de que o Direito preceituaria, basicamente, viver honestamente, não lesar a ninguém e dar a cada um o que é seu.

No contexto das práticas corruptivas, e principalmente pelo aspecto do auferir de bens, direitos e valores de forma ilícita com o intuito de satisfazer os anseios pessoais a qualquer custo, a lavagem de dinheiro[9] –, cujos principais aspectos jurídicos

---

Importa registrar a relevância do alcance da locução "pessoas politicamente expostas", que englobaria agentes públicos que ocupam carreiras superiores na administração pública, sobretudo as autoridades competentes para autorizar despesas públicas.

[8] Conferir: Firmino de Oliveira (2016, p. 43 *et seq.*)

[9] Branqueamento de capitais, na linguagem portuguesa, ou lavagem de dinheiro, no falar brasileiro, possui equivalência na doutrina internacional, na britânica e na norte-americana sob a alcunha de *money laundering*; na doutrina francesa, *blanchiment d'argent*; na espanhola, *blanqueo de capitales* ou *blanqueo de dinero* ou *de activos*; na argentina, *lavado de dinero*; na italiana, *riciclaggio di denaro*; na alemã, *geldwache* ou

se apresentam no presente texto – caracteriza-se, em linhas gerais, pelo processo em que o criminoso transforma ou dá aparência lícita a recursos provenientes da atividade criminosa. Envolve, em regra, um conjunto de transações para ludibriar a persecução penal e a investigação policial em si.

Percorrem-se as seguintes etapas[10]: colocação ou *placement* dos ativos ilícitos no mercado, na economia ou no sistema financeiro; ocultação ou *layering* desses ativos por meio de movimentações e transações diversas ou criação de camadas tais como a constituição de diversas pessoas jurídicas e controladoras (*holdings*) ou a colocação dos ativos em nome de interpostas pessoas, dentre familiares e pessoas próximas, operando como "laranja" (*stooge*) ou "testa de ferro" (*strawman*) a fim de blindar a verdadeira pessoa natural beneficiária (*beneficial owner*); e a integração ou *integration*, onde os bens e valores de aparência lícita passam a ser usufruídos. Há ainda quem fale em reciclagem, ou *recycling*, no sentido de dar seguimento às transações com o escopo de dificultar o rastreamento[11].

---

verscheierung. O Brasil teria optado pela expressão "lavagem de dinheiro" em vez de "branqueamento de capitais", primeiro, pelo fato de a locução cunhada estar amplamente presente no glossário das atividades financeiras e na linguagem popular inspirada no emprego internacional da terminologia *money laundering*; e, segundo, com o intuito de evitar qualquer eventual conotação racial. Veja-se item 9 da Exposição de Motivos da Lei Brasileira nº 9.613/1998 (BRASIL. *Conselho de Controle de Atividades Financeiras (COAF)*. Secretaria da Fazenda. Exposição de Motivos nº 692, de 18 de dezembro de 1996. Brasília (DF), 1996). Disponível em: <https://www.gov.br/coaf/pt-br/acesso-a-informacao/Institucional/a-atividade-de-supervisao/regulacao/supervisao/legislacao/exposicao-de-motivos-lei-9613-1.pdf/@@download/file>. Acesso em: 07 nov. 2023. Em igual sentido, veja Saadi (2007, p. 46). A propósito do adjetivo pátrio "norte-americano", ressalva-se que este foi empregado no presente texto sempre no lugar de "estadunidense" para se referir aos Estados Unidos da América, e não à América do Norte em geral.

[10] Nesse sentido, admitindo-se e estabelecendo-se as diretrizes internacionais quanto às três etapas da lavagem de dinheiro, têm-se o Grupo de Ação Financeira Internacional (GAFI) ou *Financial Action Task Force* (FATF), o Escritório da Organização das Nações Unidas sobre Drogas e Crimes ou *United Nations Office on Drugs and Crime* (UNODC) e, ainda, a Organização para a Cooperação Econômica e Desenvolvimento ou *Organisation for Economic Co-operation and Development* (OECD), respectivamente, <https://www.fatf-gafi.org/content/fatf-gafi/en/pages/frequently-asked-questions.html#tabs-36503a8663-item-6ff811783c-tab>, <https://www.unodc.org/unodc/en/money-laundering/overview.html> e <http://www.oecd.org/tax/exchange-of-tax-information/43841099.pdf>.

[11] O ordenamento pátrio internalizou as denominadas três fases. Com efeito, ainda que se possa criticar a técnica legislativa adotada, a colocação dos ativos ilícitos estaria descrita no parágrafo 2º e respectivos incisos do artigo 1º, enquanto a ocultação ou a dissimulação já se faria presente no *caput* do citado artigo e a integração se consolidaria pelo parágrafo 1º do mesmo disposto legal, em especial pelo respectivo inciso I. Destarte, não há como prosperar argumentos de que o repressivo penal brasileiro apenas preveria a ocultação, ignorando-se os demais parágrafos e incisos. Vale registrar, a exemplo da legislação brasileira e portuguesa, bem como da espanhola, italiana, alemã, britânica e norte-americana, não se exigir a ocorrência das três fases para a prática delituosa se consolidar, bastando o cometimento de uma das condutas dos diversos

A legislação brasileira sobre lavagem de dinheiro (Lei nº 9.613/1998, com as inovações posteriores), inspirada no modelo alienígena, pune a referida prática decorrente do auferir ilícito oriundo de qualquer infração penal, incluindo as contravenções, campo vasto em que se inserem as práticas corruptivas. Qualquer pessoa pode ser o sujeito ativo (autor, coautor e partícipe), quer na qualidade de interposta pessoa ou mandante, pela Teoria do Domínio do Fato[12], prevendo-se, inclusive, pelo ordenamento pátrio, a possibilidade de aplicação de pena mais severa, pela dosimetria penal, ao partícipe, em relação ao autor imediato (mandante em relação ao praticante, por exemplo), enquanto o sujeito passivo consistiria na coletividade, tutelando-se, destarte, a ordem socioeconômica e a realização da justiça[13].

Ainda que se pensasse simplesmente na administração da justiça – que se trata de categoria de crimes e não bem jurídico a ser agasalhado –, incorreríamos possivelmente na polêmica tese mundialmente discutida, e não tão teratológica como se possa pensar à primeira vista, da ofensa ao princípio universal e garantia da pessoa humana, do *ne bis in idem* ou *non bis in idem,* do regime da *civil law* ou do equivalente *double punishment* ou *double jeopardy* do sistema da *common law*[14], tese esta rechaçada

---

verbos previstos. Na mesma esteira, à literalidade legal, não são necessários mecanismos de ocultação ou dissimulação propriamente ditos ou mesmo métodos engendrados para tal se consumar, bastando a mera utilização dos ativos de origem ilícita na atividade econômica ou financeira.

12 Admite-se a responsabilização na esfera penal e demais medidas restritivas de bens, direitos e valores daqueles que detenham o domínio do fato criminoso e dos ativos ilícitos, vale dizer, dos mandantes das referidas práticas criminosas e daqueles que eventualmente venham a figurar por trás da autoria imediata como se autores diretos fossem, além daquelas pessoas interpostas usualmente conhecidas por "laranjas" ou *stooges* (literalmente, "fantoches"), "testas de ferro" ou *strawmen* (literalmente, "espantalhos"). A Teoria do Domínio do Fato (Teoria Objetivo-Normativa), elaborada pelo jurista alemão Hans Welzel em 1939 e aprimorada pelo cientista do direito de mesma nacionalidade, Claus Roxin, em 1963, foi agasalhada no Brasil na esteira das disposições do artigo 62 do Código Penal.

13 É polêmica a questão do bem jurídico protegido na lavagem de dinheiro. Há quem entenda pelo mesmo bem tutelado pela infração penal antecedente na linha da doutrina alemã ou pela administração da justiça na esteira de entendimento da Suíça e Itália, ou, ainda, pela ordem socioeconômica no contexto da legislação espanhola, e quem compreenda haver de certa forma uma pluriofensividade (GODINHO, 2001, p. 123/159), prevalecendo caso a caso, considerando a situação concreta de determinado bem (OLIVEIRA, 1998, p. 323). Entende-se, na linha do artigo 301 do Código Penal da Espanha, dentre outros diplomas legais e doutrinadores pelo mundo, estar tutelada a ordem socioeconômica concomitantemente com a realização da justiça, isto é, a concretização dos mais elevados anseios de justiça, que não se confunde com a categoria de crimes contra a administração da justiça. Considerando a quantidade de dinheiro lavado no mundo, seria de se admitir que o impacto no campo econômico e até tributário resultaria elevado e que, além disso, empresas regulares perderiam a concorrência, gerando desemprego e prejuízo à economia como um todo – além do Estado, que perderia em tributação.

14 A título ilustrativo, foi o caso do voto do ministro do Supremo Tribunal Federal brasileiro Ricardo Lewandowski na Ação Penal 470 – MG, conhecida popularmente como 'ação do mensalão' (BRASIL, Supremo

justamente pela diferenciação do bem tutelado, dentre outros fundamentos, como a finalidade almejada e a ofensa potencial (*harm principle*).

Prevê-se ainda a autonomia da infração penal da lavagem de dinheiro, à vista do inciso II do artigo 2º da citada lei, à guisa do que ocorre com as infrações penais de furto e receptação, isto é, não dependendo do desfecho da persecução em relação ao crime precedente.

Admite-se, também, o que se denomina 'autolavagem' (a responsabilização simultânea do agente que praticou o crime antecedente que possibilitou auferir ativos ilicitamente e ainda praticou as ações da lei em comento, pelo manejo daqueles recursos financeiros), incorrendo em lavagem de dinheiro e até mesmo em concurso de crimes.

Destarte, bastam os indícios da ocorrência da infração penal antecedente, seja por meio de prova testemunhal, documental, pericial, antecedentes criminais, peças de informação, dentre outras, assim como os ativos ilicitamente auferidos em face da incompatibilidade patrimonial e dos recursos sem lastro (o que denominaríamos, *a priori*, de enriquecimento sem causa, na linha interpretativa do parágrafo 1º do artigo 2º da Lei nº 9.613/1998). Ao revés, inviabilizar-se-ia a punição pela prática da lavagem de dinheiro caso fosse requerida a prova da condenação da infração penal antecessora e, para agravar, se fosse necessário evidenciar a contabilidade exata da origem dos recursos ilícitos. Daí a viabilidade da repressão penal do crime em comento poder ser entendida como espécie de soldado de reserva no sistema de justiça criminal.

Tribunal Federal. *Ação Penal 470*. Disponível em: <https://jurisprudencia.stf.jus.br/pages/search?classeNumeroIncidente=%22AP%20470%22&base=acordaos&sinonimo=true&plural=true&page=1&pageSize=10&sort=_score&sortBy=desc&isAdvanced=true>. Acesso em 4 de jan. de 2022). Veja-se também: "A incriminação da 'lavagem' paralelamente àquela do crime antecedente suscita, então, um problema de 'ne bis in idem'" (SOUZA NETTO, 2002, p. 36); "(...) impedir a punição do autor e do partícipe do crime antecedente pela lavagem de dinheiro (em respeito às regras de consunção e ao princípio *ne bis in idem*) e buscar estabelecer uma relação de proporcionalidade entre a pena prevista para o crime antecedente e a pena aplicada ao agente da lavagem de dinheiro" (SCHORSCHER, 2012); "This book seeks to present a critical analysis of the responses to money laundering, from three perspectives (...) An important critical perspective is supplied by the jurisprudence of human rights, particularly those to private life and property, to fair trial and against double jeopardy. When these rights do not have the purchase they should have, a critique is supplied of the operation of the Human Rights Act". Tradução livre: "Este livro procura apresentar uma análise crítica das respostas aos questionamentos da lavagem de dinheiro a partir de três perspectivas (...) Uma perspectiva crítica importante é fornecida pela jurisprudência dos direitos humanos, particularmente aqueles relativos à privação da vida e da propriedade, de um julgamento justo e contra a dupla punição. Quando esses direitos não são devidamente valorados como deveriam, é de se repensar a validade e eficácia da Norma Legal do Reino Unido sobre Direitos Humanos" (ALLDRIDGE, 2003, p. 44).

A infração penal em tela, em regra, é formal (CERVINI; OLIVEIRA; GOMES, 1998, p. 325), isto é, ainda que prevendo resultado final naturalístico – no caso, a conversão dos ativos ilícitos em algo lícito –, tal proceder não se faz necessário para que ocorra a consumação à luz da compreensão do tipo penal misto alternativo, ou seja, basta o cometimento de uma das condutas para a infração se consumar.

Admite-se o dolo eventual (DE SANCTIS, 2008, p. 50) por conta dos próprios verbos e ações previstos no dispositivo repressivo, reforçando-se a tese em comento diante da ausência da expressão "que sabe serem provenientes de qualquer dos crimes antecedentes", a qual viabilizaria apenas o dolo direto, retirada da primitiva redação do inciso I do parágrafo 2º do artigo 1º após as alterações introduzidas pela Lei nº 12.683, de 09 de julho de 2012.

Configura-se viável a aplicação da Teoria da Cegueira Deliberada (*Willful Blindness Doctrine*) do caso "United States v. Campbell", 977, F.2d 854 – 4th Cir., 1992, decidido pelo Quarto Circuito Federal, ou das Instruções de Avestruz (*Ostrich Instructions*), também conhecida por Doutrina do Ato de Ignorância Consciente (*Conscious Avoidance Doctrine*) do caso "United States v. Barnhart", 979, F.2d 647, 651-652 – 8th Cir., 1992, do direito norte-americano, presente também em alguns países europeus. Diz respeito a se conceber a atuação dolosa daquele que preenche o tipo objetivo ignorando algumas peculiaridades do caso concreto, por ter se colocado voluntariamente em uma posição de alienação diante de situações suspeitas, procurando não se aprofundar no conhecimento das circunstâncias objetivas para fingir não perceber o caráter ilícito do ato, tratando-se, deveras, de desdobramento da omissão penalmente relevante de que trata o parágrafo 2º do artigo 13 do Código Penal.

Do mais, traduz-se possível a tentativa à exegese do parágrafo 3º do artigo 1º, embora de difícil configuração, havendo a possibilidade de crime permanente nas ações de ocultar, guardar e manter em depósito ativos ilícitos, em que pese a instantaneidade na maioria dos casos.

Por fim, importa destacar a viabilidade de conjugação em concurso de crimes com a legislação de organização criminosa, isto é, a Lei nº 12.850/2013[15] – aliás, altamente

---

[15] O diploma legal em comento internalizou a Convenção de Palermo no ordenamento pátrio (Decreto nº 5.015/2004). Importa registrar também os recentes diplomas legais de indisponibilidade e congelamento de bens na esfera cível de forma cautelar e como medida antecipatória daqueles que figurarem em resolução e lista da Organização das Nações Unidas como potenciais terroristas, a fim de se coibir o respectivo financiamento (Lei nº 13.810/2019) e a Lei de Combate ao Terrorismo (Lei nº 13.260/2016), ambas medidas de contrapartida requeridas pelo GAFI.

recomendável no sentido de garantir a tutela devida à sociedade, sobretudo nos casos envolvendo práticas corruptivas. Não raro, as ocasiões envolvem diversos atores, assegurando medidas investigativas como a entrega vigiada de valores e a interceptação de sinais, para além de outras medidas persecutórias e assecuratórias, sempre que houver quatro ou mais elementos reunidos de forma estruturada para a prática de infrações penais, objetivando obter vantagem de qualquer natureza, concebendo-se, assim, no domínio da locução 'organização criminosa', derrogada tacitamente a previsão majorante de pena do parágrafo 4º do artigo 1º da Lei nº 9.613/1998.

A Cooperação Jurídica Internacional em matéria penal, mais especificamente com foco no combate à corrupção e à lavagem de dinheiro, é prevista em tratados internacionais, multi ou bilaterais envolvendo o Brasil, ao lado da carta rogatória, da execução de decisões judiciais estrangeiras (*exequatur*) da homologação ou revisão de sentenças estrangeiras que requerem a atuação das Cortes Superiores de Justiça, além da intervenção das vias diplomáticas. Há procedimentos mais céleres e eficazes, como o Auxílio Direto e a Cooperação Direta, sem falar das extradições, da transferência de execução da pena e da transferência de pessoas condenadas.

No tocante ao Auxílio Direto, o pedido de interesse (afastamento judicial de sigilo bancário, fiscal, bursátil, bloqueio de bens ou mesmo oitiva de pessoas etc.) é requerido por determinada autoridade no país demandante perante o Poder Judiciário local, ou não, a depender da natureza do pleito. Em regra, para medidas de constrição de bens ou direitos além daquelas medidas que se inserem no âmbito dos aspectos nucleares da privacidade, faz-se conveniente o pronunciamento jurisdicional. Por outro lado, a simples oitiva de uma testemunha ainda na fase investigativa policial na maioria dos casos pode ser realizada por autoridade administrativa equivalente, tal qual seria realizado pelo delegado de polícia no Brasil.

Uma vez deferida, a demanda é direcionada a qualquer autoridade congênere no estrangeiro por intermediação da denominada Autoridade Central (órgão destinado para tal proceder existente em cada país) – no Brasil, é o Departamento de Recuperação de Ativos e Cooperação Jurídica Internacional (DRCI) do Ministério da Justiça.

Já na Cooperação Direta, a troca ou transferência de dados se dá diretamente entre os órgãos envolvidos, entre as polícias ou, ainda, por meio dos adidos policiais, aduaneiros ou oficiais de ligação (*attaché* ou *liaison officer*) em atividade no âmbito dos consulados e embaixadas dos países cooperantes, sem a necessidade de demandar às autoridades centrais. Em regra, destina-se à troca de informações cadastrais no interesse da investigação criminal e da persecução penal e, sobretudo, aos assuntos atinentes à atividade de inteligência financeira ou de Estado.

3. O combate às práticas de corrupção por intermédio da repressão à lavagem de dinheiro

Há relevantes instrumentos e institutos presentes na legislação de repressão à lavagem de dinheiro que são potencializadores da investigação policial e da persecução penal no combate à corrupção, como, por exemplo, a colaboração espontânea por parte do investigado, prevista no parágrafo 5º do artigo 1º da Lei de Lavagem, plausível de ser obtida pela autoridade policial ou pelo representante do Ministério Público[16]. A suspensão de ordens judiciais de prisões e medidas assecuratórias quando puder comprometer as investigações, disposta no artigo 4º-B, foi introduzida pelas alterações legislativas de 2012. Há ainda a possibilidade da utilização da ação controlada, vale dizer, do retardamento de prisões em flagrante e de se proceder com a entrega vigiada para, ilustrativamente, seguir o investigado quando da entrega de dinheiro em espécie, para além da infiltração de agentes, mediante autorização judicial, inclusive

---

[16] O instituto da "delação premiada" aproxima-se daquele do "delator" do sistema da *common law* conhecido por *whistleblower*, amplamente empregado na repressão ao suborno e à corrupção em fatos afetos aos setores público e privado. A ideia basicamente consiste em, por meio da proposta de isenção ou redução da pena ao colaborador, viabilizar a obtenção de detalhes da prática da infração penal e da eventual organização criminosa, os vínculos existentes, a dinâmica e o alcance da empreitada criminosa, tratando-se de meio de prova. Uma vez aplicado o instituto, em fase avançada da persecução, não raro faz-se necessário o confronto das alegações por meio de acareações entre as pessoas envolvidas (*confrontation, cross interrogation* ou *cross examination*), sobretudo quando não houver risco à integridade do delator ou maiores implicações. A referida delação premiada é plausível de ser obtida pela "autoridade policial", que é o delegado de polícia, ou pelo representante do Ministério Público na esfera processual penal, à literalidade da lei que, consoante às regras de hermenêutica, não distinguiu a incumbência para tal mister, deduzindo-se plenamente aplicável à Polícia Judiciária conforme estabelece o parágrafo 5º do artigo 1º, podendo culminar na abstenção de aplicação de pena pelo magistrado. Em julgamento da Ação Direta de Inconstitucionalidade nº 5.508 que tramitou perante o Supremo Tribunal Federal (STF) e versou sobre questionamento acerca da inconstitucionalidade de alguns dispositivos da Lei de Repressão ao Crime Organizado (Lei nº 12.850/2013), em particular aqueles que viabilizam os acordos de delação premiada e congêneres, discutiu-se, no caso, a viabilidade de tal mister poder ser realizado também no âmbito da polícia e não apenas perante o Ministério Público. A Suprema Corte, em decisão resolvendo questão de ordem em julgamento de agravo, na linha de alguns *habeas corpus* decididos anteriormente, sedimentou o entendimento pela possibilidade de os referidos acordos se consolidarem igualmente na esfera da Polícia Judiciária, conduzidos pelo delegado de polícia – até porque, em que pese a necessidade de homologação pelo Poder Judiciário, reveste-se de aspecto probatório que usualmente se produz na fase de investigação. A propósito: "Trata-se, portanto, de meio de obtenção de prova cuja iniciativa não se submete à reserva de jurisdição, diferentemente do que ocorre, por exemplo, com a quebra do sigilo bancário ou fiscal e com a interceptação de comunicações telefônicas" (STF, 2017). Posteriormente, no mérito, referendou a questão: "Decisão: O Tribunal, por maioria e nos termos do voto do Relator, julgou improcedente o pedido, assentada a constitucionalidade do § 2º e do § 6º do art. 4º da Lei nº 12.850/13. Vencidos, em parte, os Ministros Edson Fachin, Rosa Weber, Luiz Fux e Dias Toffoli. Nesta assentada, reajustaram seus votos, para acompanhar o Relator, os Ministros Alexandre de Moraes e Roberto Barroso. Presidiu o julgamento a Ministra Cármen Lúcia. Plenário, 20 de junho de 2018" (STF, 2020).

na modalidade virtual, seguindo-se por analogia o disposto na Lei de Combate às Organizações Criminosas, também por se tratar de norma processual e pelo fato de o legislador não ter feito distinção quanto às modalidades de infiltração plausíveis, ao teor do parágrafo 6º do artigo 1º, introduzido pela Lei nº 13.964/2019, o denominado 'Pacote Anticrime'.

Ademais, tem-se ao alcance da Polícia Judiciária medidas assecuratórias de que trata o artigo 4º da Lei de Lavagem, as quais viabilizam a mais efetiva e eficaz das medidas, grande avanço no desestimulo às práticas delitivas de cunho patrimonial, onde se insere, via de regra, a corrupção.

Possibilita-se a restrição imediata dos ativos com indícios de origem ilícita e decorrentes das práticas de corrupção, *ex parte (common law)* ou *inaudita altera pars (civil law)*, ainda que em nome de terceiros (interpostas pessoas), que sejam instrumento, produto ou proveito do crime, incorporando a doutrina internacional e da *common law* do *proceeds not just profits*[17], isto é, incidindo sobre a totalidade dos ativos com suspeita de ilicitude e/ou sobre a incompatibilidade patrimonial, ainda que tais bens não sejam comprovada e diretamente provenientes da prática da infração penal predecessora, mas se insiram na linha da compensação do patrimônio incompatível. Isso vai na esteira do entendimento de que aquele que praticou crime e auferiu ativos indevidamente deve tal ressarcimento à sociedade, conforme já previsto pelos artigos 91 e 91-A do Código Penal, com alteração pela Lei nº 13.964/2019 ('Pacote Anticrime').

Permite-se ainda, ao lado da amplitude de restrição dos ativos, ao abrigo do artigo 4º-A, a alienação antecipada à satisfação dos eventuais danos causados a terceiros, ao erário ou simplesmente tornando indisponíveis aqueles decorrentes da origem sem lastro. Evita-se, igualmente, a deterioração de bens, tais como veículos automotores apreendidos cujo lapso temporal aguardando o findar dos processos em pátios e congêneres usualmente acarretam descarga de bateria, deterioração de pneus, dentre outros itens, sem falar da desvalorização.

---

[17] A título ilustrativo, veja-se a situação do Reino Unido: "The full impact to the 'proceeds not just profits' doctrine is seen in corruption offences. Corruption is the subject of concerted international action, the law of the United Kingdom has been under review, and the United Kingdom Government has (finally) discharged its obligation under the Paris Convention of the OECD 90 to penalise the bribery of public officials overseas". Tradução livre: "O pleno impacto da doutrina dos 'produtos e não apenas proveitos' é vista em delitos de corrupção. A corrupção é objeto de uma ação em acordo internacional, a lei do Reino Unido tem sido revista e, o Governo do Reino Unido tem (finalmente) cumprido a obrigação, nos termos da Convenção de Paris da OCDE de 90, a penalizar o suborno de servidores públicos no estrangeiro" (ALLDRIDGE, 2003, p. 176).

Somente se possibilitará a liberação dos bens, direitos e valores pelo magistrado uma vez comprovada a licitude daqueles e mediante audiência prévia com o comparecimento pessoal do acusado ou de interposta pessoa, ao teor dos parágrafos 2º e 3º do artigo 4º do diploma legal em tela, caracterizando espécie de inversão do ônus da prova, porém, não em relação à condenação pela prática de lavagem de dinheiro em si. Ainda assim, tal proceder reforça a eficácia do dispositivo, uma vez que aquele que ilicitamente os auferiu dificilmente conseguirá atribuir-lhes lastro ou demonstrar qualquer licitude na origem, mantendo-se, destarte, a constrição.

No tocante aos meios investigatórios, para além daqueles previstos na Lei de Combate às Organizações Criminosas, que prevê a investigação criminal conduzida pelo delegado de polícia e pela Polícia Judiciária, ao teor dos artigos 17-B e 17-C da Lei de Lavagem, também se estabelece a possibilidade de obter dados cadastrais de telefonia, contas bancárias, cartões de crédito e tudo o mais, além de dados informáticos armazenados em nuvem, de suma importância na apuração envolvendo criptoativos, e ainda o afastamento de sigilo bancário, nos termos do parágrafo 4º do artigo 1º da Lei Complementar nº 105/2001. E, por analogia, igualmente, o afastamento do sigilo bursátil, dos valores mobiliários e fundos naquela esfera, bem como do sigilo fiscal, na dicção do inciso II do parágrafo 1º do artigo 198 da Lei nº 5.172/1966, o Código Tributário Nacional, alterado pela Lei Complementar nº 104/2001, a serem recepcionados por meios eletrônicos para evitar a redigitação e viabilizar as análises, essenciais para a verificação de incompatibilidade patrimonial, ausência de lastro e rastreamento dos ativos ilícitos até a origem, na linha da clássica técnica do *follow the money*, isto é, siga o dinheiro.

Importa registrar, quiçá, já entender possíveis o compartilhamento e a transferência do sigilo fiscal entre a administração tributária e demais órgãos do fisco e da persecução penal, mormente no combate à corrupção e à lavagem de dinheiro, ao abrigo dos artigos 146 e 192 da Constituição Federal, do artigo 17-C da Lei de Lavagem e do artigo 198 do Código Tributário Nacional, não havendo expressamente qualquer cláusula constitucional de reserva ao Poder Judiciário, como insistem alguns, para amparar a pretensão, com esteio no artigo 5º da Constituição e respectivos incisos relacionados à privacidade e ao sigilo telefônico. Nessa mesma esteira de entendimento segue, por exemplo, a situação portuguesa[18].

[18] Reconhece-se que os sigilos bancário e fiscal constituem matéria não reservada à disciplina constitucional, não havendo naquela cláusula de reserva ao Poder Judiciário, assim como, ao revés, reconhece-se o sigilo dos dados telefônicos ou mesmo os metadados afetos aos *logs* de comunicação, localização, dentre outros, estarem amparados por tais cláusulas, sendo viável a obtenção apenas no interesse da investigação

Ademais, o próprio artigo 198 do Código Tributário Nacional permite o intercâmbio de informações fiscais, e, ainda, por meio do inciso II do parágrafo 1º, a solicitação por autoridade administrativa, desde que comprovada a instauração de processo administrativo para apurar infração, no interesse da Administração Pública, por parte de servidores públicos, em matéria disciplinar, na linha do que já dispõe o artigo 13 da Lei nº 8.429/1992, a Lei de Improbidade Administrativa, alterada pela Lei nº 14.230/2021, no tocante à apresentação de declaração de imposto de renda e proventos de qualquer natureza à Secretaria Especial da Receita Federal do Brasil, para fins de eventual acompanhamento da evolução patrimonial.

Dessa forma, não se faz razoável, tampouco proporcional, que a Polícia Judiciária, por meio do delegado de polícia, no exercício das funções corregedoras e no combate à corrupção, possa requerer, por exemplo, o afastamento de sigilo fiscal de servidores policiais em sede de procedimento administrativo disciplinar, ou melhor, a transferência de tal sigilo nos termos do Código Tributário Nacional e da Lei de Improbidade Administrativa, sendo vedado tal proceder em matéria penal no exercício da atividade-fim propriamente dita, por meio de inquérito policial. Seria o caso de entender viável tal requisitório também no terreno inquisitivo[19], que, da mesma

---

criminal e do processo penal mediante prévio pronunciamento judicial, não se possibilitando o emprego pelos serviços de inteligência (informação). Nesse sentido, exemplificativamente em Portugal, posicionou-se o Tribunal Constitucional em sede de fiscalização preventiva abstrata sob a conformidade com o disposto no nº 4 do artigo 34º da Constituição Portuguesa da norma constante do nº 2 do artigo 78º do Decreto nº 426/XII, de 22 de julho de 2015, da Assembleia da República, que aprova o Regime Jurídico do Sistema de Informações da República Portuguesa, revogando as Leis nº 30/84, de 05 de setembro, e nº 9/2007, de 19 de fevereiro, e os Decretos-leis nº 225/85, de 04 de julho, e nº 254/95, de 30 de setembro, recebido na Presidência da República no dia 06 de agosto de 2015, para ser promulgado como Lei (PORTUGAL, 2015).

[19] Cumpre-nos esclarecer que, na linha do pensamento mencionado, o Supremo Tribunal Federal julgou improcedentes em 2016 diversas ações diretas de inconstitucionalidade e recurso extraordinário em conjunto, versando sobre os mesmos temas. O RE 601314 e as ADIs 2859, 2390, 2386 e 2397 questionavam os dispositivos legais em comento, referendando ao fisco o compartilhamento de informações com os ministérios públicos e demais órgãos relacionados com a persecução penal sem a necessidade de decisão judicial, prevendo-se, inclusive, a possibilidade do fisco, em particular, ter acesso às informações bancárias e decretar tal afastamento ou transferência de sigilo no interesse da administração tributária, operando-se a transferência de sigilo bancário além da fiscal, por meio de procedimento administrativo (STF, 2016). Na mesma linha, não pareceria razoável vetar ao fisco o acesso aos dados bancários, uma vez já receberem o montante consolidado anual de movimentações bancárias das pessoas a cargo das instituições financeiras, sobretudo após o firmamento de acordo e o comprometimento por parte do Brasil no sentido de fornecer todas as informações bancárias e fiscais, além da informação acerca da existência de bens, de norte-americanos com domicílio brasileiro, ainda que eventual, às autoridades dos Estados Unidos da América, e vice-versa, para aprimorar a tributação, por meio do acordo bilateral denominado *Foreign Account Tax Compliance Act* (FATCA) ou Norma Legal de Cumprimento das Obrigações Tributárias no Estrangeiro, promulgado pelo

forma, consiste em procedimento administrativo, plausível de se assegurar o contraditório em momento oportuno.

Ainda no suporte ao combate aos crimes de corrupção, além da viabilidade da perda do cargo dos agentes públicos como efeitos decorrentes da condenação criminal de que trata o artigo 92 do Código Penal[20], há a plausibilidade de afastamento cautelar do servidor público do cargo, mediante representação judicial, aplicando-se por analogia as disposições da Lei de Combate às Organizações Criminosas. Isso porque o artigo 17-D da Lei de Lavagem foi objeto de declaração de inconstitucionalidade na Ação Direta de Inconstitucionalidade nº 4.911 em 2020. E ainda, nos casos mais sofisticados, quando houver remessa de ativos para o estrangeiro decorrente de corrupção, podem ocorrer a cooperação jurídica internacional[21] e o repatriamento[22], ao lado das medidas judiciais assecuratórias e do afastamento de sigilos bancário, fiscal e bursátil.

Por derradeiro, em relação aos aspectos mais relevantes da legislação em comento na dimensão de atuação do delegado de polícia estadual (ou do Distrito Federal), registre-se que a competência para apuração e persecução da lavagem de dinheiro segue a regra da competência da infração penal antecedente que teria possibilitado a aquisição dos ativos ilícitos, à dicção do artigo 2º da Lei de Lavagem de Dinheiro. Abre-se, destarte, grande leque de atribuições para apuração de lavagem para a Polícia Judiciária dos estados-membros e do Distrito Federal, viabilizando-se a conversão dos ativos recuperados e o emprego dos bens apreendidos para a mesma entidade federada incumbida da apuração[23] ao teor do artigo 7º da Lei de Lavagem de Dinheiro.

Decreto nº 8.506/2015. Igualmente não parece razoável tampouco proporcional vetar à Polícia Juidiciária e ao delegado de polícia a transferência do sigilo fiscal em sede de inquérito policial, senão permitir-lhe apenas em matéria administrativo-disciplinar.

[20] Na esfera processual, vale registrar, ao lado da viabilidade de se requerer prisões provisórias, a não aplicação da suspensão do processo nos usuais termos do artigo 366 do Código de Processo Penal, no caso de réu não localizado, consoante estabelece o parágrafo 2º do artigo 2º da Lei de Lavagem de Dinheiro.

[21] Nesse sentido: Fornazari Junior (2015, *passim*); Saadi (2007, *passim*); Alldridge (2003, *passim*) e também Moro (2010, *passim*).

[22] No que tange à cooperação para repatriamento dos ativos ilícitos, à luz do artigo 8º da Lei de Lavagem de Dinheiro, tem-se operado a divisão da metade (regra do *fifty-fifty*) dos bens, direitos e valores identificados e localizados entre as nações envolvidas, como forma de incentivo aos Estados requeridos. Contudo, a Convenção de Mérida, por meio do artigo 57, operando-se como regramento especial nos termos da própria legislação de lavagem, prevê a restituição da totalidade quando versar recursos provenientes do erário, passível de se descontar o montante empregado para as diligências e o atingimento do objetivo em comento.

[23] A legislação ainda prevê a possibilidade de emprego dos bens apreendidos ou declarados perdidos em favor de órgãos incumbidos da apuração e da persecução penal especializados no combate à lavagem de dinheiro, como forma de incentivo e reaparelhamento do Estado. Nesse tocante, urge fundamental à polícia civil paulista, a exemplo de outras congêneres dos demais Estados da federação, a regulamentação do

Há também relevante atuação em suporte à atividade de Polícia Judiciária estadual (ou do Distrito Federal) por parte do Conselho de Controle de Atividades Financeiras (Coaf), unidade de inteligência financeira[24] brasileira que, além de se comunicar com outras congêneres mundo afora para os assuntos afetos, sobretudo pela rede *Egmont Group*, ao abrigo do artigo 15 da Lei de Lavagem de Dinheiro, produz conhecimento de inteligência financeira, ofertando, de ofício ou sob demanda, Relatório de Inteligência Financeira (RIF) contendo as movimentações financeiras suspeitas, as atividades suspeitas e as transações em espécie de relevância, além de Ficha Cadastral de participação societária e bens dos investigados, por meio do Sistema Eletrônico de Intercâmbio Coaf (SEI-C).

Considera-se válida a utilização do referido produto de inteligência, enquanto decorrente da atividade de conhecimento preventiva à lavagem de dinheiro, como um dos meios de prova, inclusive mediante juntada em inquérito policial, nomeadamente em medidas cautelares para subsidiar as quebras de sigilo bancário, fiscal e bursátil, resguardado o sigilo. Pela natureza *sui generis*, não se enquadra em produto típico da denominada Atividade de Inteligência de Estado, principalmente por versar informações financeiras com suspeitas de ilicitude, estando amparadas pelo artigo 15 da Lei de Lavagem, pelo inciso IV do parágrafo 3º do artigo 1º da LC nº 105/2001, em consonância com a Tese STF nº 990, com as Ações Diretas de Inconstitucionalidades nº 2.859, 2.390, 2.386 e 2.397, para além da conformidade internacional com as Recomendações nº 2, 29 e 31 do FATF-GAFI e com os artigos 14 e 58 da Convenção de Mérida.

Sobre as técnicas investigativas da lavagem de dinheiro empregadas pelo delegado de polícia estadual (ou do Distrito Federal) no suporte à repressão aos crimes de corrupção, cumpre destacar alguns aspectos pragmáticos. Em regra, evidencia-se a lavagem de dinheiro diante da incompatibilidade patrimonial e dos indícios da prática de outra infração penal, em concurso de crimes[25], como os crimes de cor-

---

dispositivo e a criação de um fundo específico. Acerca do princípio administrativo da eficiência, vale lembrar poder ser entendido como os meios eficazes para obtenção da finalidade, e também desdobramento da economicidade, no sentido de menor dispêndio, como entendem Maria Sylvia Zanella Di Pietro e Lúcia Valle Figueiredo, e do pleno emprego, na proposta de esgotamento dos recursos disponíveis, como prefere Diógenes Gasparini (PIETRO, 2014, p. 84-85; FIGUEIREDO, 2001, p. 63; GASPARINI, 2010, p. 76-77).

24 Sobre a importância da atividade de inteligência no combate às organizações criminosas, à lavagem de dinheiro e à corrupção, veja-se: Cury Neto (2010, *passim*).

25 Registre-se, diante da plena autonomia da lavagem de dinheiro (inciso II do artigo 2º da Lei de Lavagem, combinado com o parágrafo 1º do mesmo artigo), para além das diretrizes e tratativas internacionais no mesmo sentido internalizadas pelo Brasil, atenta à diversidade dos bens jurídicos protegidos, faz-se plenamente viável o concurso de crimes de lavagem de dinheiro, organização criminosa e corrupção, caracterizando-se o crime de branqueamento mesmo pela simples utilização dos ativos ilícitos na atividade econômica ou

rupção[26]. Nessa esteira, o comportamento do criminoso, a ostentação por meio de exibições nas redes sociais, as viagens, a aquisição de bens de elevado valor e o dispêndio de forma pródiga igualmente evidenciam indícios da prática da lavagem de dinheiro e representam sinais de alerta.

---

financeira, não se configurando exaurimento ou *bis in idem*. Ilustrativamente, na linha do entendimento internacional, em Portugal, têm-se: "Ac. STJ de 8-01-2014: XIX – **O elemento objectivo do crime de branqueamento, reconduz-se nos termos do art. 368º-A, nº 1, do CP, ás vantagens ou bens, incluindo os direitos e as coisas, alcançadas através de um facto ilícito típico antecedente**, que o preceito enumera especificamente, e bem assim, em nome de uma cláusula geral, dos factos ilícitos puníveis com prisão por mais de 6 meses ou de duração máxima superior a 5 anos de prisão, **operando a nível instrumental, chamados de 'crime precedente' ou 'predicate offence' em concurso real com o de branqueamento, na esteira, aliás, do AUJ nº 13/2007, de 22-07, atenta a diversidade e autonomia de bens jurídicos protegidos**" (PORTUGAL, 2014). Grifou-se. E ainda: "Ac. TRL de 18-07-2013: IX. O crime de branqueamento previsto nos nºs 2 e 3 do art. 368º-A do Código Penal supõe o desenvolvimento de atividades que, podendo integrar várias fases, visam dar uma aparência de origem legal a bens de origem ilícita, assim encobrindo a sua origem, conduzindo, na maior parte das vezes a 'um aumento de valores, que não é comunicado às autoridades legítimas'. Sem um crime precedente como tal previsto à data da transferência do capital, não há crime de branqueamento. X. A punição do branqueamento visa tutelar a 'pretensão estadual ao confisco das vantagens do crime', ou, mais especificamente, o interesse do aparelho judiciário na deteção e perda das vantagens de certos crimes. XI. Quanto mais eficiente e sofisticada for a conduta de branqueamento, mais grave e perigoso é o atentado ao bem jurídico protegido com esta incriminação. Porém, **mesmo a simples conduta do agente de apenas depositar na sua conta bancária quantias monetárias provenientes do crime precedente por si cometido, pode integrar a prática do crime de branqueamento**" (PORTUGAL, 2013). Grifou-se.

26 Em síntese, sem pretensão de esgotar o tema, a visão internacional interpretativa da lavagem de dinheiro que se procurou abordar no presente texto, e que o Brasil internalizou, envolve os aspectos: 1. punir a lavagem de dinheiro a partir de indícios razoáveis da prática de infração penal antecedente e do auferir de recursos ilícitos, de forma mista e alternativa em quaisquer dos verbos e modalidades (colocação, ocultação, integração, ter a guarda, ter em depósito, entre outros), constantes da Convenção de Viena contra as Drogas, bastando o cometimento de qualquer verbo, em delito de natureza formal, admitindo-se o dolo eventual, a responsabilização pela Teoria da Cegueira Deliberada ou pelo Domínio do Fato, assegurando-se o bem jurídico ordem socioeconômica e a realização ou administração da justiça; 2. reprimir a lavagem de dinheiro de forma **autônoma** e **independente** do apuramento da infração penal antecedente/predecessora, ainda que isento de pena ou desconhecido o autor do crime anterior (autonomia da lavagem de dinheiro), ilustrativamente, remanescendo o crime de lavagem de dinheiro mesmo que extinta a punibilidade pelo pagamento do débito tributário ou mesmo que prescrita a infração penal predecessora, e ainda que o infrator da lavagem de dinheiro seja o mesmo praticante do crime anterior (autolavagem); 3. permitir o bloqueio/congelamento de bens, sem demora (até 24 horas), sem o prévio conhecimento do investigado, para o posterior perdimento dos ativos da ilicitude em favor do Estado e/ou da vítima; 4. admitir mecanismos e técnicas de investigação, dentre retardamento de prisões, bloqueio de bens, entrega vigiada, infiltração, busca e apreensão, integração e coordenação interna, cooperação internacional; 5. criar mecanismos de prevenção e controle por meio da regulação dos segmentos do mercado, supervisão e sanções. Em consonância com a referida visão internacional, importa destacar as Teses STJ nº 166, de 26 de março de 2021 (STJ, 2021a) e nº 167, de 09 de abril de 2021, respectivamente (STJ, 2021b).

Além disso, evidenciam indícios de lavagem de dinheiro possuir muitos bens em nome próprio ou, o extremo, inexistir bens ou movimentação bancária como saques ou depósitos em espécie; e, reitere-se, uma evolução patrimonial desproporcional e uma incompatibilidade do estilo de vida com a renda lícita; além do emprego de empresas de fachadas e grupos empresariais para blindagem patrimonial; emprego de procurações, 'laranjas' e 'testas de ferro' para titularizar os negócios; prestação fictícia de serviços, venda ou compra sub ou superfaturada etc. O lavador de dinheiro cria mecanismos para contabilizar ou incluir valores ilicitamente auferidos por meio de venda e compra de móveis ou imóveis, em nome próprio ou de terceiros, usualmente denominados 'laranjas' ou 'testa de ferro', os quais frequentemente possuem ciência da situação e recebem uma espécie de comissão para tal.

Dessa forma, passa a evidenciar a possibilidade dos bens ou valores terem origem lícita, como o lucro, a retirada, pró-labore, dentre outros, por vezes incidindo tributação em busca da legalização. A título ilustrativo, descontos na venda de automóveis ou imóveis, porém sem a discriminação na nota fiscal, viabilizam a adição dos valores ilícitos àqueles licitamente recebidos. Outros exemplos são: prestação de serviços que não ocorreu; venda de bens inexistentes; mistura com ativos lícitos para dificultar a identificação, comumente conhecida por *commingling* ou mesclagem; realização de sucessivas transações em valores abaixo daqueles referenciados pela regulação do mercado e do sistema financeiro, bem como pelas áreas de prevenção e *compliance*, conhecida como técnica *smurfing* ou *pitufeo*; constituição de sociedades empresariais; e aquisições destas por outras sociedades, criando camadas de blindagem.

Demais indícios de lavagem de dinheiro incluem a constituição de grupos controladores, como *holdings* e fundos do tipo *trusts*, e o envio de recursos para o estrangeiro de forma clandestina, valendo-se de 'doleiros', por meio de *money transfer*, dólar ou euro-cabo, para contas correntes de empresas de fachada que somente existem formalmente (as *shell* ou *front companies*) e são preferencialmente constituídas em paraísos fiscais (os *tax havens*). Seus propósitos precípuos são a tributação reduzida e o anonimato acerca da participação societária e da titularidade das contas bancárias, admitindo-se a abertura de contas tituladas por apelidos, dentre outras hipóteses[27].

---

[27] A título ilustrativo de tipologias, citem-se: o dólar-cabo ou euro-cabo, também chamado de técnica *hawala*, é vetado no Brasil e nos Estados Unidos para a remessa de valores ao estrangeiro sem percorrer o sistema financeiro formal; a arbitragem, enquanto intermediação de transações comerciais e carregamento de cartões pré-pagos para saques no estrangeiro; o pagamento antecipado de exportação e importação, por meio de empresas sem tradição no ramo e emprego de procurações além do recebimento do pagamento por país usualmente fora da rota da transação; o superfaturamento de exportação ou importação, a fim de viabilizar a contabilização dos ativos ilícitos, por meio da diferença; a exportação ou importação fictícia

Em relação à operacionalização da investigação, é sempre recomendável recorrer ao auxílio, ou ao menos à orientação, das unidades especializadas no combate à lavagem de dinheiro e equivalentes. Nesse sentido, andou bem a iniciativa do Departamento de Recuperação de Ativos e Cooperação Jurídica Internacional (DRCI), da Secretaria Nacional de Justiça do Ministério da Justiça, e da Polícia Civil do Estado de São Paulo, que firmaram parceria e cooperação técnica desde o ano de 2008. O DRCI implantou unidade modelo denominada Laboratório de Tecnologia Contra Lavagem de Dinheiro (LAB-LD) para sedimentação de metodologia e conseguinte replicação[28].

---

de serviços; a aquisição de joias, quadros e obras de arte; a aquisição de apólices de seguro para posterior resgate, ainda que com certa perda, apenas para tentar ludibriar e justificar eventuais questionamentos sobre a origem dos recursos financeiros; o investimento em previdência privada para posterior resgate e até dedução em declaração de imposto sobre a renda; a instituição de igrejas para a circulação de recursos; estabelecimentos comerciais, como redes hoteleiras, pizzarias e restaurantes; venda e compra de automóveis e imóveis, postos de combustíveis, transporte coletivo, fazendas, gados, atividade agropecuária, que permitem contabilizar prejuízos e deduções em declaração de imposto de renda; contabilização por meio da prestação de serviços em geral, como se o *quantum* referente a determinados serviços houvesse sido prestado, lava-rápido ou lava-jato; o comércio em geral (superfaturamento e subfaturamento); manejo (pagamento, transferência) e guarda de valores em espécie (numerário); emprego de títulos ou boletos bancários em nome de terceiros; emprego de procurações em geral para ocultar o beneficiário final (*beneficial owner*), ostentando os denominados "laranjas" (*stooges*) ou "testas de ferro" (*strawman*); emprego de empresas de fachada (*shell companies* ou *front companies*); transferência de valores de forma sucessiva e fragmentada ou estruturada, abaixo das referências para controle a fim de passar despercebido pelos "radares", por vezes envolvendo diversas e distintas pessoas emissoras e destinatárias servindo, inclusive, de "laranjas" (*pitufeo* ou *smurfing*); a mesclagem (*commingling*) entre ativos ilícitos e aqueles lícitos circulantes pelo sistema financeiro e pelo mercado para dificultar a identificação e a percepção da prática de branqueamento; aquisição, venda e circulação dos chamados ativos ("moedas") virtuais ou criptoativos, em especial os mais circulantes, como o *bitcoin*, a fim de dificultar a rastreabilidade, garantir o anonimato em face da inexistência ou dificuldade de registro e escrituração dos beneficiários, empregada sobretudo para a guarda e ocultação de ativos ilícitos após convertidos nas referidas moedas, embora perceptível e alarmável ao se fazer a conversão para moeda regular e mesmo diante da incompatibilidade patrimonial e padrão de vida do seu detentor; cassinos, loterias, pôquer, jogos eletrônicos e de azar em geral, quando permitidos, por meio de apostas de ativos ilícitos e eventuais prêmios com o objetivo de justificar a origem dos recursos; os chamados 'tiqueteiros', ou o emprego de tíquetes ou vales-refeição e alimentação, ou mesmo vale-transporte eletrônico, para movimentar valores provenientes da ilicitude como se lícitos fossem, dentre outras hipóteses; enfim, toda e qualquer forma de tentar contabilizar e justificar os ativos provenientes da ilicitude como se adviessem de atividades lícitas ou ao menos camuflando e não chamando a atenção para a possibilidade da origem sem lastro.

[28] Decorrente da meta de número 16 da Reunião Plenária da Estratégia Nacional de Combate à Corrupção e à Lavagem de Dinheiro (ENCCLA) de 2006, voltada para análises por meio de metodologia própria para processar e interpretar massa de dados oriunda do Coaf, de afastamento judicial de sigilo bancário, fiscal, telefônico e bursátil, ofertando-se relatório e diagrama que evidenciem a ocorrência da lavagem de dinheiro e o caminho dos valores.

Seguindo-se as boas práticas no âmbito nacional, também desenvolvidas em diversos países, sugere-se a instauração de procedimento investigatório específico para a apuração de lavagem de dinheiro decorrente do crime de corrupção, primando-se pelo apoio do LAB-LD ou unidade equivalente, que processará a massa de dados decorrentes do afastamento de sigilo bancário, fiscal, telefônico, bursátil, além das informações das movimentações financeiras suspeitas, interpretando-as e considerando, no bojo investigatório, a incompatibilidade patrimonial, os ativos sem lastro, a prática de infração penal precedente, o caminho do dinheiro, os verdadeiros beneficiários, a vinculação entre os agentes da prática criminosa etc., finalizando com a estimativa dos ativos de origem ilícita ou duvidosa, requerendo medidas assecuratórias para fins de bloqueio e perdimento de bens, ressarcindo as vítimas e/ou o erário e restabelecendo as partes ao *status quo ante*, evidenciando que o crime não compensa.

4. Casos de referência

Exemplificativamente, no domínio da Polícia Civil do Estado de São Paulo, sem fazer menção ao detalhamento em face do sigilo da investigação e do processo judicial, vale destacar os casos referenciados a seguir em razão da matéria e da correlação com a repressão da corrupção e/ou do combate à lavagem de dinheiro.

4.1. Operação Ethanol Connection

Descrição: caso envolvendo corrupção e lavagem de dinheiro em trabalho em cooperação jurídica internacional com o *Drug Enforcement Administration* (DEA) dos Estados Unidos da América. Os irmãos K.T., A.T. e H. T., proprietários do ICTC, considerados terroristas e afiliados ao grupo terrorista Hezbollah, mediante oferecimento de propina, participavam de licitações pelo Estado de São Paulo, durante os últimos grandes eventos realizadas no país (Copa do Mundo e Olimpíadas), para o fornecimento de armas e equipamentos especiais de informática, armamentos e equipamentos de inteligência. No dia 20 de novembro 2014, o ICTC fez oito transações de dinheiro com a empresa W.S., totalizando US$ 3.184.747,40. A W.S., que participou de uma suposta transação de venda de açúcar, tinha em seus *containers* cocaína. W.S. teria uma conexão com Hezbollah, e os irmãos proprietários estavam lavando dinheiro por meio do ICTC. Após a apuração, para além de inviabilizar o seguimento das contratações com dispensa de licitação ou inexigibilidade e a responsabilização, foi possível a prisão do líder Assad Ahmad Barakat pela Polícia Federal em Foz do Iguaçu, por se tratar de indivíduo envolvido com o financiamento do terrorismo (ESTADÃO CONTEÚDO, 2018).

Métodos investigativos: seguiu-se basicamente o roteiro: **1º)** extração de cópia das principais peças do inquérito policial da infração penal antecedente seguida da instauração de outro feito pela prática de lavagem de dinheiro; **2º)** levantamento do máximo possível de investigados e parentes (interpostas pessoas), inclusive daqueles por parte da Administração Pública (agentes públicos e políticos envolvidos com práticas corruptivas). Depois, foram solicitadas pesquisas de: a) procurações e escrituras públicas por meio do sistema CENSEC gerido pelo Colégio Notarial (pois usualmente as interpostas pessoas figuram como outorgantes em procurações conferidas aos lavadores de dinheiro ou ainda adquirem imóveis escriturados por meio de instrumentos públicos sem a devida efetivação da transferência de propriedade); b) imóveis em nomes de todos os investigados por meio do sistema gerido pela ARISP; c) certidões de registro civil por meio do sistema gerido pela ARPEN, quando presente dúvida de parentesco ou falecimento; **3º)** pesquisas de dados de vínculos empregatícios e remuneração no âmbito do Cadastro Geral de Empregados e Desempregados (CAGED), por meio do sistema Infoseg, além da expedição de ofícios ao INSS ou ao Ministério do Trabalho; **4º)** pesquisas gerais sobre pessoas jurídicas, composição societária, junta comercial, contas de água e/ou luz e/ou telefone e/ou internet (contas de consumo) junto às concessionárias de serviço público; **5º)** inserção de todos os investigados no Sistema Eletrônico de Intercâmbio (SEI-C) gerido pelo Coaf para obtenção das informações das movimentações financeiras suspeitas; **6º)** elaboração de relatório pelo setor de investigação falando brevemente de cada investigado, relação resumida dos bens (móveis e imóveis) e respectiva estimativa de valor, renda auferida e plausibilidade de incompatibilidade patrimonial cotejando-se com os dados do Coaf sobre movimentações financeiras suspeitas e ainda apontando antecedentes criminais e indícios do(s) crime(s) precedente(s); **7º)** representação judicial pela quebra de sigilo bancário, fiscal e bursátil para os últimos cinco anos, admitindo-se pelo menos quatro destes para o período de 01/01/XX a 31/12/YY, a fim de viabilizar análise da evolução patrimonial em comparativo com ano-calendário fiscal, e também de dados armazenados em nuvem na internet, acionando o LAB-LD e solicitando o cadastramento da operação no Sistema de Investigação das Movimentações Bancárias (SIMBA) para recebimento das minutas de representação; **8º)** com o relatório de análise do LAB-LD, foi feita oferta de representação judicial pelo bloqueio de bens (medidas assecuratórias nos termos do artigo 4º da Lei de Lavagem de Dinheiro) e prisões; **9º)** após a efetivação das medidas assecuratórias, realização de oitivas, colaboração espontânea, indiciamento e eventuais outros pedidos de prisões, busca e apreensão, seguido da relatoria do inquérito policial.

Dificuldades: na fase investigativa, no sentido de identificar e/ou localizar todas as pessoas envolvidas e os bens relacionados, sobretudo no estrangeiro, valendo-se, no caso, das informações obtidas pelos canais de inteligência e cooperação direta com adidos policiais de embaixada e consulado; na fase judicial, quando do ajuizamento das medidas assecuratórias, o convencimento da importância do deferimento e de que se tratava de caso efetivo de lavagem de dinheiro; e, ainda, que os bens móveis, por exemplo, deveriam permanecer restritos e apreendidos até o montante da incompatibilidade patrimonial aferida (artigo 91-A do Código Penal); sem falar da demora para o recebimento das informações das quebras de sigilo e conclusão das investigações.

4.2. Operação Chapelgate BR

Descrição: caso envolvendo corrupção, narcotráfico e lavagem de dinheiro, em trabalho em cooperação jurídica internacional com a *National Crime Agency* (NCA), isto é, a Polícia Judiciária criminal nacional do Reino Unido. O investigado chinês Y.L. foi preso em 10 de dezembro de 2016, na cidade de Londres, no Reino Unido, na posse de 300.000 libras esterlinas (dinheiro obtido em decorrência de atividade criminosa de tráfico de drogas praticada por outro investigado de nacionalidade albanesa). Y.L. já havia sido condenado por lavagem de dinheiro na Inglaterra, possuindo antecedentes criminais envolvendo fraudes. Possuía o telefone móvel inglês número +44xxxxxxxx, ativado em 29 de novembro de 2016, e se relacionava por meio de sucessivas ligações telefônicas, inclusive às vésperas da prisão, com o número de telefone móvel brasileiro +5511xxxxxxxxx, de usuário localizado no município de São Paulo, envolvido com esquema de lavagem de dinheiro decorrente do narcotráfico, da extorsão e da exploração ilegal do comércio de roupas e restaurantes na região central da capital paulista, inclusive de região nobre denominada Jardins, além de práticas corruptivas envolvendo agentes do Estado. Finalizados os trabalhos investigativos, foi possível o perdimento de bens e prisões em São Paulo e no Reino Unido (BBC STORIES, 2019).

Métodos investigativos: seguiu-se basicamente o mesmo roteiro anteriormente descrito na Operação Ethanol Connection.

Dificuldades: na fase investigativa, no sentido de identificar e/ou localizar todas as pessoas envolvidas e bens relacionados, sobretudo no estrangeiro, em particular em paraísos fiscais como a Ilha do Homem (Ilha de Man), valendo-se, no caso, das informações obtidas pelos canais de inteligência e cooperação direta com adidos policiais de embaixada e consulado e do convencimento dos compromissos firmados pelos países perante o GAFI no sentido de colaborar com informações de beneficiários; na fase judicial, quando do ajuizamento das medidas cautelares de quebra de sigilo telefônico e outros, o convencimento da importância do deferimento por se tratar de cooperação internacional com a esfera estadual.

4.3. Operação Game Over e Vídeo Game Overseas

Descrição: caso envolvendo corrupção por parte de agentes fiscais do Estado e fraude tributária estruturada do ICMS. O lançamento por substituição era simulado na origem detentora dos equipamentos eletrônicos, como videogames, titularizados por empresas de fachada, e era realizado por parte de grupo empresarial de grande envergadura denominado B2W, atuante no comércio varejista de eletrônicos, culminando em lesão ao fisco estadual paulista da ordem de R$ 250 milhões. Suspeitou-se inicialmente do esquema em razão da não concessão de garantia pelos fabricantes dos videogames diante de quebras comunicadas após o período superior a três meses das aquisições e da informação de que os números de série apontavam para aparelhos não nacionalizados. Além disso, eram os mesmos escritórios de contabilidade que estavam fazendo a transmissão das informações tributárias pela internet (mesmos IPs – *Internet Protocols*). Encerrada a apuração em força-tarefa com o Ministério Público e com a Secretaria da Fazenda Estadual, viabilizaram-se prisões, lançamentos tributários, além do ressarcimento do erário (OPERAÇÃO, 2017).

Métodos investigativos: seguiu-se basicamente o mesmo roteiro anteriormente descrito na Operação Ethanol Connection.

Dificuldades: na fase investigativa, no sentido de compreender o esquema fraudulento e identificar os autores e a correlação das empresas de fachada com o grupo B2W; na fase judicial, quanto ao convencimento para obtenção de todas as medidas restritivas e quebras de sigilo necessárias, para além do afastamento dos servidores públicos e dos representantes das pessoas jurídicas envolvidas, e do encerramento da atividade destas.

4.4. Operação Brasilândia

Descrição: caso envolvendo corrupção por parte de agentes do Estado, fraudes documentais, transferências de veículos produtos de roubo e furto, prática de estelionato pela venda de veículos roubados de numeração de chassis e placas adulteradas, por meio do site Webmotors, e lavagem de dinheiro decorrente do narcotráfico. Houve bloqueio de bens da ordem de R$ 39 milhões em razão da movimentação incompatível, para o período de três anos, de loja multimarca de venda de automóveis utilizada para tal. Ocorreu cooperação jurídica internacional com o Serviço de Estrangeiros e Fronteiras (SEF) de Portugal, onde integrante da organização fora detido por tráfico de substância estupefacientes (drogas) naquele país.

Métodos investigativos: seguiu-se basicamente o mesmo roteiro anteriormente descrito na Operação Ethanol Connection.

Dificuldades: na fase investigativa, no sentido de identificar e/ou localizar todas as pessoas envolvidas e bens relacionados para além da vinculação entre os atores diretamente envolvidos com as fraudes e os estelionatos da venda de carros roubados feita pela internet por meio do site Webmotors; e a identificação da loja multimarca, que a princípio apenas operava com veículos lícitos, não obstante o faturamento voltado para a lavagem de dinheiro decorrente do narcotráfico; na fase judicial, de ajuizamento das medidas cautelares e de restrição de bens, o convencimento da importância do deferimento das medidas e de que se tratava de caso efetivo de lavagem de dinheiro, que os bens móveis deveriam ser mantidos restritos até o *quantum* da incompatibilidade patrimonial aferida (artigo 91-A do Código Penal), independentemente se aqueles tiveram ou não origem lícita em razão da autonomia da lavagem de dinheiro; a demora para o recebimento das informações das quebras de sigilo, além da dificuldade de convencimento quanto à alienação antecipada dos automóveis, de que trata o artigo 4-A da Lei de Lavagem de Dinheiro, fundamentando-se que o pedido comportava acolhimento em face da inviabilidade de manutenção dos veículos em pátio de delegacia, na alternatividade do juízo designar pátio judicial ou de fórum para a mantença do veículo. E também nos aspectos da deterioração e gritante desvalorização usual, pelo que a alienação e o depósito em conta judicial caracterizariam garantia fundamental do investigado, além de assegurar a efetivação da justiça.

4.5. Operação Deutschland

Descrição: caso em que cidadão alemão, declarado falido no país de origem, conforme verificado por meio de cooperação jurídica internacional com a polícia federal da Alemanha *Bundeskriminalamt* (BKA), teria remetido valores diversos e lavado dinheiro para o crime organizado europeu, constituindo hotel e fortunas no Brasil. Este se envolveu em práticas criminosas diversas, dentre corrupção de agentes públicos e narcotráfico local. Haveria ainda envolvimento com diversos outros países e com cidadão inglês que teria sido adotado no Brasil e faixa etária muito superior à maioridade.

Métodos investigativos: seguiu-se basicamente o mesmo roteiro anteriormente descrito na Operação Ethanol Connection.

Dificuldades: na fase investigativa, no sentido de identificar e/ou localizar todas as pessoas envolvidas e bens relacionados, sobretudo no estrangeiro, valendo-se das informações pelos canais de inteligência e cooperação direta, tendo ocorrido representação disciplinar perante espécie congênere de corregedoria no âmbito da Alemanha em desfavor do policial daquele país, que à época operava como adido no Brasil, sob o argumento de que os trâmites adequados para cooperação internacional não teriam sido seguidos; na fase judicial, de ajuizamento das medidas, o convencimento da importância do deferimento das medidas cautelares.

5. Considerações finais

A sociedade democrática contemporânea questiona o Estado, cada vez mais, acerca do desempenho das ações, o que é natural e desejável na linha do que muito se discute no continente europeu acerca dos deveres fundamentais do cidadão – vale dizer, o dever de participação ativa na gestão da coisa pública. Essa exigência posta pelos cidadãos alcança a tarefa de aprimoramento do Estado como meio de torná-lo mais eficiente. Espera-se que este atue de forma diligente, proba e moral na utilização de recursos públicos por meio de seus agentes, ao visar ao atendimento de demandas coletivas essenciais, e que a prestação de serviços públicos ocorra com qualidade.

Nesse contexto, faz-se imprescindível a atuação da Administração Pública com foco na repressão de crimes que causem lesão ao erário, em particular, da corrupção. Ademais, por vezes, trata-se de recursos financeiros provenientes da contribuição de todos e para todos, na perspectiva republicana.

As práticas corruptivas acarretam significativa perda de recursos públicos, mas o custo total é imensurável em termos de tempo, produtividade, qualidade do serviço, reputação da Administração Pública, entre outros fatores.

A criminalidade moderna apresenta determinadas vertentes que dificultam a investigação criminal: a orquestração compartimentada das atividades ilícitas, que inviabiliza a responsabilização de alguns dos membros, especialmente os de hierarquia superior; a capacidade e o conhecimento técnico de certos setores que fornecem suporte ao crime; a expertise nas manobras de lavagem de dinheiro que ocultam a origem ilícita e branqueiam os capitais; dentre outras.

Destarte, o combate à corrupção, na linha das diretrizes internacionais, é medida que se impõe.

Potencializa-se a repressão em comento pela atuação da Polícia Judiciária especializada, por meio da investigação policial com foco na repressão à lavagem de dinheiro. Trata-se de crime de cunho patrimonial, que parte do conhecimento do *modus operandi* e das tipologias mais comuns. São usadas técnicas investigativas, como: delação premiada ou colaboração espontânea; afastamentos de sigilo bancário, fiscal, telefônico, bursátil, dos dados armazenados em nuvem no domínio da internet;

informações sobre movimentações financeiras suspeitas; e verificação da incompatibilidade patrimonial, de ativos sem lastro, oriundos da ilicitude. Por fim, medidas assecuratórias, como perdimento de bens (por vezes repatriados do estrangeiro por intermédio da cooperação jurídica internacional), especialização e reaparelhamento do Estado, valendo-se dos recursos recuperados, traduzem-se em medidas eficazes de freio e desestímulo ao crime de corrupção, proporcionando o devido ressarcimento do erário e beneficiando, portanto, toda a sociedade.

Referências

ALLDRIDGE, P. **Money Laundering Law:** forfeiture, confiscation, civil recovery, criminal laundering and taxation of the proceeds of crime. Oxford: Hart Publishing, 2003.

AMARAL, D. F. do. **Curso de direito administrativo.** Vol. 2. 2.ed. Coimbra: Almedina, 1941.

BBC STORIES. How money laundering works – BBC Stories. **YouTube**, 27 out. 2019. Disponível em: <https://www.youtube.com/watch?v=vc5jhmyCruE>. Acesso em: 01 set. 2023.

BRASIL, Supremo Tribunal Federal. Ação Penal 470. Disponível em: <https://jurisprudencia.stf.jus.br/pages/search?classeNumeroIncidente=%22AP%20470%22&base=acordaos&sinonimo=true&plural=true&page=1&pageSize=10&sort=_score&sortBy=desc&isAdvanced=true>. Acesso em: 07 nov. 2023.

BRASIL, Supremo Tribunal Federal. *RE no. 593727/MG*. Relator: Ministros Cezar Peluso/Gilmar Mendes (acórdão). 14/05/2015. Disponível em: <https://redir.stf.jus.br/paginadorpub/paginador.jsp?docTP=TP&docID=9336233>. Acesso em: 19 de jan. de 2022.

BRASIL. Conselho de Controle de Atividades Financeiras (COAF). Secretaria da Fazenda. Exposição de Motivos no 692, de 18 de dezembro de 1996. Brasília (DF), 1996). Disponível em: <https://www.gov.br/coaf/pt-br/acesso-a-informacao/Institucional/a-atividade-de-supervisao/regulacao/supervisao/legislacao/exposicao-de-motivos-lei-9613-1.pdf/@@download/file>. Acesso em: 07 nov. 2023.

BRASIL. **Constituição da República Federativa do Brasil de 1988.** Disponível em: <http://www.planalto.gov.br/ccivil_03/constituicao/constituicao.htm>. Acesso em: 01 set. 2023.

BRASIL. **Decreto nº 3.695, de 21 de dezembro de 2000.** Cria o Subsistema de Inteligência de Segurança Pública, no âmbito do Sistema Brasileiro de Inteligência, e dá outras providências. Disponível em: <http://www.planalto.gov.br/ccivil_03/decreto/D3695.htm>. Acesso em: 01 set. 2023.

BRASIL. **Decreto nº 4.376, de 13 de setembro de 2002.** Dispõe sobre a organização e o funcionamento do Sistema Brasileiro de Inteligência, instituído pela Lei nº 9.883, de 07 de dezembro de 1999, e dá outras providências. Disponível em: <http://www.planalto.gov.br/ccivil_03/decreto/2002/d4376.htm>. Acesso em: 01 set. 2023.

BRASIL. **Decreto nº 5.687, de 31 de janeiro de 2006.** Promulga a Convenção das Nações Unidas contra a Corrupção, adotada pela Assembleia-Geral das Nações Unidas em 31 de outubro de 2003 e assinada pelo Brasil em 09 de dezembro de 2003. Disponível em: <http://www.planalto.gov.br/ccivil_03/_Ato2004-2006/2006/Decreto/D5687.htm>. Acesso em: 01 set. 2023.

BRASIL. **Emenda Constitucional nº 19, de 04 de junho de 1998.** Modifica o regime e dispõe sobre princípios e normas da Administração Pública, servidores e agentes políticos, controle de despesas e finanças públicas e custeio de atividades a cargo do Distrito Federal, e dá outras providências. Disponível em: <http://www.planalto.gov.br/ccivil_03/constituicao/emendas/emc/emc19.htm>. Acesso em: 01 set. 2023.

BRASIL. **Instrução Normativa MP/CGU nº 01, de 2016.** Dispõe sobre controles internos, gestão de riscos e governança no âmbito do Poder Executivo federal. Disponível em: <https://repositorio.cgu.gov.br/bitstream/1/33947/8/Instrucao%20Normativa%20Conjunta%20MP-CGU%2001-2016.pdf> Acesso em: 01 set. 2023.

BRASIL. **Lei nº 10.520, de 17 de julho de 2002.** Institui, no âmbito da União, Estados, Distrito Federal e Municípios, nos termos do art. 37, inciso XXI, da Constituição Federal, modalidade de licitação denominada pregão, para aquisição de bens e serviços comuns, e dá outras providências. Disponível em: <http://www.planalto.gov.br/ccivil_03/leis/2002/l10520.htm>. Acesso em: 01 set. 2023.

BRASIL. **Lei nº 11.079, de 30 de dezembro de 2004.** Institui normas gerais para licitação e contratação de parceria público-privada no âmbito da administração pública. Disponível em: <https://www.planalto.gov.br/ccivil_03/_ato2004-2006/2004/lei/l11079.htm>. Acesso em: 01 set. 2023.

BRASIL. **Lei nº 12.527, de 18 de novembro de 2011.** Regula o acesso a informações previsto no inciso no inciso XXXIII do art. 5º, no inciso II do § 3º do art. 37 e no § 2º do art. 216 da Constituição Federal; altera a Lei nº 8.112, de 11 de dezembro de 1990; revoga a Lei nº 11.111, de 5 de maio de 2005, e dispositivos da Lei nº 8.159, de 8 de janeiro de 1991; e dá outras providências. Disponível em: <http://www.planalto.gov.br/ccivil_03/_ato2011-2014/2011/lei/l12527.htm>. Acesso em: 01 set. 2023.

BRASIL. **Lei nº 12.830, de 20 de junho de 2013.** Dispõe sobre a investigação criminal conduzida pelo delegado de polícia. Disponível em: <http://www.planalto.gov.br/ccivil_03/_ato2011-2014/2013/lei/l12830.htm>. Acesso em: 01 set. 2023.

BRASIL. **Lei nº 12.850, de 02 de agosto de 2013.** Define organização criminosa e dispõe sobre a investigação criminal, os meios de obtenção da prova, infrações penais correlatas e o procedimento criminal; altera o Decreto-Lei nº 2.848, de 7 de dezembro de 1940 (Código Penal); revoga a Lei nº 9.034, de 3 de maio de 1995; e dá outras providências. Disponível em: <http://www.planalto.gov.br/ccivil_03/_ato2011-2014/2013/lei/l12850.htm>. Acesso em: 01 set. 2023.

BRASIL. **Lei nº 13.303, de 30 de junho de 2016.** Dispõe sobre o estatuto jurídico da empresa pública, da sociedade de economia mista e de suas subsidiárias, no âmbito da União, dos Estados, do Distrito Federal e dos Municípios. Disponível em: <http://www.planalto.gov.br/ccivil_03/_ato2015-2018/2016/lei/L13303.htm>. Acesso em: 01 set. 2023.

BRASIL. **Lei nº 13.334, de 13 de setembro de 2016.** Cria o Programa de Parcerias de Investimento – PPI; altera a Lei nº 10.683, de 28 de maio de 2003, e dá outras providências. Disponível em: <http://www.planalto.gov.br/ccivil_03/_ato2015-2018/2016/lei/L13334.htm>. Acesso em: 01 set. 2023.

BRASIL. **Lei nº 14.133, de 1º de abril de 2021.** Lei de Licitações e Contratos Administrativos. Disponível em: <https://www.planalto.gov.br/ccivil_03/_ato2019-2022/2021/lei/l14133.htm>. Acesso em: 01 set. 2023.

BRASIL. **Lei nº 8.429, de 02 de junho de 1992.** Dispõe sobre as sanções aplicáveis em virtude da prática de atos de improbidade administrativa, de que trata o § 4º do art. 37 da Constituição Federal; e dá outras providências. Disponível em: <http://www.planalto.gov.br/ccivil_03/leis/L8429.htm>. Acesso em 01 set. 2023.

BRASIL. **Lei nº 8.666, de 21 de junho de 1993.** Regulamenta o art. 37, inciso XXI, da Constituição Federal, institui normas para licitações e contratos da Administração Pública e dá outras providências. Disponível em: <http://www.planalto.gov.br/ccivil_03/leis/L8666cons.htm>. Acesso em: 01 set. 2023.

BRASIL. **Lei nº 8.987, de 13 de fevereiro de 1995.** Dispõe sobre o regime de concessão e permissão da prestação de serviços públicos previsto no art. 175 da Constituição Federal, e dá outras providências. Disponível em: <http://www.planalto.gov.br/ccivil_03/leis/L8987cons.htm>. Acesso em: 01 set. 2023.

BRASIL. **Lei nº 9.472, de 16 de julho de 1997.** Dispõe sobre a organização dos serviços de telecomunicações, a criação e funcionamento de um órgão regulador e outros aspectos institucionais, nos termos da Emenda Constitucional nº 8, de 1995. Disponível em: <http://www.planalto.gov.br/ccivil_03/leis/L9472.htm>. Acesso em: 01 set. 2023.

CARVALHO FILHO, J. dos S. **Manual de Direito Administrativo.** 25.ed. São Paulo: Atlas, 2012.

CERVINI, R.; OLIVEIRA, W. T. de; GOMES, L. F. **Lei de lavagem de capitais:** comentários à Lei 9.613/98. São Paulo: Revista dos Tribunais, 1998.

CGU. **Relatório de acompanhamento das punições expulsivas aplicadas a servidores estatutários do Poder Executivo Federal.** Controladoria-Geral da União, dez. 2018. Disponível em: <https://www.gov.br/cgu/pt-br/assuntos/noticias/2019/01/governo-federal-expulsa-643-servidores-em-2018-por-praticas-ilicitas/Puniesdezembro2018Estatutrios.pdf>. Acesso em: 07 nov. 2023.

CHIAVENATO, I; SAPIRO, A. **Planejamento Estratégico:** fundamentos e aplicações. 2.ed. Rio de Janeiro: Elsevier, 2009.

COMISSÃO DE CONSTITUIÇÃO E JUSTIÇA. **Proposta de emenda à Constituição nº 549, de 2006 (apenso a proposta de emenda à Constituição nº 44, de 2007).** Acrescenta preceito às Disposições Constitucionais Gerais, dispondo sobre o regime constitucional peculiar das Carreiras Policiais que indica. Disponível em: <https://www.camara.leg.br/proposicoesWeb/prop_mostrarintegra?codteor=457489&lename=PRL+1+CCJC+%253D%253E+PEC+549/2006>. Acesso em: 01 set. 2023.

CONACI. **Diretrizes para o controle interno no setor público.** Disponível em: <https://conaci.org.br/wp-content/uploads/2021/09/DiretrizesparaControleInternonoSetorPublico.pdf>. Acesso em: 01 set. 2023.

CONSELHO FEDERAL DE CONTABILIDADE. **NBC TA 240 (R1) – Responsabilidade do auditor em relação a fraude, no contexto da auditoria de demonstrações contábeis.** Disponível em: <http://www1.cfc.org.br/sisweb/SRE/docs/NBCTA240(R1).pdf>. Acesso em: 01 set. 2023.

CONTROLADORIA GERAL DA UNIÃO. **Fraudes em licitações.** Disponível em: <http://www.cgu.gov.br/@@busca?SearchableText=fraudes+em+licita%C3%A7oes>. Acesso em: 01 set. 2023.

CUNHA FILHO, A. J. C. da. **Poder de polícia:** compreensão contemporânea do instituto e discussão sobre a possibilidade de delegação de seu exercício a entes privados. Ribeirão Preto: IELD, 2014.

CURY NETO, J. A. **Inteligência financeira no combate à corrupção e à lavagem de dinheiro, limites constitucionais e o sistema jurídico brasileiro.** 2010. 128f. Dissertação (Mestrado em Direito) – Universidade de Ribeirão Preto, Ribeirão Preto, 2010.

DE SANCTIS, F. M. **Combate à lavagem de dinheiro:** teoria e prática. Campinas: Millenium, 2008.

DI PIETRO, M. S. Z. **Direito administrativo.** 27.ed. São Paulo: Atlas, 2014.

DI PIETRO, M. S. Z. **Direito Administrativo.** 30.ed. Rio de Janeiro: Forense, 2017.

ESTADÃO CONTEÚDO. Polícia Federal prende financiador do Hezbollah em Foz do Iguaçu. **Exame**, 21 set. 2018. Disponível em: <https://exame.com/brasil/policia-federal-prende-financiador-do-hezbollah-em-foz-do-iguacu/>. Acesso em: 01 set. 2023.

FATF. **FATF steps up the fight against money laundering and terrorist financing.** Paris, 16 Feb. 2012. Disponível em: <https://www.fatf-gafi.org/en/publications/Fatfrecommendations/Fatfstepsupthefightagainstmoneylaunderingandterroristfinancing.html>. Acesso em: 31 ago. 2023.

FATF. **Frequently Asked Questions:** Money Laundering. Disponível em: <https://www.fatf-gafi.org/content/fatf-gafi/en/pages/frequently-asked-questions.html#tabs-36503a8663-item-6ff811783c-tab>. Acesso em: 31 ago. 2023.

FERNANDES, R. **Controle de Constitucionalidade e a Teoria do Fato Consumado.** Jundiaí: Paco Editorial, 2015.

FERNANDES, R. **Lavagem de dinheiro:** aspectos investigativos, jurídicos, penais e constitucionais, prevenção e repressão do branqueamento de capitais no direito brasileiro, português e internacional. São Paulo: Quartier Latin, 2019.

FIGUEIREDO, L. **Ministério do Silêncio:** a história do serviço secreto brasileiro de Washington Luís a Lula 1927-2005. Rio de Janeiro: Record, 2005.

FIGUEIREDO, L. V. **Curso de Direito Administrativo.** 5.ed. São Paulo: Malheiros, 2001.

FIRMINO DE OLIVEIRA, C. H. **Múltiplas dimensões da lavagem de dinheiro:** material, jurídica, econômica e políticas públicas. 2016. 61f. Dissertação (Mestrado Profissional em Economia) – Insper, São Paulo, 2016.

FORNAZARI JUNIOR, M. **Auxílio Direto Penal:** meio de cooperação jurídica internacional. 2015. 133f. Tese (Doutorado em Direito) – Pontifícia Universidade Católica, São Paulo, 2015.

GASPARINI, D. **Direito Administrativo.** 15.ed. São Paulo: Saraiva, 2010.

GODINHO, J. A. F. **Do Crime de Branqueamento de Capitais:** introdução e tipicidade. Coimbra: Almedina, 2001.

MADEIRA, H. M. F. **Digesto de Justiniano:** livro 1. São Paulo: Revista dos Tribunais; Osasco: Centro Universitário FIEO – Unifieo, 2000.

MASI, C. V. Instrumentos de cooperação jurídica internacional para o combate à lavagem de capitais. **Jus.com.br**, 21 fev. 2013. Disponível em: <https://jus.com.br/artigos/23770/instrumentos-de-cooperacao-juridica-internacional-para-o-combate-a-lavagem-de-capitais>. Acesso em: 31 ago. 2023.

MEIRELLES, H. L. **Licitação e Contrato Administrativo.** 14.ed. São Paulo: Malheiros, 2006.

MELLO, C. A. B. de. **Curso de Direito Administrativo.** 31.ed. São Paulo: Malheiros, 2010.

MINISTÉRIO DA DEFESA. **Portaria Normativa nº 295/MD, de 03 de junho de 2002.** Institui o Sistema de Inteligência de Defesa, e dá outras providências. Disponível em: <https://www.gov.br/defesa/pt-br/arquivos/File/legislacao/emcfa/portarias/295a_2002.pdf/view>. Acesso em: 01 set. 2023.

MINISTÉRIO DA JUSTIÇA E SEGURANÇA PÚBLICA. **Estratégia Nacional de Combate à Corrupção e à Lavagem de Dinheiro (ENCCLA).** 07 nov. 2022. Atualizado em 07 jul. 2023. Disponível em: <https://www.gov.br/mj/pt-br/assuntos/sua-protecao/lavagem-de-dinheiro/enccla>. Acesso em: 01 set. 2023.

MONTEIRO, M. do C. F. R. **Branqueamento de capitais.** 2012. 69f. Monografia (Mestrado em Direito) – Universidade Portucalense Infante D. Henrique, Porto, 2012.

MORO, S. F. **Crime de lavagem de dinheiro.** São Paulo: Saraiva, 2010.

OCDE. **Diretrizes para combater o conluio entre concorrentes em contratações públicas.** Fev. 2009. Disponível em: <http://www.comprasnet.gov.br/banner/seguro/diretrizes-ocde.pdf>. Acesso em: 01 set. 2023.

OCDE. **On Combating Corruption and Fostering Integrity:** executive summary, recommendations and full report to the OECD Secretary-General. 16 mar. 2017. Disponível em: <https://www.oecd.org/corruption/HLAG-Corruption-Integrity-SG-Report-March-2017.pdf>. Acesso em 19 jan. 2022.

OLIVEIRA, W. T. de. **Lei de Lavagem de Capitais.** São Paulo: RT, 1998.

OPERAÇÃO Game Over combate sonegação fiscal no setor de videogames. **Jovem Pan**, 08 jun. 2017. Disponível em: <https://jovempan.com.br/noticias/operacao-

game-over-combate-sonegacao-fiscal-no-setor-de-videogames.html>. Acesso em: 01 set. 2023.

PITOMBO, S. M. de M. **A Polícia à Luz do Direito.** São Paulo: RT, 1991.

POLÍCIA CIVIL DO ESTADO DE SÃO PAULO. **História da Polícia Civil.** Disponível em: <https://www.policiacivil.sp.gov.br/portal/faces/pages_home/institucional/historiaPoliciaCivil>. Acesso em: 01 set. 2023.

PORTUGAL. Supremo Tribunal de Justiça. 3ª Secção. Recurso Penal. Processo nº 7/10.0TELSB.L1.S1. Votação: unanimidade. Relator: Armindo Monteiro. Data do Acórdão: 8 jan. 2014.

PORTUGAL. Tribunal Constitucional. Plenário. Fiscalização preventiva. Processo no 773/2015. Acórdão nº 403/2015. Relator: Conselheiro Lino Rodrigues Ribeiro (Conselheiro Teles Pereira). Data do Acórdão: 27 ago. 2015.

PORTUGAL. Tribunal Constitucional. Plenário. Fiscalização preventiva. Processo no 773/2015. Acórdão nº 403/2015. Relator: Conselheiro Lino Rodrigues Ribeiro (Conselheiro Teles Pereira). Data do Acórdão: 27 ago. 2015.

PORTUGAL. Tribunal da Relação de Lisboa. Recurso Penal. Processo nº 1/05.2JFLSB.L1-3. Relator: Rui Gonçalves. Votação: unanimidade. Data do Acórdão: 18 jul. 2013.

RATTON, J. L.; TORRES, V.; BASTOS, C. Inquérito policial, Sistema de Justiça Criminal e políticas públicas de segurança: dilemas e limites da Governança. **Revista Sociedade e Estado**, vol. 26, n. 1, jan./abr. 2011.

REZENDE, D. A.; ABREU, A. F. **Tecnologia da Informação Aplicada a Sistemas de Informação Empresariais.** 6.ed. São Paulo: Atlas, 2009.

SAADI, R. A. **O combate à lavagem de dinheiro.** 2007. 210f. Dissertação (Mestrado em Direito) – Universidade Mackenzie, São Paulo, 2007.

SCHORSCHER, V. C. **A criminalização da lavagem de dinheiro: críticas penais.** 2012. 178f. Tese (Doutorado em Direito) – Universidade de São Paulo, São Paulo, 2012.

SOUZA NETTO, J. L. de. **Comentários à Lei 9.613/98.** Curitiba: Juruá, 2002.

SUPERIOR TRIBUNAL DE JUSTIÇA. Do crime de lavagem – I. **Jurisprudência em teses**, n. 166, Brasília, 26 mar. 2021a. Disponível em: <https://www.stj.jus.br/publicacaoinstitucional/index.php/JuriTeses/article/view/11570/11694>. Acesso em: 01 set. 2023.

SUPERIOR TRIBUNAL DE JUSTIÇA. Do crime de lavagem – II. **Jurisprudência em teses**, n. 167, Brasília, 09 abr. 2021b. Disponível em: <https://www.stj.jus.br/

publicacaoinstitucional/index.php/JuriTeses/article/view/11590/11714>. Acesso em: 01 set. 2023.

SUPREMO TRIBUNAL FEDERAL. **ADI nº 5508.** Ação direta de inconstitucionalidade. Relator: Min. Marco Aurélio. 28 ago. 2020. Disponível em: <http://portal.stf.jus.br/processos/detalhe.asp?incidente=4972866>. Acesso em: 01 set. 2023.

SUPREMO TRIBUNAL FEDERAL. **ADIn. 1.511 ML**. 16 out. 1996. Disponível em: <http://redir.stf.jus.br/paginadorpub/paginador.jsp?docTP=AC&docID=347105>. Acesso em: 01 set. 2023.

SUPREMO TRIBUNAL FEDERAL. **Informativo STF nº 870.** Brasília, 19-30 jun. 2017. Disponível em: <http://www.stf.jus.br/arquivo/informativo/documento/informativo870.htm>. Acesso em: 01 set. 2023.

SUPREMO TRIBUNAL FEDERAL. **RE nº 200.844-3 AgR**. 25 jun. 2002. Disponível em: <http://redir.stf.jus.br/paginadorpub/paginador.jsp?docTP=AC&docID=330565>. Acesso em: 01 set. 2023

SUPREMO TRIBUNAL FEDERAL. **STF garante ao Fisco acesso a dados bancários dos contribuintes sem necessidade de autorização judicial.** 24 fev. 2016. Disponível em: <https://portal.stf.jus.br/noticias/verNoticiaDetalhe.asp?idConteudo=310670>. Acesso em: 01 set. 2023.

TPA; OECD. **Money Laundering Awareness Handbook for Tax Examiners and Tax Auditors.** 2009. Disponível em: <http://www.oecd.org/tax/exchange-of-tax-information/43841099.pdf>. Acesso em: 31 ago. 2023.

TRANSPARÊNCIA INTERNACIONAL BRASIL. **Índice de percepção da corrupção 2022.** Disponível em: <https://transparenciainternacional.org.br/ipc/>. Acesso em: 31 ago. 2023.

TRIBUNAL DE CONTAS DA UNIÃO. **Referencial de combate à fraude e à corrupção:** aplicável a órgãos e entidades da administração pública. 2.ed. Set. 2018. Brasília: TCU, 2018. Disponível em: <https://portal.tcu.gov.br/data/files/A0/E0/EA/C7/21A1F6107AD96FE6F18818A8/Referencial_combate_fraude_corrupcao_2_edicao.pdf>. Acesso em: 01 set. 2023.

UNGARO, G. G.; SORÉ, R. R. (orgs.). **Panorama do Controle Interno no Brasil.** Brasília: CONACI, 2014. Disponível em: <https://conaci.org.br/wp-content/uploads/2021/09/Panorama-CONACI.pdf>. Acesso em: 01 set. 2023.

Confira o primeiro volume!

+ de 300
Títulos
e
Book
BRASPORT
MANIA DE QUALIDADE
eBook
Confira
nosso
catálogo!
À venda nos sites
das melhores livrarias!